Líderes que Cambian "Suertes"

EL PENSAMIENTO DIVINO CON PODER DE CAMBIO

EDMUNDO GUILLÉN

Líderes que cambian "Suertes"

Publicado por Editorial DIV
5ta calle "A" 31-64 zona 4 de Mixco
www.cumbrediv.org
editorialdiv@lluviasdegracia.org

Todos los derechos reservados
Primera Edición 2012

ISBN: 9781499708318

Créditos

Revisión y Edición
Licenciado Guillermo Zuñiga
y Apóstol Edmundo Madrid

Diseño de Portada
Génesis Publicidad

Diseño de Interiores
Gabriel González

Impresión
INDUGRAFICA
indugrafica@gmail.com

Impreso en la Ciudad de Guatemala, C. A.

Dedicatoria

Dedico este libro a Dios
por darme una esposa sabia al inspirarme
a cambiar mi "suerte". Gracias Berlín

Índice

Sección I:
CAMBIA TU PROPIA "SUERTE"
Las múltiples sabidurías que puedes desarrollar en tu liderazgo

Sección II:
CAMBIA LAS "SUERTES"
Las dimensiones donde puedes influir positivamente en las personas

Sección III:
CONOCE UNA ESTRATEGIA CELULAR PARA CAMBIAR LA "SUERTE" ETERNA
Los pilares para la expansión y la promoción de líderes

Reconocimientos

Reconozco que la fuente primaria de inspiración para la escritura de este libro es Dios, al cual debo la salvación eterna y las facultades físicas.

Agradezco profundamente a mis padres Carlos y Olga Miriam de Guillén, no solo por ser el vehículo que me trajo al mundo, sino porque me hablaron y me mostraron con su vida un evangelio de victoria, fe y amor. A mis hijos Viena, Diego y Any porque son la ilusión de mi vida y en el proceso de la escritura de esta obra constantemente estaban en mi pensamiento. A mis pastores y suegros Edmundo y Ana de Madrid por confiarme sus dos grandes tesoros, su hija y el ministerio y por ayudar diligentemente en la revisión del contenido, además por modelarme un ministerio integral respaldado por las sabidurías múltiples. A mi hermano Ricardo por su amistad y fidelidad en las jornadas de la vida cristiana y por modelar un corazón de voluntario.

Al equipo pastoral de Lluvias de Gracia Sede, que son los Generales de Dios en la expansión del reino y además amigos del alma con quienes hemos vivido los principios e historias de estas páginas. A los supervisores, líderes y anfitriones que son los verdaderos pastores y guerreros de la congregación. A los miembros de Lluvias de Gracia Sede por ser soldados aguerridos, valientes, humildes y generosos en el desarrollo de la iglesia.

A los pastores y anfitriones DIV en el mundo que han creído que Dios puso en nosotros una gracia y pasión por el crecimiento y la expansión del reino. Al liderazgo hispano en América, el Caribe y Europa que con gozo han recibido la palabra y pasión que Dios ha puesto en nuestros labios.

Al escritor Guillermo Zúñiga que fue un verdadero bastión de entrega, intelecto y tiempo al editar, revisar y sugerir contenido en estas páginas. Al diseñador y mercadólogo Ribelino González por las sugerencias creativas y a Gabriel González por el esmero del diseño de interiores e impresión.

A ti principalmente por adquirir este libro y estar dispuesto a pagar el precio del crecimiento personal.

9

Introducción

Al bajarnos del auto con Berlin pudimos observar a un matrimonio con sus dos niños que reflejaban en el rostro una mezcla de tristeza, molestia y dolor saliendo del "Museo del Holocausto judío" en Washington D.C., mi esposa Berlin y yo por acrecentar nuestra cultura general decidimos entrar al museo, fue una experiencia educativa y al mismo tiempo deprimente. Al ingresar, nos dieron pasaportes judíos ficticios, con la idea de personificar a dos víctimas de la masacre nazi del siglo pasado.

Recorrimos casi por cinco horas el museo, observando montañas de zapatos, utensilios, harapos y ropas de las víctimas del holocausto, además de ver parte de los furgones de los trenes donde transportaron a los judíos, vimos fotos de los crematorios y las cámaras de gases donde aniquilaron a millones de niños, mujeres, hombres y ancianos; leímos historias dramáticas y aterradoras. Sentimos el dolor de un pueblo que los cristianos hemos aprendido a amar.

La historia no registra solo un holocausto judío, como el de Hitler en la década de los 40 del siglo XX donde murieron 6 millones; también registra la del emperador romano Tito, en el año 70 de nuestra era, según Flavio Josefo, 1.100,000 judíos murieron a manos de los romanos. (1)

La historia muestra otra amenaza más contra los judíos, solamente que esta vez, no se consumó la masacre. Aproximadamente a mediados del siglo V a.d.c., la historia bíblica relata que el malvado Amán, había convencido al rey persa Asuero a que emitiera un edicto real, una carta legal para asesinar a todos lo judíos que habitaban en las 127 provincias del reino. Decidió consultar en el ámbito obscuro de la maldad y "echo el pur", que quiere decir suerte, para decidir que día lo haría. El día trece del mes duodécimo fue el elegido para tan macabro suceso. Sin embargo, Mardoqueo y su hija adoptiva Ester colaborarían con Dios mostrando su valentía y decisión al enfrentar la situación con un auténtico liderazgo; creando y dirigiendo con amor, riesgo, pasión, valentía y sabiduría una estrategia para cambiar el designio inminente de muerte, dolor y luto por libertad, alegría y vida.

La victoria fue tan gloriosa que produjo una fiesta espontánea, que a partir de ese acontecimiento los judíos la instaurarían como celebración nacional de banquete, regocijo y generosidad llamada "purim", es decir suertes o concerniente a la suerte, implicando que se había invertido el plan malvado del inicuo Amán.

Ahora bien, los cristianos no creemos en la suerte ni en el azar, por el contrario los líderes basados en la Biblia entendemos que Dios es el dueño de la historia y que Él es soberano; y además, estamos convencidos que, por amor Él ha diseñado un plan bondadoso y su deseo es la bendición y la salvación de la humanidad. También, creemos que Dios no hizo marionetas, por lo tanto, Él dio al ser humano la capacidad de elegir. Cada hombre y mujer tenemos la opción de decidir si obedecemos o rechazamos hacer lo correcto. La decisión que cada persona toma en la vida la llevará a consecuencias de dicha o de destrucción temporales y eternas.

Asimismo, creemos que como existieron enemigos del pueblo judío como Amán, Tito y Hitler, así también, desde la creación del mundo, Satanás ha querido robar, matar y destruir al ser humano. En este libro, emplearemos el término "suerte" para referirnos sencillamente a los designios o intenciones que atañen a la vida humana.

Ester 9:22,24-26 "como días en que los judíos tuvieron paz de sus enemigos, y como el mes que de tristeza se les cambió en alegría, y de luto en día bueno; que los hiciesen días de banquete y de gozo, y para enviar porciones cada uno a su vecino, y dádivas a los pobres. ... 24. Porque Amán hijo de Hamedata agagueo, enemigo de todos los judíos, había ideado contra los judíos un plan para destruirlos, y había echado Pur, que quiere decir suerte, para consumirlos y acabar con ellos. 25. Mas cuando Ester vino a la presencia del rey, él ordenó por carta que el perverso designio que aquél trazó contra los judíos recayera sobre su cabeza; y que colgaran a él y a sus hijos en la horca. 26. Por esto llamaron a estos días Purim, por el nombre Pur. Y debido a las palabras de esta carta, y por lo que ellos vieron sobre esto y lo que llevó a su conocimiento."

Probablemente, por los múltiples problemas que has vivido, has creído que la mala "suerte" te sigue o que estás maldecido, lo que te ha llevado a pensar, que la solución escapa de tus manos y que toda tu vida depende del azar, quiero decirte que no es así, llénate de optimismo al saber que Dios tiene para ti planes de bien y además que con su ayuda y tu liderazgo valiente, sabio y esforzado puedes cambiar los malos designios que las fuerzas del mal y tus malas decisiones han trazado para ti y los tuyos.

El liderazgo utilizado por Mardoqueo y Ester para cambiar la "suerte" de los judíos ha sido la invitación divina que varios miles de líderes hemos recibido en estos tiempos para cambiar el designio que el diablo, las circunstancias y nuestras malas decisiones están produciendo. Tenemos un llamado a cambiar la destrucción temporal y eterna por bendición ahora y después de esta vida terrenal.

Este libro persigue, en primer lugar, inspirarte a que continúes desarrollando integralmente tus capacidades como persona y como líder, conocerás la importancia y la manera de desarrollar tus sabidurías múltiples.

En segundo plano, te motivará a que uses el liderazgo positivamente para incidir e influir en la eternidad y temporalidad de las personas. Así como Dios usó a Mardoqueo y a Ester de una manera extraordinaria, a ti también te usará.

En tercer lugar, conocerás principios y una estrategia de grupos pequeños de iglecrecimiento, expansión y promoción de liderazgo que podrán darte ideas para aplicarlas en tu organización o comunidad. El crecimiento de la iglesia Lluvias de Gracia, entre otras situaciones, se ha fundamentado por la visión apasionada de querer participar con Dios para cambiar el destino eterno de las personas y además, sus temporales necesidades.

Que satisfacción ver con claridad que no solo el hombre si no también la mujer fueron instrumentos de bendición. No hay excusas, si eres hombre o mujer, niño, adolescente, adulto o anciano, letrado o con poca educación y rico o pobre, Dios puede usarte para transformar vidas, comunidades y naciones. Y como dijo el filósofo Aristóteles, "Donde los talentos y las necesidades del mundo se cruzan, ahí esta vuestra vocación"

Es mi clamor que esta obra, aparte de despertar en ti una intensa pasión por la salvación eterna de las personas, también te anime a participar para transformar la mayor cantidad de necesidades humanas en esta tierra. Ten la seguridad que encontrarás valiosas verdades que no solo te inspirarán, sino que, también te instruirán en tu desarrollo como persona y líder, incrementado tu radio de influencia.

Te agradezco pues, que me acompañes en esta aventura de crecimiento personal y de inspiración a involucrarnos para hacer de este mundo una mejor sociedad.

Sección
1

Cambia tu propia "Suerte"

Las múltiples sabidurías que puedes
desarrolar en tu liderazgo

$\mathcal{L}$a pasión y visión de colaborar con Dios para transformar la vida de otras personas es una tarea titánica, que requiere influencia y ciertas cualidades personales para lograrlo. Sin lugar a dudas, el amor que posees por la gente y el deseo de conectarla con Dios a la eternidad y además, de querer que mejoren su calidad de vida en la tierra son indispensables para lograr tu llamado divino. No obstante, no es suficiente tener pasión, necesitas crecer en ciertas áreas de la vida. Algunos autores en liderazgo han empleado el término "inteligencias" para referirse a ciertas capacidades y destrezas que los líderes deben poseer y desarrollar para ser más efectivos en la consecución de las metas y visiones.

El término inteligencia viene (de legere: captar o escoger) (Según Cicerón: designa la capacidad de entender, comprender e inventar). La teoría de la inteligencia constituye un profundo tema de estudio y análisis en la humanidad a lo largo de muchos años. Se pueden mencionar personalidades muy destacadas en este campo, cuyas tesis relacionadas con lograr un mejor aprovechamiento en el campo de las inteligencias en el ser humano, ha sido aplicado en diversos contextos; una de estas personalidades lo constituye el Dr. Reuven Feuerstein, quien nació en Rumanía, pero vivió toda su vida en Israel, a los 3 años aprendió a leer y escribir y luego se dedicó desde muy joven a enseñarles a otros utilizando La Biblia. Considera que la inteligencia es la dinámica esencial en el ser humano para el aprendizaje y desarrollo de las personas. Después de la segunda guerra mundial, asumió el reto con resultados exitosos de enseñar a niños y niñas marginados y desechados por el propio sistema educativo.

Otro de los investigadores más prestigiados en el campo de las inteligencias es el Dr Howard Gardner de la Universidad de Harvard y quien es ampliamente conocido en el campo psico-educativo por su propuesta de la teoría de las inteligencias múltiples, la base de sus estudios es de carácter psicológico y neuropsicológico. Está basada en que cada persona tiene por lo menos 8 inteligencias o habilidades cognoscitivas. (musical, cinético-corporal, lógico-matemática, lingüística, espacial, interpersonal, intrapersonal y naturalista).

Los resultados de sus investigaciones posibilitaron el aparecimiento de otros investigadores en el tema; pronto se clasificaron 12 multiinteligencias y actualmente sobrepasan 14 diferentes tipos, Sus investigaciones se han centrado en el análisis de las capacidades cognitivas en menores y adultos, a partir del cual ha formulado la teoría de las 'inteligencias múltiples basada en reconocer que la inteligencia es la capacidad de ordenar los pensamientos y coordinarlos con las acciones. La inteligencia no es una sola, sino que existen tipos distintos"

"El líder debe saber describir estrategias de comunicación que le hagan llegar a públicos heterogéneos y especializados, esto es, que tenga en cuenta la naturaleza diversificada de las mentes perceptivas, su sensibilidad y desarrollo cognitivo." Howard Gardner

En esta sección se propone el uso del término sabiduría en lugar de inteligencia debido al empleo constante y principalmente a la implicación que la Biblia le da. Además, el término inteligencia está incluido en la sabiduría, en algunos casos se emplean como sinónimos.

Proverbios 4:7 " Sabiduría ante todo; adquiere sabiduría; Ysobre todas tus posesiones adquiere inteligencia."

La inteligencia implica conocer y en algunos casos aplicar ese conocimiento, sin embargo la sabiduría implica aplicar el conocimiento en un marco ético. Los griegos consideraban a una persona sabia por su buen y abundante saber, sin embargo, los hebreos valoraban a una persona sabia por su buen hacer. Es decir, la sabiduría, además de involucrar conocimiento y la práctica de este, exige moralidad y ética; la sabiduría bíblica pide respetar los valores cristianos en una práctica de verdad, integridad buscando el bien propio y de la humanidad.

Proverbios 3:7 "No seas sabio en tu propia opinión; Teme a Jehová, y apártate del mal;"

De tal forma, que la sabiduría que proponemos involucra el conocimiento para hacer la cosas de una manera correcta y la información para la solución de problemas o conflictos.

En terreno de liderazgo sabemos que la influencia se acrecenta cuando lo que se enseña se practica, cuando hay una congruencia entre lo que se dice y se hace. Las exigencias para el liderazgo cristiano son más altas que para el liderazgo comunitario, político, deportivo, artístico, etc. No solo se requiere que sea inteligente, conozca su tarea sino que sea sabio, conozca y cumpla su tarea en un marco moral.

Desde adolescente se observaba a Jesús desarrollando sus distintas capacidades, por un lado las espirituales y por otro las humanas. El doctor Lucas en el capítulo dos del Evangelio que lleva su nombre implica que en Cristo cohabitaron las dos naturalezas; la divina y la humana. El fue totalmente Dios y totalmente hombre. Como ser humano Él tuvo que desarrollar la sabiduría espiritual, aún siendo Dios buscaba momentos para hablar con su Padre, pero además de buscar el favor de Dios, buscaba el favor de las personas, desarrollando así la sabiduría emocional. La Escritura también muestra a Cristo creciendo físicamente como todo ser humano saludable.

Lucas 2: 52 "Y Jesús crecía en sabiduría y en estatura, y en gracia para con Dios y los hombres."

La idea es impactar en las áreas más significativas del ser humano, a saber: en lo espiritual, familiar, educativo y financiero. El reto es mayúsculo, es por ello que el líder de la actualidad debe tener información y vivencias en por lo menos cinco capacidades: la sabiduría espiritual, emocional, mental, física y económica. La Biblia motiva a que hallemos la inteligencia y sabiduría, es decir que seamos proactivos y diligentes para buscarlas y desarrollarlas.

Proverbios 3:13 "Bienaventurado el hombre que halla la sabiduría, Y que obtiene la inteligencia"

Estas cinco capacidades serán una plataforma más amplia y efectiva para ser mejores líderes y para incidir en el mayor número de personas.

Por supuesto, el ser humano en las manos de Dios no importando sus capacidades puede ser instrumento para bendecir a su comunidad. Sin embargo, sin mucho esfuerzo puede verse claramente en la Biblia, a hombres y mujeres que tuvieron un mayor impacto por haberse capacitado y por haber desarrollado ciertas sabidurías. Por ejemplo, Dios se valió de la formación educativa de Moisés, que había obtenido en Egipto, para escribir la obra de arte del Pentateuco, los primeros cinco libros de la Biblia.

Ahora bien, es posible que hoy no estés en un nivel y desarrollo muy alto en algunas áreas de tu vida pero estoy convencido que si tienes el llamado de Dios para liderar todavía hay tiempo para crecer. Las personas demandan que hombres y mujeres que estén cerca de Dios las guíen en el camino de la eternidad pero también les ayuden a transformar sus vida aquí y ahora.

Esta primera sección del libro te motivará y pondrá en tus manos principios para que desarrolles cinco sabidurías o capacidades y así te hagas un agente de cambio más efectivo.

Capítulo
Uno

Desarrolla la
Sabiduría Espiritual

*E*n 1892, un señor de unos 70 años viajaba en el tren, teniendo a su lado un joven universitario que leía su libro de Ciencias. El caballero, a su vez, leía un libro de portada negra. Fue cuando el joven percibió que se trataba de la Biblia y que estaba abierta en el Evangelio de Marcos. Sin mucha ceremonia, el muchacho interrumpió la lectura del viejo y le preguntó:

- Señor, ¿usted todavía cree en ese libro lleno de fábulas y cuentos?
-Sí, mas no es un libro de cuentos, es la Palabra de Dios. ¿Estoy equivocado?
- Pero claro que lo está. Creo que el señor debería estudiar Historia Universal. Vería que la Revolución Francesa, ocurrida hace más de 100 años, mostró la miopía de la religión. Solamente personas sin cultura todavía creen que Dios hizo el mundo en 6 días. El señor debería conocer un poco más lo que nuestros científicos dicen de todo eso.
- Y... ¿ qué es lo que nuestros científicos dicen sobre la Biblia?
- Bien, dijo el joven estudiante, como voy a bajar en la próxima

estación, no tengo tiempo de explicarle, pero déjeme su tarjeta con su dirección para mandarle material científico por correo con la máxima urgencia. El anciano entonces, con mucha paciencia, abrió cuidadosamente el bolsillo derecho de su bolso y le dio su tarjeta al muchacho. Cuando éste leyó lo que allí decía salió cabizbajo, sintiéndose peor que una ameba. En la tarjeta decía: Profesor Doctor Louis Pasteur, Director General del Instituto de Investigaciones Científicas Universidad Nacional de Francia.

"Un poco de Ciencia nos aparta de Dios. Mucha, nos aproxima". Louis Pasteur

Definimos la sabiduría espiritual como la capacidad de comprender y practicar el camino para conectarse y relacionarse con Dios, es la habilidad de reconocer y recibir a Jesús como Señor y Salvador y convertirse en su hijo, amigo y respaldado por Él. La credibilidad de un líder cristiano está en su cercanía con Dios. La sabiduría de sabidurías es la sabiduría espiritual. La Escritura dice en

Proverbios 1:7 DHH " La sabiduría comienza por honrar al Señor; los necios desprecian la sabiduría y la instrucción."

Luego el profeta Jeremías coloca la sabiduría espiritual sobre las otras capacidades (Jeremías 9:23).

Máxima
"La Sabiduría de Sabidurías es la Sabiduría Espiritual,
la capacidad de saber como relacionarte con Dios"
Edmundo Guillén

El problema más profundo del ser humano es estar lejos de Dios, desde que Adán y Evan pecaron se alejaron de Dios y se abrió una brecha entre ambos, el ser humano trató de construir puentes que atravesaran ese profundo y largo abismo que se encuentra entre él y Dios. El hombre a través de la filosofía, la religión y sus actos ha intentado cruzar ese tremendo agujero, pero no lo ha logrado. La inteligencia natural del hombre, el raciocinio humano no ha alcanzado para resolver el desafío, la dificultad mas dramática del ser humano, es estar separado de Dios.

El líder cristiano sabe que la sabiduría vale más que los metales preciosos. (Proverbios 16:16). Tu felicidad, no depende de poseer joyas preciosas, ni dinero, ni bienes. Tu felicidad depende de tener la sabiduría espiritual, es decir la capacidad de poder relacionarte con Dios.

Los sabios espirituales saben escuchar la voz y llamado divino, y comprenden la manera para ser hijos de Dios y estar en su comunión.

ACCIONES PARA QUE DESARROLLES LA SABIDURIA ESPIRITUAL

Hemos señalado que la sabiduría es más que poseer conocimiento consiste en poner en practica lo aprendido. Hay cuatro verdades que puedes practicar para conectarte con Dios, disfrutar de su paz y experimentar la seguridad de la vida eterna.

CREE EN JESUCRISTO COMO SEÑOR Y SALVADOR

La puerta de entrada para reconciliar tu relación con Dios es recibir a Jesús en tu corazón como dice Juan 1:12 es decir, el Espíritu Santo pone sus "genes" en tu espíritu, para que pases de ser solamente criatura a ser hijo. Pablo enseñó a los cristianos de Roma que por medio de una oración de fe y confesando que Cristo es el Señor podrían alcanzar salvación. (Romanos 10:9). Restaurar tu relación con Dios por medio del arrepentimiento, reconocimiento y confesión de los pecados, creyendo que en el sacrificio de Cristo eres perdonado, es lo más extraordinario que puedes experimentar.

Mi apreciado lector, esto es mas que ser religioso e ir ciertos días a la semana o al año a un edificio donde se adora a Dios. Es tener la vida de Cristo en tu espíritu.

Es probable que hayas oído hablar del famoso evangelista Billy Graham o que lo hayas escuchado predicar. El ha influido en tantas vidas en los Estados Unidos de Norte América y en otras muchas naciones porque ha adquirido sabiduría espiritual. Con más de noventa años de edad y cincuenta años en el ministerio, ha tenido la oportunidad de compartir su fe con cada presidente de su nación desde que se convirtió. ¡¿Cómo ha logrado tener tanto liderazgo?!. En una campaña evangelística dijo "Cuando recibí a Cristo hace muchos años en una cruzada muy parecida a esta, pase al frente con otras cuatrocientas personas, el día siguiente uno de los columnistas de uno de los periódicos dijo que: esto era resultado de una agitación emocional y que nadie perseveraría, sin embargo yo se que en este momento once ministros están predicando el evangelio y que ellos fueron convertidos aquella noche, ellos eran exactamente como yo, era muchachos alocados, y ahora todos son predicadores y consideraron ese acontecimiento como una gran crisis, precisamente como yo lo consideré." Eso nos muestra entonces que cuando una persona utiliza la sabiduría espiritual toma decisiones que trascienden en su vida y que afectarán a muchos tal como ocurrió con este evangelista.

Otro día vi a Billy Graham en la televisión, estaba compartiendo sobre la invitación que le hicieron de Hollywood para poner su nombre en la calle de las estrellas, al principio dijo que no, porque él consideraba que no era un artista. Pero un día orando el Espíritu Santo le habló al corazón y le dijo: Billy acepta que pongan tu nombre allí en la calle de las estrellas de Hollywood y él le dijo no soy actor, no soy artista, no soy cantante, y la voz de Dios le dijo en su corazón, quiero que aceptes poner tu nombre allí, porque cuando los niños caminen con sus padres por esa calle les preguntarán: papá, ¿quién es este que se llama Michael Jackson? Y el papá tal vez le dirá fue un cantante de pop rock. Y así irán por toda la calle preguntando por cada estrella, hasta cuando lleguen a tu estrella y preguntarán ¿y quién es Billy Graham,… qué peludo rockero fue? Ellos les contestarán, no fue ningún rockero, era un predicador del evangelio de Jesucristo, entonces los padres tendrán la oportunidad de hablarles de Jesucristo.

Si tú vas a Hollywood a la calle de las estrellas podrás encontrar una que dice Billy Graham, no lo tienen como evangelista sino como escritor. De todos modos es lo que ha acontecido con Graham.

Líderes que cambian Suertes

Un hombre que ha tenido sabiduría espiritual y supo resolver el problema mas grande, restableció su comunión y relación con Dios.

VIVE UNA RELACIÓN DE AMIGO Y DE PADRE CON DIOS

Es maravilloso ser hijo de Dios y tener garantía de la eternidad. Sin embargo, puedes mantener una relación afectuosa y llena de amistad con Dios al vivir para El obedeciendo su voluntad alejado del pecado viviendo en integridad. Abraham es reconocido el padre de la fe porque obedeció la dirección de Dios. Dios se agradó tanto de él que le llamó ¡su amigo!. (Isaías 41:8) El profeta Isaías asegura que Israel debería ver y sentir a Dios como padre para gozar del cuidado, protección, sustento y amor paternal, (Isaías 63:16).

Un líder que vive el cristianismo disfrutando de una amistad vibrante, amena, íntegra y estrecha con Dios como amigo e hijo no solo atrae el favor y el respaldo divino, sino inspira a los demás a querer imitarlo.

VIVE DIARIAMENTE UN DEVOCIONAL CON DIOS

Llena está la Biblia y la historia cristiana de hombres y mujeres que disfrutaron todos los días una cercanía con Dios a través de la oración, lectura de la Biblia y el ayuno. Jesús mantuvo una relación estrecha con su Padre porque solía ir al monte de Los Olivos, era el lugar donde Él oraba con constancia.

Los líderes sabios saben del poder de la oración y mejor aún la practican. La mayoría de iglesias y grupos que crecen tienen líderes de mucha oración. Ministerios de oración que interceden cuando el pastor está predicando y guerreros de oración que en una habitación aparte claman mientras su líder predica la palabra del Señor han producido el crecimiento en nuestros grupos pequeños. El pastor Cho de Corea al relacionar la oración con la predica dice, cuando voy a Japón tengo que orar cuatro horas antes de predicar, en América dos y en mi iglesia una hora. Si queremos ser líderes efectivos, debemos anhelar pasar mas tiempo con Dios. El apóstol

Pablo comprendía que la sabiduría espiritual se puede adquirir pidiéndola en oración. (Colosenses 1:9-10).

La lectura, meditación y memorización de la Palabra de Dios es parte de la sabiduría espiritual de todo líder para tener éxito. Dios urge a Josué a vivir en la Palabra cuando estaba a punto de iniciar el liderazgo para dirigir al pueblo de Israel como sucesor de Moisés.

Josué 1:8 NVI "Recita siempre el libro de la ley y medita en él de día y de noche; cumple con cuidado todo lo que en él está escrito. Así prosperarás y tendrás éxito".

El consejo que un sabio y anciano predicador dio a su discípulo fue: "ora como sino hubieses estudiado y estudia como sino hubieses orado". Si queremos ser líderes con un consejo fresco y puntual de parte de Dios para nuestra vida y para los que nos rodean debemos leer la Biblia. R. Warren anima a leer la Biblia con la siguiente frase: "cuando tu abres la Biblia, Dios abre sus labios, cuando tu cierras la Biblia Dios cierra sus labios".

La oración y el estudio de la Biblia acompañado de abstenerse de alimentos por buscar el rostro de Dios empodera al líder para hacer grandes milagros, sanar enfermos y echar fuera demonios. La reina Ester pidió a Mardoqueo que instara a todo el pueblo de Israel a ayunar para ser librados del malvado Amán, (Ester 3:16).

Moisés y Jesús cada uno en su tiempo ayunaron cuarenta días. El mismo Cristo explicó que hay fuerzas del mal que solo salen con ayuno. Tengo tan presente la petición del pastor Guido Guerra, quien es parte del equipo pastoral de Lluvias de Gracia, cada vez que teníamos un ayuno de tres días él rogaba por la conversión de sus hermanos que estaban en Estados Unidos, por muchos años se había perdido el contacto con uno de ellos, no sabían si estaba vivo. Soy testigo como uno a uno se fueron convirtiendo, aún en lejanas tierras, milagrosamente el desaparecido, no solo llamó por teléfono sino compartió que ahora era cristiano. Muchos de los convertidos en nuestra iglesia y círculos familiares han estado en la lista de oración de ayuno.

Líderes que cambian Suertes

Es increíble lo que puedes lograr si buscas a Dios en ayuno, si quieres aumentar el poder de Dios para bendecir a los demás y ver sanidad, provisión, restauración familiar y crecimiento usa las armas poderosas del Espíritu, la oración, la Biblia y el ayuno.

SE LLENO Y FLUYE EN LOS DONES DEL ESPÍRITU SANTO

En el Nuevo Testamento vemos a los líderes ser más efectivos cuando fueron llenos del Espíritu Santo. La Biblia misma registra la relación de la venida del Espíritu sobre Cristo y el inicio de su ministerio. (Lucas 3:22).

El gran impacto de los apóstoles fue después de haber recibido la llenura del Espíritu de Dios. En Hechos 1, Jesús les recomienda que permanezcan juntos hasta que fueran bautizados con el Espíritu Santo, en Hechos 2, todos fueron llenos del Espíritu Santo y hablaron en otras lenguas. Pedro explica que lo que estaba sucediendo lo había profetizado Joel, era el derramamiento del Espíritu Santo para entrar a una dimensión sobrenatural y de poder. La historia concluye con la conversión de ¡tres mil personas!. Procuramos que antes de que cada hermano y hermana lleguen a ser líderes en nuestra iglesia y principalmente de los círculos familiares hayan sido llenos del Espíritu Santo con la evidencia de hablar en lenguas espirituales. Cada rango de autoridad en la estrategia celular procura que los futuros líderes vivan la experiencia de poder de la llenura, porque saben que la tarea de establecer el reino de Dios necesita poder para luchar contra las fuerzas del mal. Cada año antes de que los próximos hermanos y hermanas principien su liderazgo los llevamos a un retiro llamado Zarza para ministrarles el bautismo en el Espíritu Santo.

Pablo instruyó a la iglesia de Corinto en la dimensión del Espíritu Santo, enseñándoles de los dones y su propósito para tener iglesias mas fuertes, íntegras y edificadas, (1 Corintios 12:7-10).

Tú puedes tener una vida y liderazgo victorioso y de poder si das el espacio al Espíritu de Dios en tu ministerio, mantén una relación estrecha con Él y vivirás en lo sobrenatural. Cuando era adolescente y estábamos en reuniones cristianas donde fluía el Espíritu, lo único que me daba valor para pensar que podía hablar en público minimizando mis temores era la llenura de su Santo Espíritu. Recuerdo a mi mamá regresando de uno de sus primeros cultos dominicales, yo estaba con un amigo jugando en un campo, me acerqué a saludarla y al besarla la noté diferente, en su rostro vi algo nuevo, no puedo explicar con exactitud, solo recuerdo que le pregunté "¿qué le pasó? Ella me dijo que había recibido el bautismo en el Espíritu Santo. Era niño, no era cristiano, así que no le entendí. Meses más tarde todos en mi casa estábamos viviendo una maravillosa dimensión con el Espíritu Santo y el efecto de los milagros, sanidades y victoria espiritual.

CONSECUENCIAS AL DESARROLLAR TU SABIDURIA ESPIRITUAL

Los sabios atraen para si resultados beneficiosos que impactan esta vida y mejor aún la eterna.

EXPERIMENTARÁS RENOVACIÓN EN TU INTELIGENCIA NATURAL

Isaías 29:24 DHH "Los que estaban confundidos aprenderán a ser sabios, y los murmuradores aceptarán las enseñanzas."

La inteligencia natural que Dios te ha dado, la puedes potencializar o incrementar, con la sabiduría espiritual. Tu inteligencia natural sumada a la sabiduría espiritual se convierte en una fórmula que produce creatividad, porque te estás acercando a Dios y Él te hace sabio e inteligente para que puedas disfrutar en esta tierra con su poder. Aún aquellas personas que tienen algunas dificultades o limitaciones cuando se acercan a Dios experimentan sanidad en su entendimiento.

EXPERIMENTARÁS CREATIVIDAD

Al acercarte a Dios en una relación íntima con el Espíritu Santo, Él te activará la creatividad (Éxodo 35: 30-35).

Fui invitado a una reunión con el embajador del Estado de Israel en Guatemala en conmemoración de los 60 años del reconocimiento de Israel como estado que le otorgó la ONU. Nos indicó que ellos como nación o estado proponen porcentualmente más ideas y escriben mas libros que las demás naciones del mundo.

El desarrollo científico, tecnológico, agrícola, educativo, económico, cultural y salud alcanzado por Israel hasta la actualidad es trascendente a nivel mundial. Poseen el mayor número de premios Nobel en diferentes especialidades. El promedio de lectura en la población es bastante alto. La asistencia hacia países que mantienen relaciones con Israel a través del programa "Shalom", como en el caso de Guatemala ha beneficiado a miles de becarios durante más de veinte años. Existen en Israel 5 universidades, así como importantes Institutos de investigación que cuentan con los más altos estándares de calidad en el mundo. En educación es sorprendente que uno de sus principales retos asumidos por la comunidad educativa es. *"Asegurar que los niños y niñas en los centros educativos sean felices".* (1)

No es que sean una raza diferente, lo diferente es que tienen la bendición de Jehová, lo diferente es que tienen la ley del Señor en sus manos, la palabra revelada, aunque solamente creen en el Antiguo Testamento. Ahora bien, la iglesia tiene la revelación completa de La Biblia, compuesta de los 39 libros del Antiguo Testamento y los 27 del Nuevo Testamento. Estamos diciendo que, la sabiduría espiritual nos acerca más a Dios y activa la dimensión de las ideas y creatividad.

EXPERIMENTAS LA VIDA ETERNA

La historia relata que algunas de las expediciones que se hicieron al descubrir el nuevo mundo fueron motivadas para encontrar la bebida que los hiciera eternos, la fuente de la juventud. Los faraones y la cultura egipcia embalsamaban a sus muertos para preservar las células, para conservar sus cuerpos con la esperanza que descubrieran el antídoto que los trajera a la vida.

En Egipto existen varios museos dedicados a conservar su historia y su cultura; uno de ellos es el museo del Cairo, el tema central es relatar las batallas heroicas, rendir tributo a sus faraones y desarrollar el culto mortuorio; Los egipcios se aferraban a la vida y desarrollaron técnicas como el embalsamamiento para preparar a sus muertos para un viaje muy largo hacia la posteridad.

Es importante señalar que no solamente en las civilizaciones antiguas se resistieron a aceptar que sus principales dirigentes murieran. En los últimos veinte años ha surgido una comunidad de científicos, hombres y mujeres considerados como las mentalidades más brillantes con una característica en común, se consideran "Amortalistas", se resisten a morir, declararon como parte de sus creencias que el hombre no necesita más de Dios, que llegó a un nivel de superación tan perfecta que ya Dios no le sirve más. Consideran que el principal tema de discusión es que el hombre ha llegado a ser tan perfecto que incluso por sí mismo es capaz de crear vida y llegar a ser inmortal. El club que ha aglutinado a estos pensadores se llama "ALCOR" y ha reunido a inventores, investigadores y científicos en sus respectivas áreas de especialidad.

Los criogenizadotes que son aquellos que al morir pidieron que sus cadáveres fueran congelados con la esperanza de que algún día les traerían de nuevo a la vida. Debemos volver a la palabra de Dios "La Biblia" Dios dice a Daniel que en los postreros días la ciencia se aumentará. Dios es el único ser capaz de crear, recrear y sustentar la vida, el hombre por mucho que se afane no puede crear vida, ni los clonadores, ellos están manipulando las células vivas.(2)

El ser humano tiene ese instinto de eternidad dentro de si. La Biblia propone en Proverbios 19:8

"el que posee entendimiento ama su alma, el que guarda la inteligencia hallará el bien".

La sabiduría espiritual significa conocer a Dios, si tú conoces a Dios, si tú tienes a Jesús en tu corazón tendrás vida eterna. El libro de proverbios muestra a Jesús como la sabiduría. Según el libro de Proverbios, la sabiduría hereda honra, de allí que la sabiduría espiritual hereda la vida eterna. El discípulo amado en su primera epístola explica que tener a Jesús es tener la vida.

1 Juan 5:12 "El que tiene al Hijo, tiene la vida; el que no tiene al Hijo de Dios no tiene la vida."

Líderes que cambian Suertes

CONSEJO INSPIRACIONAL

Teniendo a Cristo en el corazón a través de haberle recibido es el primer paso para que tu liderazgo tenga éxito, pero luego puedes crecer en tu relación con Dios a través del estudio de la Biblia, la oración, el ayuno, la integridad y la relación con el Espíritu Santo. Tú eres parte de esta generación de líderes sabios que han encontrado la sabiduría espiritual y la inteligencia, y las has hecho tus hermanas.

Proverbios 7:4 BLA "Di a la sabiduría: Tú eres mi hermana, y llama a la inteligencia tu mejor amiga," (16)

Anhela cada día conocer como ser más amigo de Dios y disfruta de la relación con tu Padre celestial y vivirás bajo el poder del Espíritu Santo. El mundo está deseoso de que líderes sabios los guíen. El mundo está esperando por ti.

Preguntas para reflexionar

1. ¿Cuál es la diferencia entre la sabiduría y la inteligencia, si ambas tienen en común la capacidad de analizar, ordenar, articular y almacenar conocimiento?

_____
_____
_____
_____
_____
_____
_____

2. ¿Consideras ser un líder sabio?

_____
_____
_____
_____
_____
_____

3. ¿Por qué es importante que desarrolles la sabiduría espiritual en tu liderazgo?

_____
_____
_____
_____
_____
_____
_____

4. Si la sabiduría espiritual es establecer y mantener una comunicación y relación con Dios. ¿Cómo calificas tu nivel de Sabiduría Espiritual?

_____

_____

_____

_____

_____

_____

5. ¿De qué manera puedes adquirir y desarrollar la sabiduría espiritual?

_____

_____

_____

_____

_____

_____

6. ¿Reconociste a Jesús como Señor y Salvador, y quieres recibir a Cristo en tu corazón?

_____

_____

_____

_____

_____

_____

_____

Capítulo
Dos

Desarrolla la Sabiduría Emocional

¡No hay una segunda oportunidad para una primera buena impresión! Mi pastor Edmundo Madrid estaba de viaje y me pidió que lo representara en una reunión especial en un círculo pequeño de los pastores más influyentes de Guatemala. Yo era un joven pastor de 23 años, estaba un poco nervioso por tan honroso privilegio, al llegar a la sesión la mitad de ellos ya estaban en el salón, nadie me conocía, me acerqué a cada uno, les di la mano y de una manera normal me saludaron, pero nunca olvidaré la grata impresión que tuve del pastor Fernando Solares, fue el único que se paró, me dio un abrazo y me dijo "Dios le bendiga hermanito lindo".

El hermano Fernando no sabía quien era yo, nadie me había presentado, él no sabía a quien representaba, simplemente el deseo de agregar valor a un joven mostraba su estilo de vida y liderazgo. Sin lugar a dudas él era un hombre con sabiduría espiritual pero también poseedor de sabiduría emocional.

Líderes que cambian Suertes

Dejemos claro, el líder cristiano en primer plano debe desarrollar la sabiduría espiritual, es decir cada día crecer en su relación con Dios y gozar de su respaldo, pero también, necesita desarrollar la capacidad de relacionarse con las personas, a esto llamamos, "sabiduría emocional". Crecer en la relación vertical, hacia Dios y también en la horizontal, hacia los demás. Nuevamente, señalamos que, sabiduría implica conocimiento e información pero principalmente práctica. De tal forma, permíteme definir la sabiduría emocional, "Es la capacidad de relacionarse adecuadamente con sigo mismo y con los demás". Los escritores, como Daniel Goleman, en su célebre libro "Inteligencia Emocional" impreso a mediados de los 90, señala cinco componentes en esta capacidad humana, él habla de conocer los sentimientos propios, identificarlos, controlarlos, motivarse y manejar las relaciones interpersonales.

El sabio Salomón en el fantástico libro de Proverbios apuntó una y otra vez que poseer y desarrollar la sabiduría produce éxito, (Proverbios 4:8).

Pretendemos en este capítulo que los principios bíblicos y la perspectiva divina sobre las relaciones humanas repercutan en bendición de tu familia, matrimonio, trabajo, profesión, ministerio, en fin, en cualquier escenario humano donde tú te desarrolles, puede ser en lo político, educativo, eclesiástico, social, y deportivo. Hemos conocido grandes atletas, músicos, predicadores, líderes de grupos familiares, maestros y líderes comunitarios, echar a perder sus proyectos de vida por no haber aprendido a interactuar con sus colegas, colaboradores y seres amados. ¡Cuanta necesidad tenemos de desarrollar la sabiduría emocional, ya que la vida consiste en relaciones, te relacionas con Dios, contigo mismo y con tu prójimo. De tal virtud, que el que aprende a relacionarse aprende a vivir. Te relacionas en la familia, la Iglesia, el vecindario, el trabajo, el centro de estudios y en la calle. Siendo así, es importante que aprendamos a relacionarnos con todos.

Una biografía que nos ilustra esta verdad es la del atleta Michael Jordan considerado el mejor basquetbolista de todos los tiempos, tuvo apogeo en los 90' jugando para los Bulls de Chicago en la NBA, según Richard L. Daft en su libro "La Experiencia de Liderazgo" lo muestra no solo como un líder que poseía talento atlético sino como una persona carismática. Es decir era un jugador con capacidades físicas y además capacidades emocionales para ser agradable con el público, periodistas y personas ajenas al deporte; incluso con los aficionados de equipos contrarios.

En todas las disciplinas humanas, intelectuales, artísticas, políticas, deportivas y religiosas los líderes se caracterizan por conocer y dominar su vocación, sin embargo, muchos fallan en tener la capacidad de ser agradables con las personas. Es decir han desarrollado un tipo de sabiduría pero están carentes de sabiduría emocional. Michael Jordan poseía sabiduría física y sabiduría emocional. Líderes por carecer de la capacidad de relacionarse con las personas han perdido oportunidades de éxito y de trascender más allá de su contexto.

Máxima
"La vida consiste en relaciones, te relacionas con Dios, contigo mismo y con tu prójimo. De tal virtud, que el que aprende a relacionarse aprende a vivir"
Edmundo Guillén

En el campo eclesial y ministerial es paradójico y hasta contradictorio ver a hombres y mujeres de Dios con una fuerte manifestación de dones espirituales, bendiciendo a personas desde los púlpitos, las tarimas de los templos y en los hogares, a través de prédicas, cantos, oraciones, consejerías y hasta liberaciones pero que al terminar su labor ministerial no tienen la capacidad emocional de seguir bendiciendo a las personas, al contrario, son pedantes, malhumorados, insípidos y exclusivistas. Necesitamos cambiar esa proyección y aprender del ejemplo de Jesús. Él modela sabiduría emocional a todos los que somos hijos de Dios, mayormente a los líderes cristianos, la Escritura en Lucas capítulo dos y versículo cincuenta y dos enseña que Jesús poseía sabiduría espiritual, se relacionaba bien con Dios, pero también había desarrollado la sabiduría emocional, tenía gracia con las personas. Varias versiones bíblicas describen el verbo crecer de una forma continua, "seguía creciendo".

Es más, para compartir la fe y defenderla, el apóstol Pedro insta a que usemos sabiduría emocional.

1 Pedro 3:15-17 DHH "Honren a Cristo como Señor, y estén siempre listos para explicarle a la gente por qué ustedes confían en Cristo y en sus promesas. 16.Pero háganlo con <u>amabilidad y respeto</u>. Pórtense bien, como buenos seguidores de Cristo, para que no se sientan culpables de nada. Así, los que hablan mal de la buena conducta de ustedes sentirán vergüenza de lo que dicen."

Los beneficiosos resultados de desarrollar la sabiduría emocional son muchos, la persona cae bien, goza del favor, es ascendida en su trabajo, logra cerrar la venta del día, se gana a la familia del cónyuge, logra desarrollar discípulos, mantiene el matrimonio, la familia y el ministerio estable. Tristemente, hay personas que siendo cristianos y líderes eclesiales tienen malas relaciones, y aún sintiéndose mal no cambian. ¿Por qué?, ¿Por qué todavía hay pleitos, celos, envidias y amarguras?. Hay varias razones que debemos tomar en cuenta, para entender el comportamiento de los seres humanos, entre ellos el temperamento, las experiencias emocionales desde la niñez y las fuerzas espirituales del mal.

SANA TU ENTENDIMIENTO

Los estudiosos del comportamiento humano señalan que los hombres y las mujeres en su personalidad tienen cuatro rasgos o temperamentos; dos son más predominantes que los demás, pero al final los cuatro están presentes en cada individuo.

Escritores cristianos nos han legado verdaderas joyas en la comprensión de la personalidad y sus rasgos. Tim LaHaye con su obra "Temperamentos controlados por el Espíritu Santo" y Charles Boyde con el libro "Hijos diferentes, necesidades diferentes" nos ayudan a comprender los temperamentos y el comportamiento humano.

Esta información científica te permitirá conocer, aceptar

y controlar tus temperamentos; además conocerás y aceptarás los temperamentos de las personas. Todo este entendimiento, comprensión y aceptación te permitirán relacionarte adecuadamente. Un líder cristiano debe poseer la sabiduría emocional para conocerse a sí mismo y a sus discípulos para cumplir más efectivamente su misión en la tierra.

Los cuatro temperamentos que forman una personalidad son: Sanguíneo, Colérico, Melancólico y Flemático. En la medida que vayas conociendo tu temperamento y la mezcla de éstos, puedes comprender tus fortalezas y debilidades emocionales y principalmente modificar tu comportamiento. Todos los temperamentos tienen fortalezas pero también fragilidades. Precisamente el líder cristiano con la ayuda y el fruto del Espíritu debe aprender a superar sus debilidades.

Los líderes con predominante rasgo sanguíneo generalmente se caracterizan por ser alegres, optimistas, comunicadores y amigables. Podrían tener dificultades al interactuar con las personas, porque son inquietos, propensos a la inmoralidad, hablan y bromean más de la cuenta, principian proyectos que no terminan, ofrecen más de lo que pueden cumplir, desordenados en la economía, impacientes con los melancólicos y distraídos. Los líderes sanguíneos valoran más a las personas que a las metas y su accionar es rápido. (1)

Los líderes con rasgo colérico regularmente se identifican por ser influenciadores, fuertes en los momentos devastadores, optimistas, aventureros y decididos. No obstante, podrían ser propensos a tener dificultades al relacionarse por ser inmisericordiosos, duros, impacientes, críticos y arrebatados. Toman decisiones apresuradas, son estrictos con sus hijos, discípulos y colaboradores. Los líderes coléricos valoran más las metas y las tareas que a las personas, y al igual que el sanguíneo su proceder es apresurado.

Los líderes con rasgo melancólico generalmente se caracterizan por ser ingeniosos, analíticos, talentosos en el arte, contempladores de lo bello, detallistas, fieles amigos, leales y se conmueven fácilmente. Sin embargo, tienden a tener problemas al relacionarse porque tienden a ser críticos, a deprimirse, a sentirse culpables, a hacer bromas sarcásticas, a depender de otros, rechazan a los que se les oponen y les cuesta perdonar. A los líderes melancólicos les interesan mas las metas que las personas y su accionar es lento.

Los líderes con rasgo flemático normalmente se reconocen por ser equilibrados, pacientes, serenos, amables, callados, poco expresivos, de buen humor y evitan conflictos. Tienen problemas al relacionarse porque desalientan a otros, no se involucran, son sarcásticos, juzgan a los demás, son indecisos y temerosos. Los líderes flemáticos tienden a valorar más a las personas que a las metas y su proceder es calmado.

En suma, cada rasgo del temperamento posee fantásticas cualidades y preocupantes debilidades, las cuales favorecen o afectan las relaciones matrimoniales, familiares, laborales y ministeriales. Con seguridad, no hay temperamentos malos, solo diferentes y todos son buenos porque Dios los formó con un propósito.

Para mejorar tu liderazgo debes mejorar tus relaciones, para ello principia conociendo los rasgos de tu temperamento, aceptándolos y agradeciendo a Dios por su designio. Pero principalmente, debes identificar tus debilidades y determinarte a cambiar. Pide en oración ayuda a Dios y que su Santo Espíritu te llene de su amor y sus frutos. La clave para sanar tu entendimiento y temperamento es el amor de Dios, el apóstol Pablo urge a los cristianos de la ciudad de Galacia a que vivan en el fruto del Espíritu, que es el amor y sus manifestaciones, (Gálatas 5:22,23).

Nota que no dice frutos, no está en plural, dice fruto, en singular. Es decir cuando el amor de Dios está en tu vida se manifiesta con gozo, paz, paciencia, etc. Los líderes con sabiduría emocional saben que en Dios, con la ayuda del Espíritu Santo y determinación pueden tener un temperamento sano para relacionarse adecuadamente.

Mi hermano Ricardo Guillén es una de las personas que más admiro por tener un temperamento balanceado y controlado por el Espíritu Santo, lo cual le ha permitido tener buenas relaciones y consolidar su liderazgo en la iglesia y en los negocios.

SANA TUS SENTIMIENTOS

En el alma, específicamente en el área de los sentimientos los seres humanos tienen profundas heridas como producto de abusos verbales, emocionales, sexuales y físicos, causados principalmente en sus propios hogares, por personas que debieron haberles amado.

Atendí a Marta (nombre ficticio) por problemas relacionales en su matrimonio, era muy hiriente con su esposo, despreciativa y siempre estaba a la defensiva, le gritaba a sus hijos y les tenía poca paciencia, no duraba mucho en los trabajos, en varias ocasiones tuvo problemas con sus jefes. Después de escucharla detenidamente y expresarle que entendía su cuadro de desesperación, frustración y desaliento, le hice varias preguntas, entre ellas, le dije ¿Recuerda haber tenido algún daño en su niñez o adolescencia?, ella me respondió, "fui violada por mi padrastro", en ese momento principió a llorar y me dijo "lo odio". Entendí que la experiencia traumática que tuvo en su adolescencia la había dañado tanto que después de muchos años manifestaba rechazo, principalmente hacia los hombres y hacia sus autoridades. En general, ella estaba siempre a la defensiva y en la menor de las sospechas que ella asumiera que alguien le quería hacer daño reaccionaba drástica y en ocasiones violentamente. Le expliqué el daño que estaba sufriendo y el que estaba causando a otros, simplemente por no perdonar, además, a través de la Biblia le mostré el proceso de libertad.

La falta de perdón produce odio, ira, resentimiento, amargura y venganza. Estos malos sentimientos afectan las buenas relaciones. La Escritura, en la epístola a los Colosenses y capítulo tres ordena que se haga morir lo terrenal y que no se practique la ira, enojo, malicia y palabras hirientes. Las personas con este tipo de conducta seguramente viven dañando a todos los demás y así mismos, según un estudio, la ira está relacionada directamente con al menos cincuenta y una enfermedades, incluyendo: hipertensión sanguínea, ataques de corazón, colitis, artritis, cálculos renales, problemas de la vesícula biliar, y muchas otras. La ira y la hostilidad son tan peligrosas que pueden llevar a una persona a atentar contra su vida y la de los demás. Tener odio es como beber veneno y esperar que otro se muera.

Veamos algunos pasos para ser libre de estos sentimientos nocivos.

RECONOCE QUE TIENES FALTA DE PERDÓN

El primer paso para ser libres de la esclavitud de la amargura es reconocer que hay una herida en el alma.

Gálatas 5:20-21 BLS "20 … odian a los demás. Se pelean unos con otros, son celosos y se enojan por todo. Son egoístas, discuten y causan divisiones. 21 Son envidiosos, y hasta matan;..."

Todas estas características evidencia la falta de perdón. El primer paso para ser libre de la esclavitud del odio es reconocer que hay heridas en el alma.

Si te sientes identificado con alguno de estos sentimientos y acciones reconoce que alguien te hizo daño y que necesitas perdonar para ser libre.

RECONOCE QUE LA FALTA DE PERDÓN Y SUS MANIFESTACIONES SON PECADOS

La Biblia es categórica al señalar que la ira, el odio, la amargura y la venganza ofenden a Dios, son pecado tanto como el robo, el adulterio y otros pecados menos aceptados por la sociedad, (Efesios 4:31).

El líder que es hijo de Dios quiere agradar en todo a su Señor y al comprender que los resentimientos son pecados, inmediatamente quiere evitarlos.

CONFIESA Y PIDE PERDÓN A DIOS POR LA FALTA DE PERDÓN

La persona que es hija de Dios anhela agradar a su Señor y vivir en integridad, limpio de todo pecado. El tercer paso para ser libre de la esclavitud del odio es pedir perdón a Dios. No importando si eres el agredido y ofendido, el problema es que ese sentimiento te está dañando y deteriorando las relaciones con otras personas.

40

RENUNCIA A TODO ESPÍRITU DE AMARGURA

Debes identificar que la falta de perdón y el odio no solo son pecados sino son espíritus inmundos que afecta tu alma. Por lo tanto, debes quebrantarlos y ordenarles que se vayan de tu vida en el nombre de Jesús. Probablemente tendrás que pedir ayuda a otro líder o consejero que tenga autoridad espiritual para reprender el espíritu inmundo. Tal como lo narra Mateo, dos hombres de la ciudad de Gadara estaban poseídos por demonios los cuales lo manifestaban con violencia e ira.

Mateo 8:28 BLA "Cuando llegó al otro lado, a la tierra de los gadarenos, le salieron al encuentro dos endemoniados que salían de los sepulcros, violentos en extremo, de manera que nadie podía pasar por aquel camino."

PERDONA A LAS PERSONAS QUE TE HAN HERIDO

Quizás uno de los pasos más difíciles es perdonar al padre, madre, familiar o persona que te ultrajó, maltrató, humilló, despreció y dañó tu vida. Pedro preguntó a Jesús cuántas veces hay que perdonar, se infiere que Él contestó, todas las veces que fuese ofendido, (Mateo 18:21,22).

Perdonar, como el amar es un acto de la voluntad más que un efecto de las emociones, se perdona no porque se "sienta" perdonar sino porque "decides" perdonar, motivado por el deseo de agradar y obedecer a Dios, además por querer ser sano de enfermedades físicas y de mejorar las maneras de relacionarse con las personas. "Perdonar es dejar libre a alguien para después descubrir que uno mismo queda libre". Es posible que la persona que te daño no esté viva, de igual manera debes perdonarla en tu corazón.

Hay muchos cristianos que se deprimen pensando que realmente no han perdonado cuando tiempo después que han orado y pedido perdón a Dios vuelven recuerdos o pensamientos del agresor y sus faltas. Debes comprender que el registro en la memoria no se olvida pero sí el dolor del recuerdo. Es decir, habrá un recuerdo de lo sucedido, pero ese recuerdo ya no producirá dolor.

Pide perdón

Nuevamente, para sanar la herida hay que estar determinado hasta las últimas consecuencias. Aunque no es fácil, es posible. Llénate de valor y pide al Espíritu Santo que te de fuerzas para tomar el teléfono, escribir un correo electrónico o para ir con la persona con la que has tenido el conflicto y pedirle perdón. Cuando pidas perdón no cometas el error de escarbar y buscar culpables señalando cada detalle de la dificultad. Simplemente, con sinceridad pide perdón. Pablo anima a los cristianos de la ciudad de Colosas a que vivan un estilo de vida de amor perdonándose los unos a los otros, (Colosenses 3:12-14).

Recuerda que la ira y el amor no pueden arder simultáneamente en el mismo corazón. Si te entregas a la amargura contra aquellos que odias, se destruirá tu amor por aquellos a quienes aprecias.

SIGUE ALGUNOS CONSEJOS PARA MEJORAR LAS RELACIONES INTERPERSONALES

Usa tus palabras adecuadamente

Agrega valor con tus palabras.

Expresar las cualidades de las personas con sinceridad es una de las armas más poderosas de cambio y relación. Dale Carnegie en el best seller "Cómo ganar amigos e influir sobre las personas" recomienda a los líderes *empezar con un elogio y aprecio sincero antes de pedir un cambio a sus seguidores."* (2) Es interesante descubrir que el elogio sincero no solo produce buenas relaciones sino tiene un efecto de cambio en los demás.

Debo reconocer que las palabras de Berlin han sido un instrumento de Dios para agregarme valor en la vida y en mi vocación de liderazgo, varias veces que me he sentido atemorizado o desalentado ante grandes desafíos del ministerio, ella aparte de animarme a seguir adelante ha encontrado en mí cualidades que yo mismo no había visto.

He percibido que a las personas les gusta estar cerca de ella porque siempre encuentran una palabra de elogio. Mis tres hijos en momentos de tristeza y desánimo siempre acuden a ella antes que a mí. ¿Sabes por qué? Porque ella sabe usar sus labios para animar y señalar cualidades.

Ken Blanchard en el libro ¡Bien hecho!, que a propósito es un libro con un estilo agradable y práctico, presenta genialmente a través de la analogía del entrenamiento de la ballena asesina "Shamú" en el parque acuático Sea World, como se puede dirigir a una persona con el estímulo. El propone "pillar a las personas haciendo lo bueno", es decir, cuando alguien hace algo bueno, "*elogie de inmediato, diga específicamente que hicieron bien, comparta los sentimientos positivos sobre lo que hicieron y aliente para que sigan haciendo las cosas bien*".(3)

SE AGRADABLE AL CONVERSAR

El uso de lenguaje, la expresión del rostro, el ceño fruncido o la sonrisa determinan conexión con tu interlocutor. Pablo enseña que la conversación debe ser atractiva, Colosenses 4:6

Existen varios conceptos en la comunicación que dañan las relaciones interpersonales. Los principios bíblicos nos advierten al respecto y piden que se eviten:

Los chismes. Si no eres parte del problema ni de la solución evita participar en una conversación en que se esté hablando de otra persona.

Proverbios 20:19 NVI. "El chismoso traiciona la confianza; no te juntes con la gente que habla de más"

En la historia se ha comprobado que los líderes sobresalientes se caracterizaron por el trato: atento, amable, cordial, justo con las personas y por su sabiduría puesta de manifiesto en cada situación, actividad y relación con otros. "*En la época de oro en Grecia una persona se acercó a Sócrates y le dijo: ¡Quiero contarte algo muy delicado referente a un amigo tuyo muy cercano; Sócrates lo interrumpió y le dijo; bueno, primero, quisiera hacerte tres preguntas sobre mi amigo, a esto le llamo el examen del triple filtro. Principiemos con el filtro de la certeza ¿Estás seguro de que lo que me vas a decir es verdadero? El hombre le dijo, no, solamente lo escuché. Vamos con el segundo filtro de la bondad le dijo Sócrates. ¿Es algo bueno lo que me vas a decir sobre mi amigo? No, todo lo contrario le respondió el hombre. Así que quieres decirme algo malo sobre mi amigo pero no estás seguro si es cierto, solamente lo escuchaste. Vamos al tercer filtro, es el de la utilidad. ¿Me será de alguna utilidad lo que me vas a decir? El hombre le dijo, no. Entonces dijo Sócrates, no sabes si es cierto, y no me será de utilidad, entonces que ganaría con escucharlo. Esta historia refleja la importancia de ser sabios en los momentos que enfrentemos situaciones similares, ser sabios para no hacer de los rumores una situación mucho más grande que daña a otros. Ser sabios y justos para no prestar atención solamente a rumores, muchas veces infundados que llevan como propósito destruir la reputación de alguna persona que en ese momento no tiene el derecho de aclaración o defensa.*(2)

Las bromas hirientes. Expresiones y acciones que ofenden no son propias de un líder que desea agregar valor y amor, y además desea que se le respete, (Proverbios 16:18).

Las mentiras. Ocultar la verdad o decirla a medias causa siempre desconfianza, que es el enemigo de las buenas relaciones, (Proverbios 12:22).

Los sobrenombres. Poner epítetos señalando una debilidad o defecto físico causa heridas e irritaciones. El llamar a las personas por su nombre es una virtud que agrega valor, principalmente en los primeros momentos de conocerla, mejor aún, si el sobre nombre es un elogio.

Hablar más de lo que se escucha. Pablo invita a que seamos tardos para hablar y prontos para escuchar. De los cuatro niveles de comunicación: escuchar, hablar, leer y escribir, hemos sido menos capacitados para el primero. Sin embargo, si deseamos tener buenas relaciones y mantener una conversación que agregue valor, es importante escuchar con atención. Stephen Coven en el libro "El 8° Hábito" sugiere que escuchemos con empatía, es decir hacer un verdadero esfuerzo para salir de nuestro contexto y prestar atención desde el entorno integral de la otra persona, Santiago 1:19

SE HUMILDE

El desmedido amor propio, el egocentrismo, tiene por lo menos dos maneras de manifestarse. Por un lado, la altivez y el orgullo basados en el pensamiento de superioridad y expresados en acciones y palabras denigrantes, humillantes y de menosprecio a los demás. *Proverbios 6:16,17a "Seis cosas aborrece Jehová, Y aun siete abomina su alma: 17. Los ojos altivos,..."* Dios mismo no soporta a los arrogantes. Es muy difícil desarrollar la sabiduría emocional manteniendo un espíritu de orgullo.

En segundo plano el egocentrismo se basa en un pensamiento negativo de sí mismo, manifestado con timidez. El ser excesivamente callado, no expresar palabra, tener temor a hablar con otras personas e incluso saludarlas. El tímido piensa tanto en sí mismo que prefiere no hablar y actuar para no verse inadecuado, se ama tanto a sí mismo que se enconcha y protege. Este tipo de actitud no permite desarrollar buenas relaciones.

En suma, ya sea la altivez o la timidez ambas tienen una raíz, el orgullo y ambas producen la misma consecuencia, malas relaciones. La sabiduría emocional requiere humildad, tener un pensamiento balanceado y justo de sí mismo y de los demás. No hay que interpretar la humildad como pensar menos "de" sí mismo sino menos "en" sí mismo. El humilde no solo halla el favor de Dios sino halla gracia delante de los hombres.

CUIDA TU APARIENCIA FÍSICA

Quizás te estás preguntando ¿Qué relación hay entre la apariencia física y la sabiduría emocional para ser agradable o caer bien? Pues bien, tiene relación, La Escritura relata dos historias, la primera, un hombre que para las ocasiones muy especiales sabía vestirse.

Génesis 41:14 DHH "Entonces el faraón mando llamar a José y lo sacaron inmediatamente de la cárcel, José se cortó el pelo, se cambió de ropa y se presentó delante del faraón".

Todo tiene su lugar, no es lo mismo tener una apariencia física en la cárcel que presentarse delante de faraón. Las personas emocionalmente sabias saben como vestirse dependiendo la ocasión que tienen que enfrentar.

La segunda, una mujer que entendía que según la ocasión así sería la manera de vestirse.

Ester 5:1 "Aconteció que al tercer día se puso Ester su vestido real y entró al patio interior de la casa del rey".

En estas dos historias observamos al hombre y a la mujer vestirse adecuadamente para lograr conexión emocional con personajes de autoridad política, es decir, cada ambiente amerita una manera de vestir para lograr una comunicación mejor. De alguna manera, el interior se proyecta al exterior por la manera de vestir. Si estás aplicando para un trabajo y te conceden una entrevista ve adecuadamente vestido, el corte de pelo, el aroma y hasta la manera de combinar la ropa dirá algo de ti. Si vas a pedir permiso a los papás de una chica para ser novios o salir con ella, inevitablemente ellos tomarán una impresión de ti por tu apariencia.

La historia del gadareno demuestra que cuando en el interior hay desorden, caos, y confusión el exterior es de terror, la apariencia del pelo y su vestuario reflejaban su interior, Lucas 8:27. El apóstol Pablo insta a las personas a que se arreglen con pudor, es decir debe existir un balance en el vestuario entre moralidad, belleza, limpieza y orden, 1 Timoteo 2:9 .

Inspira confianza relacionarse con una persona limpia, de buen aroma, con la ropa planchada y los zapatos limpios. No estoy sugiriendo invertir todo el dinero en tu apariencia. No estoy enfatizando lo externo sobre lo interno, porque el principio bíblico es que cuando estamos bien por dentro se nos hace muy fácil estar bien por fuera, tener sabiduría externa.

Consejo Inspiracional

De Jesús mismo aprendemos que desarrollaba una alta capacidad para tener gracia con los demás. Los grandes líderes dominan su temperamento, han vencido la amargura y mantienen una actitud sincera por querer agregar valía, afecto y respeto a los demás. Algunos líderes caen en el error de hablar y actuar hostilmente por poseer la verdad, sienten que tienen el derecho a decirla como ellos quieren. San Juan muestra a Jesús lleno de gracia y de verdad, nota que a la verdad le precedía la gracia. El desafío será seguir creciendo verticalmente en favor con Dios y horizontalmente en favor con las personas. ¡Ese fue el modelo de Jesús! (Lucas 2:52).

Preguntas para reflexionar

1. ¿Qué es la Sabiduría Emocional?

_____

_____

_____

_____

2. ¿Por qué un líder debe crecer en la sabiduría en relación vertical, y también horizontal?

_____

_____

_____

_____

3. ¿De qué manera Jesús demostró su sabiduría emocional?

_____

_____

_____

_____

4. ¿Qué dice 1 Pedro 3:15-17 con respecto a la sabiduría emocional?

_____

_____

_____

5. ¿Por qué algunos líderes no logran alcanzar un sano nivel de sabiduría emocional?

_____

_____

6. ¿Qué relación tiene la sabiduría emocional con Gálatas 5:22-23?

_____

_____

7. ¿De qué manera la falta de perdón interfiere con el desarrollo de la sabiduría emocional?

_____

_____

8. ¿Qué pasos puedes dar para vencer la amargura y poder perdonar?

_____

_____

_____

_____

9. ¿Qué consejos nos da este libro para mejorar las relaciones interpersonales?

_____

_____

10. ¿Qué actitudes pueden dañar las relaciones?

_____

_____

_____

Capítulo
Tres
Desarrolla la
Sabiduría Mental

*S*entado en las bancas del templo, siendo un jovencito de unos catorce años escuchaba el mensaje dominical quedando impactado al percatarme que el pastor Edmundo Madrid no estaba leyendo sino repitiendo de memoria una gran extensión del capítulo 15 del Evangelio Según San Lucas, ¡impresionante, casi toda la historia del "hijo pródigo"!. El había desarrollado la capacidad de memorizar la Biblia de una manera fotográfica. En otras ocasiones, lo escuché hablar inglés y hacer comentarios puntuales y profundos de temas generales de interés humano. Desde muy joven me di cuenta que mi pastor era una persona inteligente con cultura general. Sin menoscabar la memoria casi exacta que posee, entendí que su inteligencia no era producto de la causalidad, sino del esfuerzo y la dedicación constante. Varias veces le escuché contar cuanto tiempo dedicó y la estrategia que utilizó para memorizar textos bíblicos, además de, prácticamente devorarse libros de su interés. Comprendí que el éxito y la influencia de su liderazgo se debía al desarrollo de la sabiduría espiritual, es decir a su integridad de vida y a su dependencia de Dios, pero además, al cultivo de su mente por la disciplina y pasión por el estudio sistemático, habiendo efectuado su preparación universitaria en California, Estados Unidos.

En Latinoamérica los líderes se han caracterizado por ser muy carismáticos, de pronto han desarrollado sustancialmente la sabiduría emocional, son personas que caen muy bien, sin embargo, un gran grupo de ellos no han desarrollado la capacidad intelectual, analítica y creativa. La educación no ha sido prioridad en su liderazgo.

En los diferentes campos de la vida los líderes guatemaltecos y latinos no se han forjado en el estudio sistemático de una universidad u organizaciones de estudio superior. En nuestro contexto político, la mayoría de congresistas o diputados no tienen estudio superior y los pocos profesionales no se capacitaron formalmente en las ciencias políticas. En terrenos eclesiásticos la tendencia es similar, poca preparación educativa.

Varias veces escuché al pastor Madrid decir: "un pastor sin letras lleno del Espíritu Santo en las montañas, será mas efectivo en su liderazgo que un profesional de la ciudad sin el poder del Espíritu. Pero un líder estudiado y lleno del Espíritu Santo será más exitoso para cumplir su misión de influir a la mayor cantidad de personas."

En la historia bíblica encontramos hombres y mujeres de diferentes etnias, clases sociales, géneros y niveles educativos siendo instrumentos efectivos de Dios para cumplir sus propósitos en la tierra. Sin lugar a dudas, todos ellos sin importar sus diferencias son apreciados de igual manera por Dios. Sin embargo, debemos reconocer entre los escritores bíblicos más prolíferos a aquellos que fueron instruidos sistemáticamente en la educación de su tiempo, sus libros lo evidencian en contenido y extensión. Entre ellos Daniel, Pablo y Moisés.

Daniel sirvió en cuatro gobiernos como estadista después de haber sido capacitado sistemáticamente en la educación de los babilonios y es contado entre los profetas mayores por la extensión de su libro, Daniel 1:5.

El ejemplo bíblico de Saulo de Tarso después llamado Pablo, es conocido por ser un gran apóstol, misionero y pastor lleno de poder y milagros. Escribió el libro de Romanos, 1ª y 2ª epístola de Corintios, Gálatas, Efesios, Filipenses, Colosenses, 1ª y 2ª de Tesalonicenses, 1ª y 2a Timoteo, Tito, Filemón, y probablemente el libro de Hebreos. En otras palabras, estas son la mayoría de las cartas pastorales del Nuevo Testamento. Al leer la literatura paulina fácilmente sale a relucir la exquisita redacción, el bello estilo literario, las geniales figuras literarias, el extenso contenido histórico, el profundo contenido teológico y profético y la enseñanza didáctica.

Ahora bien, poco se resalta el hecho de que era un líder intelectual de primera línea. Educado sistemáticamente bajo la educación de su maestro Gamaliel, (Hechos 22:3).

El mismo Pedro reconoce que para los indoctos o ignorantes las cartas de Pablo tienen puntos difíciles de entender.

2 Pedro 3 16 DHH "En cada una de sus cartas él les ha hablado de esto, aunque hay en ellas puntos difíciles de entender que los ignorantes y los débiles en la fe tuercen, como tuercen las demás Escrituras, para su propia condenación."(1)

El apóstol Pablo presentando defensa ante el Rey Agripa y el gobernador Festo, hablaba con mucha sabiduría de Cristo y de la resurrección. Festo se agita y le grita que está loco, sin embargo reconocía que estaba ante un estudiado e intelectual.

Hechos 26:24 DHH "Al decir Pablo estas cosas en su defensa, Festo gritó: –¡Estás loco, Pablo! De tanto estudiar te has vuelto loco."(2)

Los líderes cristianos necesitamos comprender que al desarrollar ciertas capacidades tendremos mayor cantidad de oportunidades para ser más efectivos, incidir y cambiar la "suerte" espiritual, familiar, educativa y financiera en nuestras comunidades. La misma motivación que impulsa a desarrollar las sabidurías espirituales y emocionales debe poseerse para acrecentar la sabiduría mental.

Entendemos por sabiduría mental a la capacidad humana para comprender, almacenar y elaborar información en solución de los problemas. Quiero presentarte 4 aspectos que se necesitan para desarrollar la sabiduría mental en tu liderazgo, valiéndome del acróstico P.I.C.A.

Pasión
Inversión
Capacitación
Asociación

Pasión por desarrollar la sabiduría mental.

Los hombres y las mujeres que poseen un deseo profundo por mejorar y crecer como personas y líderes han entendido la importancia de obtener la mayor información posible. Esta comprensión produce un intenso deseo por capacitarse y conocer más.

Es importante que sepas que tú y solo tú eres el responsable de tu motivación para el desarrollo de tu educación. Sin lugar a dudas, cuando el hijo vive bajo la tutela de sus padres, éstos lo estimularán de una u otra manera a que haga las tareas y que estudie para que en la vida llegue a ser alguien importante de bendición para la sociedad. Sin embargo, en materia de liderazgo es el líder el único responsable de mantener alto el nivel de pasión para estudiar e informarse.

Los seres humanos somos resistentes a los procesos, nos parecen largos, pesados y tediosos. De hecho tendemos a los sucesos y eventos porque son cortos, emocionantes y requieren poco esfuerzo. Si bien es cierto, aunque los sucesos motiven, no hay que olvidar que los procesos forman. Sentarse por horas para leer, meditar y estudiar no es fácil. Ingresar a un establecimiento educativo para prepararse por años es complicado, sin embargo, no hay atajos en el desarrollo de la sabiduría mental.

Máxima
"El líder es el único responsable de mantener alto el nivel de pasión para estudiar e informarse"
Edmundo Guillén

Después de comprender que el líder es el responsable de su propia motivación y no su organización, mucho menos sus colaboradores, es importante saber cómo puedes mantenerte apasionado por tu desarrollo, principalmente cuando el proceso se hace cuesta arriba, el poco tiempo, el cansancio, los compromisos familiares y problemas normales de la vida. Aunque, existen varias formas para mantener la automotivación en el crecimiento personal, quiero señalar una, "el poder de una visión positiva del futuro".

Si mantienes siempre en mente los beneficios que obtendrás y la bendición que producirás a otros por la sabiduría que alcanzarás, será más fácil mantenerte motivado y animado para seguir adelante en tu desarrollo personal. Recuerda, que desde que cayó el muro de Berlín, la era industrial dio paso a la era de la información. Las personas que tienen mayores posibilidades son aquellos que tienen el conocimiento.

Te animo a que te visualices dando una charla llena de sabiduría bendiciendo a tus oyentes. Mírate dando consejos sabios y siendo un agente de cambio en solución de conflictos. Visualiza mejores oportunidades de negocio, trabajo y ministerio espiritual. La historia de Víctor Frankl en los campos de concentración nazi es increíble, después de haber ayudado a muchos compañeros a no quitarse la vida por medio de pintarles cuadros positivos de sus futuros al lado de sus seres queridos o a la culminación de obras que habían dejado a medias, él mismo estuvo a punto de suicidarse pero de pronto pensó, algún día estaré en un auditorio fino hablando de mis experiencias a una audiencia culta, ese pensamiento lo motivó tanto que lo hizo reaccionar. Fue cuestión de tiempo para que se hiciera realidad su sueño. En otras palabras, si logras tener una visión positiva de tu futuro conseguirás animarte a principiar tu capacitación y mantenerte en ella.

INVIERTE PARA DESARROLLAR LA SABIDURÍA MENTAL.

Un segundo aspecto que permitirá que tu capacidad mental se desarrolle es el tiempo y dinero que inviertas en la formación educativa. He escuchado varias veces al autor de innumerables libros de liderazgo Jhon Maxwell decir "Si crees que la educación es cara prueba la ignorancia".

Quiero felicitarte por el tiempo que llevas leyendo este libro, pudiste haber gastado tus horas en situaciones que no te produjeran crecimiento personal. Es increíble el tiempo que se pierde viendo televisión, platicando por teléfono, durmiendo, navegando en Internet, etc. No digo que hacerlo sea malo, simplemente estoy comparando actividades que producen o detienen el desarrollo intelectual. Los expertos nos animan a dedicar treinta minutos al día por dos años en la lectura de un tema en específico para dominarlo. El tiempo que dediques para la preparación informal o sistemática dará dividendos sustanciales en tu liderazgo.

Según la prioridad que des al estudio así será la inversión económica que entregarás en tu preparación académica. Con mucha alegría veo un despertar en los líderes cristianos en Latinoamérica invirtiendo en seminarios de liderazgo, comprando libros e inscribiéndose en escuelas, seminarios, institutos y universidades para el desarrollo teológico. Este mismo libro, que tienes en tus manos, es el ejemplo de tu inversión económica. Una vez al año celebramos un seminario para líderes en cerca de 15 ciudades de América Latina y Europa denominado "Cumbre DIV (desarrollo integral visionario", donde observo a hombres, mujeres, jóvenes, adultos y ancianos invirtiendo su economía para ser desarrollados en destrezas de liderazgo y principios de estrategias de iglecrecimiento.

Es maravilloso participar en un concierto de alabanza y adoración, escuchar un excelente disco de música cristiana, que en buena medida ministra el espíritu y el alma, sin embargo, es necesario que inviertas el dinero en prédicas, revistas, libros, periódicos y en todo material que desarrolle la sabiduría mental. Solo deseo que reflexiones con esta interrogante ¿Cuánto dinero gastas en restaurantes, música y paseo?, ¿Te imaginas? ¡Cuanto crecerías si usaras cierto porcentaje de ese dinero en tu crecimiento intelectual!. La poca inversión en educación que hacen los hispanos en los Estados Unidos es una muestra de nuestra cultura Latinoamericana. Según el periodista Jorge Ramos *"los latinos, sólo compran un libro por cada tres que adquiere el estadounidense promedio"* (3)

CAPACITATE PARA DESARROLLAR LA SABIDURÍA MENTAL.

Reconocemos que todos los seres humanos hemos sido formados por Dios de una manera extraordinaria, las 100 millones de neuronas que forman nuestro cerebro nos hacen diferente de los animales, por mucho. Dios a cada ser humano ha dado inteligencia, aunque los expertos explican que los científicos más brillantes, como Albert Einstein aprovechan mas el potencial del cerebro que otros. El punto es, tenemos que ejercitar el "músculo" llamado mente a través de la educación sistemática y formal. Quiero animarte a que crezcas intelectualmente por medio de tres formas de educación, a saber, la formal, informal y no formal.

EDUCACIÓN FORMAL

La UNESCO define la educación formal "como el aprendizaje ofrecido normalmente por un centro de educación, con carácter sistemático, desde el ciclo de preprimaria hasta el estudio superior y concluye con una certificación. El aprendizaje formal es intencional desde la perspectiva del alumno". (4)

Todo líder en aras de acrecentar la influencia y desarrollar la inteligencia debe pasar el proceso de la educación formal, es tiempo de retomar los estudios no importando la edad que tengas. Hay tanta facilidad para estudiar por madurez, plan sábado e incluso virtualmente por medio de Internet.

Apuntamos en líneas anteriores, que Daniel antes de incidir en 4 gobiernos ininterrumpidamente vivió un proceso de tres años en la educación formal de Babilonia, sin contar la que había recibido en su nación.

Pero no solo él, el Antiguo Testamento muestra a Moisés, conocido por el liderazgo mostrado en la liberación de su pueblo de la esclavitud egipcia. Sin embargo, pocas veces se hace notar que antes de ser el gran caudillo del "éxodo" había recibido educación formal en las ciencias de Egipto, aún después de varios siglos el doctor Lucas en el libro de los Hechos de los Apóstoles hace referencia a él como un hombre intelectual y profesional, (Hechos 7:22)

No hay que olvidar que Moisés se crió como príncipe, como hijo de la hija de faraón, fue el tiempo cuando los egipcios desarrollaron las grandes pirámides, aún en nuestros días son un misterio para los científicos; ellos no se explican como hicieron los egipcios para construir las grandes pirámides, son estructuras de 300 metros de altura, de una ingeniería exquisita, tomando en cuenta que no existía la tecnología de nuestros días. Los científicos se preguntan ¿Cómo hicieron los egipcios para hacer andamios en una superficie oblicua?, hasta el día de hoy son un asombro para los hombres de ciencia.

Moisés fue educado bajo la tutela de grandes maestros de su época. Sabemos que fue un gran estadista; tuvo que dirigir a varios millones de personas, la Biblia dice 600,000 hombres, porque solo contaban a los hombres, pero debemos contar a las mujeres, y las familias de ellos, eran familias de varios hijos; Moisés tuvo que liderar a millones de personas conflictivas, murmuradoras, inconformes, gente sin fe, desconfiada y necia. Moisés, sin lugar a dudas fue un gran estadista.

Moisés además, fue un gran legislador, escribió no solamente los diez mandamientos sino cantidad de reglamentos y leyes que se encuentran en todo el Pentateuco, que es una verdadera obra maestra. Vasta leer Génesis, Éxodo, Levítico, Números y Deuteronomio para quedar sorprendido de la redacción, los estilos y las figuras literarias, la poesía, historia, cronología, etc. Honestamente fue un gran intelectual con una pluma de alto nivel.

Tengo la convicción que Dios usa a toda persona que dispone su corazón para servir a Dios con amor y pasión, sin embargo será utilizada más efectivamente quien se capacite de una mejor manera.

Espero que te sientas animado, si has dejado a medias tu educación formal, a retomar tus estudios, hasta graduarte de la universidad. Fue tan inspirador haber tenido de compañeros en las aulas de la facultad de teología a pastores de la tercera edad. Mi amigo, ¡Para el estudio no hay edad!

Educación informal

Según UNESCO "es el aprendizaje que se obtiene en las actividades de la vida cotidiana relacionadas con el trabajo, la familia o el ocio. No está estructurado (en objetivos didácticos, duración ni soporte). El aprendizaje informal puede ser intencional pero, en la mayoría de los casos, no lo es (es fortuito o aleatorio)"[5]

Educación no formal

Además, hacemos notar que, los conocedores de educación tienen una tercera categoría para referirse al proceso de enseñanza, llamado: Educación no formal, (Según clasificación de UNESCO-2000). Se refiere al aprendizaje estructurado que se da en aquéllos contextos en los que, existiendo una intencionalidad educativa y una planificación de las experiencias de enseñanza-aprendizaje, ocurren fuera del ámbito de la escolaridad obligatoria. En los últimos años esta clasificación triple pasó a asociarse a un nuevo concepto: "aprendizaje permanente". [6]

Este tipo de educación abunda en los movimientos cristianos, principalmente en cursos, seminarios de liderazgo o de alguna especialidad eclesiástica. Todo líder interesado en ser más efectivo en el cumplimiento de su vocación, debe aprovechar los diferentes seminarios cortos sobre el liderazgo y temas afines de crecimiento personal.

Por varios años en la iglesia local hemos desarrollado nuestro propio centro teológico. El Instituto Bíblico Lluvias de Gracia impartido todos los jueves por la noche, con una duración de dos años y 30 cursos teológicos, es indispensable para los que anhelan ser pastores.

Estos procesos de enseñanza exigen dedicación y disciplina de parte del alumno para prestar atención en el salón de clases y estudio extra aula. Sin embargo, muchos concuerdan que la mejor manera de aprendizaje es a través de la enseñanza. Stephen Covey en el libro "El 8º Hábito" señala:

"Pero el paradigma típico dice que el número de alumnos por cada enseñante es crucial, que tener menos estudiantes supone una enseñanza de más calidad. Sin embargo, si convertimos nuestros alumnos en enseñantes, nuestra acción se multiplica porque desplazamos el punto de apoyo" (7)

Es decir, que la mejor manera de aprender es cuando enseñamos, además, produce una motivación por conocer más y nos motiva a vivir lo que hemos aprendido. Sin lugar a dudas los alumnos que enseñan lo que aprenden son, con diferencia, los mejores estudiantes. Es una práctica por excelencia en el proceso de aprendizaje, enseñar formal o informalmente lo que has leído y escuchado desde el púlpito o aula .

La pobreza es un cáncer mundial que ha afectado a la humanidad a lo largo de su historia. Es importante conocer las grandes lecciones producto de la experiencia de aquellos que se lanzaron sabiamente decididos a erradicar la pobreza y extrema pobreza en sus países o regiones, y resulta importante destacar que la estrategia utilizada para esa enorme tarea fue a través de la educación; tuvieron la plena convicción de que invirtiendo en sus recursos humanos era una forma para cambiar su status de vida. Tuvieron fe y creyeron en que la educación no solamente representaría beneficios personales para quienes la aplicaran, sino que procuraron obtener beneficios sociales y el desarrollo de sus pueblos. Son ilustrativos los testimonios y casos como el revelado por el Dr. Cho. En Corea después de la segunda guerra mundial, no se encontraban alimentos, se estaban muriendo de hambre, las enfermedades atacaban a las personas, especialmente la poliomielitis. No había ramas en los árboles porque las arrancaban para hacer sopa y menguar su hambre, pero estos valientes no se quedaron a contemplar su desgracia, el pueblo se levantó, apostó a la educación y hoy día Corea es una potencia industrializada. Son muchas las lecciónes de países especialmente en el sudeste asiático que se volcaron a la capacitación y formación de sus recursos humanos y su historia cambió drásticamente; de la pobreza a la riqueza. Singapur, Hong Kong, Indonesia son solo algunos de estos casos. El Japón fue destruido y casi aniquilado durante la segunda guerra mundial, les tocó volver a resurgir de las cenizas; se decidieron a educar masivamente a su pueblo y levantarse como la gran potencia que es hoy. La ayuda económica que recibieron la invirtieron en traer educadores extranjeros.

En todo el mundo los gobiernos reconocen la importancia de la educación para el desarrollo de su país, pero no todos están dispuestos a invertir lo necesario para cambiar su realidad. *En la Declaración del Milenio, ratificada por 135 jefes de Estado quienes se comprometieron a cumplirla y de la cual Guatemala y los países centroamericanos son signatarios, se recogen ocho objetivos referentes a la erradicación de la pobreza, la educación primaria universal, la igualdad entre los géneros, la mortalidad infantil, la mortalidad materna, el avance del VIH/sida y el sustento del medio ambiente, y fomentar una Asociación Mundial para el Desarrollo. Cada Objetivo se divide en una serie de metas, un total de 18, cuantificables mediante 48 indicadores concretos. Por primera vez, la agenda internacional del desarrollo pone una fecha para la consecución de acuerdos concretos y medibles a alcanzarse antes de 2015.* (8)

Asociate con Maestros para Desarrollar la Sabiduria Mental

El cuarto aspecto para desarrollar la sabiduría mental en tu vida es conectarte con actitud de alumno, con personas de una forma intencional. Puedes aprender de una persona de tres maneras: relacionándote personalmente con ella , relacionándote con sus charlas y/o relacionarte con sus libros. Los líderes que quieran seguir ejerciendo su ministerio efectivamente entienden que es un imperativo moral seguir desarrollando la sabiduría mental. Los líderes sabios saben que para crecer se necesita poseer actitud de discípulo ante la misma vida. Como dijo el filósofo Platón: "cuando el pupilo está listo aparece el maestro"

Máxima
"Cuando el pupilo está listo aparece el maestro"
Platón

Asociate con Personas en una Interacción Personal

Dichosas las personas que tienen la bendición de tener a un líder cristiano y sabio como maestro, amigo y consejero. Esa relación personal se convierte en la oportunidad más grande para crecer integralmente. Las iglesias cristianas organizadas en grupos pequeños proveen un contexto ideal para estar cerca de líderes. Si tú no tienes a alguien, búscalo, muéstrate humilde y deseoso de aprender.

Josué aprovechó a su líder Moisés, Eliseo pidió una porción del espíritu de Elías, Timoteo sirvió como hijo a padre a Pablo, Pablo fue instruido a los pies de Gamaliel, los apóstoles pidieron a Jesús que les enseñara a orar. La relación estrecha de Pedro y los apóstoles con Jesús les hizo, a pesar de su poca educación, hablar cultamente.

Hechos 4:13 DHH "Cuando las autoridades vieron la valentía con que hablaban Pedro y Juan, y se dieron cuenta de que eran hombres sin estudios ni cultura, se quedaron sorprendidos, y reconocieron que eran discípulos de Jesús."

Líderes que cambian Suertes

En otras palabras la asociación de los apóstoles con Jesús produjo en ellos desarrollo intelectual. Los eruditos se impresionaron y reconocieron que el impacto de Jesús en la vida de personas con pocas letras era sustancial.

Quiero animarte a que no te dejes engañar por los éxitos y la sabiduría que has obtenido hasta ahora, para pensar que ya no necesitas a alguien que te guíe y ayude a seguir desarrollando.

ASÓCIATE CON PERSONAS A TRAVÉS DE SUS PRÉDICAS

Hay una segunda manera de asociarnos con una persona para desarrollar la sabiduría mental y es el valor que le damos a sus enseñanzas, charlas, mensajes o prédicas que escuchamos. Aunque sugiero que escuches constantemente en vivo y por grabación a tu líder inmediato para que bebas de su espíritu y conocimiento. También, quiero motivarte a que desarrolles la sabiduría mental a través de ser discípulo a distancia escuchando las enseñanzas o prédicas de grandes hombres o mujeres de la actualidad. Ahora se cuenta con la facilidad de radio, televisión y la web en la redes sociales. La actitud de alumna que María mostró ante Cristo es la que debemos mostrar los líderes que queremos seguir creciendo, (Lucas 10:39).

ASÓCIATE CON PERSONAS A TRAVÉS DE SUS LIBROS

Es increíble el poder que tiene la lectura para desarrollar la sabiduría en los seres humanos. Pablo insta a Timoteo, entre otras cosas, que se mantenga leyendo, para que todos se den cuenta de su crecimiento.

> *1 Timoteo 4:13,15 "Entre tanto que voy, ocúpate en la lectura, la exhortación y la enseñanza… (NVI) 15.Sé diligente en estos asuntos; entrégate de lleno a ellos, de modo que todos puedan ver que estás progresando."(9)*

Hace unos años tuvimos una experiencia muy enriquecedora con nuestro equipo pastoral cuando comprendimos la importancia de la lectura diaria, naturalmente de la Biblia, pero también de libros afines a nuestra vocación ministerial. Nos propusimos como meta máxima leer 50 libros y como mínima 12 libros al año. Para estimular al equipo decidí regalar un águila a los que leyeran los primeros 6 libros para medio año, tengo la satisfacción de haber obsequiado 14 águilas. Al final del año 14 líderes de nuestro equipo por lo menos leyeron 12 libros. El Señor nos permitió la fuerza, salud, diligencia y ánimo para haber alcanzado los 50 libros, otro pastor leyó 38 y varios pasaron de los 24.

¿Por qué dar un águila? Estaba en mi oficina escribiendo en mi computadora, cuando de pronto observé un águila que me habían regalado puesta sobre dos libros y medité sobre una de las virtudes sobresalientes de esta ave, su visión kilométrica, a grandes distancias logran ver su objetivo. Vino la asociación y aplicación a mi mente, cada vez que lea un libro voy a ponerlo debajo del águila, entre más libros lea más alto subirá el águila, por lo tanto más territorio cubrirá con su vista.

De igual forma entre más libros lea un líder más visión tendrá en su vida. Como dijo el famoso jurista Oliver Wendell Colmes: "Después que una mente se expande por una idea nueva, nunca vuelve a su tamaño original". (10)

Sam Walton un hombre cristiano, fundador de una de las compañías más grandes del mundo, Wal Mart, con la mayor cantidad de colaboradores, sabía de la importancia de la lectura para el crecimiento del personal y por ende de la empresa, estimuló a su equipo a leer, según relata el vicepresidente de la compañía, Don Soderquist en el libro "El estilo Wal Mart."

"Otra oportunidad para el desarrollo surgió al leer libros, con los cuales aprendían más acerca de liderazgo. Siempre estimulé a nuestro equipo gerencial para que desarrollaran su propia librería de libros acerca de los negocios y de desarrollo personal y de que leyeran tantos como fuera posible. Uno a la semana. Uno al mes. Los desafié para que se pusieran sus propias metas y se apegaran a ellas. También los animé a que recordaran sus tiempos en la universidad y subrayaran o destacaran aquellos puntos que les causaban más impresión para referirse a ellos continuamente." (11)

Tuve el privilegio de recibir algunos cursos en la maestría de trabajo pastoral en la facultad de Teología con el anciano y sabio Dr. Emilio Antonio Núñez (teólogo latinoamericano y escritor del libro apologético "La teología de la Liberación"), un día le escuché decir *"la mayoría de esposas saben que su esposo está enfermo cuando dejan de comer, la mía sabe que estoy enfermo cuando dejo de leer"*, quedé muy impresionado y motivado a leer siempre y cuando estuviese… ¡sano de la vista!.

Esta pasión por leer y motivar a otros a que lean nos ha llevado a tener dos programas en la estación Celebra 105.3 FM. El primero, llamado "Viaje a la Sabiduría", motivamos a la audiencia a leer la Biblia todos los días, para que en un año la hayan leído completamente, enunciamos las tres porciones del día que nos sugiere la Sociedad Bíblica, compartimos algún principio de los pasajes correspondientes, a modo que las personas se queden motivadas a leer el resto por ellas mismas.

El segundo programa se titula "Leyendo para crecer", leemos un libro cristiano por mes. Tomamos media hora para leer, haciendo pausas para comentar los pensamientos importantes. Recuerda que si quieres aconsejar a los tuyos sobre los beneficios de la lectura; te debes convertir en un asiduo lector, esa será la mejor manera de impactar, inspirar y motivar favorablemente la vida de tus hijos y de tus familiares más cercanos.

Sin lugar a dudas, la lectura constante que realices es fundamental para tu educación, crecimiento, desarrollo integral, inteligencia y para hacerte sabio. La Biblia es el libro más completo y no debe faltar en tu lectura diaria. También existen libros altamente inspiradores, motivadores, actitudinales y que te servirán grandemente en la vida. Apasiónate y disfruta tus lecturas, si tus hijos te miran leyendo y aún más escribiendo, ten la seguridad que eso marcará sus vidas favorablemente. Se dice con certeza que tu futuro estará moldeado principalmente por los libros que leas y por las 7 personas con las que frecuentemente te relacionas, y que en eso te convertirás, en lo que hayas sembrado en tu mente, corazón y en todo tu ser integral. Rodéate de buenos libros y de buenas personas que agreguen valor a tu vida, por que tú estás llamado a ser un inspirador y agregar valor en la vida de otros.

CONSEJO INSPIRACIONAL

Los grandes líderes de la Biblia y de la historia se han caracterizado por haber desarrollado la sabiduría mental a través de la pasión por crecer mentalmente, invertir el tiempo y dinero, capacitarse formalmente y asociarse con actitud de discípulo con otro líder.

Te invito, a que le pidas a Dios sabiduría, Él no te la negará, además pide que te ponga la ilusión y la convicción de querer crecer. Anímate, nunca es tarde, recuerda que envejecer es natural pero crecer es intencional.

Máxima
"Envejecer es natural mas crecer es intencional"

Preguntas para reflexionar

1. ¿Qué entendemos por sabiduría mental?

_____

_____

_____

_____

_____

2. ¿Puedes explicar el significado del acróstico PICA?

_____

_____

_____

_____

3. ¿Por qué es importante mantener un alto nivel de pasión para estudiar e informarte?

_____

_____

_____

4. ¿De qué manera te visualizas después de haber culminado tus estudios?

_____

_____

5. ¿Por qué es importante invertir en el desarrollo de la sabiduría mental?

_____

_____

_____

6. ¿Cuáles son los obstáculos que debes vencer para obtener un mayor desarrollo en tu sabiduría mental?

_____

_____

_____

7. ¿Qué gastos puedes suprimir para poder invertir más en el desarrollo de tu sabiduría mental?

_____

_____

8. ¿Qué nivel de estudio formal puedes continuar para fortalecer y desarrollar tu sabiduría mental?

_____

_____

9. ¿Con qué tipo de personas debes relacionarte para desarrollar tu sabiduría mental?

_____

_____

_____

10. ¿Qué beneficios obtienes al leer?

_____

_____

_____

11. ¿Cuántos libros puedes leer para terminar el año?

_____

12. ¿Cuántas veces has leído la Biblia y cuándo leerás la Biblia completamente?

_____

_____

_____

Capítulo
Cuatro
Desarrolla la Sabiduría Física

*L*eía fascinado el libro "Discurso a mis estudiantes", me inspiraba en las obras portentosas, benéficas y espirituales efectuadas por Charles Spurgeon en Inglaterra, además estaba impresionado que le llamasen "el príncipe de los predicadores" por su elocuencia y profundidad en la prédica, cuando de pronto, me frustré al leer que murió tempranamente a los 57 años. Aún cuando, tengo la convicción radical que todo tiene un propósito y que para él fue glorioso pasar a la presencia de Dios, no obstante, pensé, "hombres como él deberían vivir 80 años o más". Cada día es más frecuente, oír que pastores, gerentes y líderes en diferentes profesiones mueren en la edad media o sufren de derrames faciales, paros cardíacos y otras enfermedades que pueden controlarse y algunas hasta evitarse.

Creo que muchas personas mueren antes de lo que el plan de Dios ha estipulado y no me estoy refiriendo a accidentes inesperados e incidentes violentos, más bien, me refiero a la ignorancia, pasividad, negligencia y descuido que algunas personas dan a su cuerpo físico.

Desarrolla la Sabiduría Física

Entendemos por Sabiduría Física, la capacidad humana de preservar la salud la mayor cantidad de vida o tiempo posible en esta tierra.

En las escrituras se observan tres rangos de expectativa de vida en el ser humano. Los primeros habitantes, Adán y sus generaciones vivieron un promedio de 950 años. Adán vivió 930 años (Génesis 5:5) y Matusalén vivió 969 años, el record bíblico de mayor ancianidad. (Génesis 5:27) (Algunos eruditos argumentan que 2 ó 3 años de ese tiempo equivalen a 1 de ahora). Para los días de Noé, Dios decidió que el hombre tuviera una expectativa de vida de 120 años. (Génesis 6:3), Aunque Abraham vivió 175 años. (Génesis 25:7) vemos ya en Moisés cumplido el estándar, pues vivió 120 años llenos de vigor y lucidez. (Deuteronomio 34:7). Para los tiempos de David, se señala la tercer y final expectativa de vida, 70 a 80 años.

Salmo 90:10 BLA "Los días de nuestra vida llegan a setenta años; y en caso de mayor vigor, a ochenta años."

Desde que se escribieron los salmos, la mayoría de ellos 1,000 años antes de Cristo hasta nuestros días, 2,000 años de la era cristiana, es decir cerca de 3,000 años la expectativa de vida del ser humano se ha mantenido entre 70 a 80 años.

"Instituciones como la Organización Mundial de la Salud OMS y el Informe sobre Desarrollo Humano 2011 del PNUD, indican que la esperanza de vida en Guatemala es de 66 años para los hombres y 73 años para las mujeres. Los datos de UNICEF para el 2009 era de 71 años para el guatemalteco. Es una de las más bajas en Latinoamérica, en cuba es de 79 años, siendo de las más altas de la región y del mundo. La esperanza de vida al nacer de los ciudadanos de Norteamérica y Latinoamérica es la más alta del mundo, siendo de 76 años. Dividido por sexos, las mujeres de las Américas viven 78 años y los hombres 73. Tras ellos, están las personas de la región de Europa y de la región del Pacífico Occidental, con una media de 74 años." (1)

En otras palabras, tengo la firme convicción que con la bendición, y protección de Dios y la diligencia nuestra podemos alcanzar los 80 años y más. La mayoría de personas con las que hablo, por alguna razón no piensan con firmeza en una cantidad de años específicos para vivir en la tierra. Las respuestas que encuentro son "eso es asunto de Dios", "no es asunto mío", "solo Dios sabe cuantos años viviré". Concordamos que Dios es el dador de la vida, Él da, Él quita. (Job 1:21), Sin embargo, Él deseo de Dios es completar tus días sobre la tierra, por lo tanto es nuestra responsabilidad como administraremos el "templo".

Exodo 23:26 "...yo completaré el número de tus días." En la versión DHH se traduce "y haré que no mueras antes de tiempo" (2)

¿Cuántos años te gustarían vivir en salud y paz, si el Señor no viniese antes? ¿Qué estas haciendo para dar "mantenimiento" a tu "edificio" para vivir los años que deseas? El apóstol Pablo dice que nuestro cuerpo es templo del Espíritu Santo (1 Corintios 6:19). Aunque el contexto es espiritual y moral; de igual manera me parece correcto aplicarlo a lo físico. De tal manera, así como un edificio necesita mantenimiento, más que por estética, por durabilidad y funcionalidad; así tu cuerpo necesita cuidado, más que por belleza por salud y longevidad.

Debes ser inspirado al leer en la Biblia y emocionarte cuando aparece la frase ¡y murió lleno de días¡ ¡murió en buena vejez¡ así se dice del final de personajes como: David, Salomón y aquellos que cumplieron jornadas intensas en el campo de batalla, que su vida estuvo muchas veces en inminente peligro y Dios los guardó. Te invito a que busques y cuentes en la Biblia de cuántas personas se dice esta frase dorada. Ese debe ser tu anhelo para el final de tu vida terrestre. Cree que tienes muchas cosas con propósito que debes realizar ¡confiesa vida, respira vida, habla vida¡ cuando llegue la muerte siempre será con dolor, pero cuando se trata de una muerte dulce, sin sufrimiento, sin enfermedades prolongadas, sin dolores intensos, muerte por vejez, se constituye en un final con un testimonio reconfortante y la mayor paz la brinda ese momento sublime de llegar a la presencia de Dios.

Podríamos decir que, quien no posee sabiduría física o corporal morirá antes de tiempo. Es mi deseo que este capítulo te anime a creer que puedes vivir 80 ó más años, te provea información pertinente para cuidar tu cuerpo y te ayude a tomar la firme decisión a vivir un estilo de vida equilibrado, gozoso y disciplinado.

Veamos algunos aspectos que permitirán que desarrolles la sabiduría física y conserves la salud y seas de largos días sobre la tierra.

ALIMENTATE ADECUADAMENTE

No pretendo hacer un manual científico y exhaustivo del funcionamiento de nuestro organismo y un detalle de cada alimento que se debe ingerir. Sin embargo, como nunca, hoy en día, hay una cultura general sobre la alimentación y un sentido común de lo que enferma nuestro cuerpo y de lo que lo mantiene fuerte y sano. Por ejemplo, los restaurantes de comida rápida, por la ola de la cultura de salud, se vieron obligados a incluir en sus menús comida "light".

ALIMENTATE CON CANTIDADES APROPIADAS

La Escritura en el libro de Proverbios recomienda "poner cuchillo en la garganta" (Proverbios 23:2). El contexto inmediato concierne a cuestiones de relaciones interpersonales, de ética y cortesía. Sin embargo, la cantidad excesiva provoca indigestión y obesidad. La Biblia penaliza la glotonería. (Romanos 13:13).

Los cuerpos obesos y con sobrepeso tienden a ser propensos a desarrollar una serie de problemas de salud graves y potencialmente mortales, entre ellas: hipertensión o presión alta, diabetes tipo 2, enfermedades cardiacas y la enfermedad de cálculos biliares y vesícula biliar. Trastornos del aparato locomotor (en especial la osteoartritis, una enfermedad degenerativa de las articulaciones muy discapacitante), y algunos cánceres (del endometrio, la mama y el colon). (3)

Según la especialidad médica, existen diferentes fórmulas para identificar el peso ideal. Entre las mas generalizadas está la que resta 100 a la estatura en centímetros para saber el peso en kilos con un

71

rango de menos 10 y más 10. Por ejemplo si usted mide 1.70 mts. 170 centímetros si le resta 100 dará 70kilos ó sea 154 libras, más 10 y menos 10. Su peso debería estar entre las 144 a las 164 libras. Por supuesto, varía según la edad y el género de cada persona.

El otro extremo son las dietas exageradas y hábitos anoréxicos que al igual que la glotonería perjudican el organismo. "El ser humano necesita más de 100 nutrientes y ningún alimento los contiene todos." (4). Es decir, no se puede comer unos pocos alimentos, es necesario comer en variedad pero con balance. Se nos informa que comer despacio es ideal, no solo porque se construye el bolo alimenticio adecuadamente sino porque a los 20 minutos el cerebro manda un mensaje de llenura al organismo. La expresión popular de "desayunar como rey, almorzar como príncipe y cenar como mendigo" tiene sentido ya que el organismo quema más calorías durante el día por las actividades realizadas a esas horas.

ALIMENTATE SALUDABLEMENTE

Por lo menos, en terrenos alimenticios, las comidas más populares, las que el hombre fabrica tienen pocas vitaminas, proteínas y minerales y están saturadas de grasa. En términos generales, debemos decir que, lo natural es saludable, las verduras, frutas y carnes de animales. Se recomiendan las carnes blancas, ensaladas verdes y frutas frescas.

Mi amigo lector, sí sabes por prescripción médica y sientes los malestares en tu organismo al ingerir ciertos alimentos, no los comas.

BEBE AGUA

Hemos desarrollado un paladar inclinado a lo dulce, el auge de las bebidas gaseosas que contienen cantidades altas de azúcar son las favoritas, así como los jugos químicos o artificiales. Sin embargo, el exceso de azúcar en el organismo, aparte de producir obesidad, genera enfermedades como las caries y un tipo de diabetes, entre otras. El consejo sabio expresado por médicos cristianos como el Dr. Miguel de León indica: *"Se debe tener mucho cuidado con el consumo de azúcar; posee alta concentración de químicos y preservantes, dañinos para el organismo, el azúcar que se puede ingerir es la que proviene de las frutas, o de las plantas"*. (5)

Es extenso el material científico que recomienda y respalda beber un promedio de 8 vasos de agua al día. Las propiedades del líquido vital no solo son curativas sino preventivas contra algunas enfermedades. Entre las razones para ingerir agua son porque no contienen calorías, ni azúcares, además la mayor parte de nuestro cuerpo está compuesto de agua y necesitamos hidratarlo, sumada la importancia de limpiar nuestro cuerpo de impurezas que son expulsadas por la orina.

La mayoría de veces que decimos sentir hambre, realmente no es hambre, sino deshidratación, lo que necesitamos no es comida, sino agua.

La Biblia principalmente en el Antiguo Testamento, provee la lista de animales y aves que podían comerse. Interesantemente, son los más saludables para comer. Se registra en el capítulo uno de Daniel, como él y sus tres jóvenes amigos prefirieron comer legumbres y verduras, que los alimentos saturados de grasa que les ofrecía el rey; sorprendentemente, ellos a los 10 días lucían mejor que el resto de sus colegas que habían comido la comida real.

Daniel 1:12-15 "Te ruego que hagas la prueba con tus siervos por diez días, y nos den legumbres a comer, y agua a beber.13. Compara luego nuestros rostros con los rostros de los muchachos que comen de la ración de la comida del rey, y haz después con tus siervos según veas. 14. Consintió, pues, con ellos en esto, y probó con ellos diez días. 15. Y al cabo de los diez días pareció el rostro de ellos mejor y más robusto que el de los otros muchachos que comían de la porción de la comida del rey."

Quiero mencionar que hay sustancias que ingresan a tu cuerpo causando daños físicos, mentales y espirituales. El uso de químicos, drogas, alcohol y tabaco están causando muertes prematuras. Sabías que *1 de cada 10 personas mueren por el tabaco, para el 2020, 1 de cada 6. Para el 2030, diez millones de personas morirán por el tabaco (será la mayor causa de muerte)* (6)

Sabes ¿por qué los cristianos no usamos estas sustancias? Porque "nuestro" cuerpo físico realmente no es nuestro, es de Dios, somos mayordomos, Él espera que lo cuidemos y no lo destruyamos.

1 Corintios 9:16 NVI "19. ¿Acaso no saben que su cuerpo es templo del Espíritu Santo, quien está en ustedes y al que han recibido de parte de Dios? Ustedes no son sus propios dueños;"(7)

A propósito, no solo las sustancias que provocan adicción debemos dejar de consumir, sino lo que el doctor te prescribió, como alimentos irritantes. Recuerda que es muy importante que adquieras conciencia de lo necesario que es alimentarte saludablemente y tener disciplina para ser constante.

DESCANSA CONVENIENTEMENTE

DUERME LO SUFICIENTE

Un segundo aspecto para desarrollar la sabiduría física con el objetivo de preservar la salud y completar los días en esta tierra es dormir lo suficiente. Los estudios indican que debe dormirse un promedio de 8 horas diarias, según la edad variará. Entre menos edad, más horas se necesitan para dormir. La vida moderna y urbana con sus complejidades provee muchos distractores para desvelarse; las largas distancias para los establecimientos de estudio y trabajo obligan a levantarse de madrugada. En otras palabras, la mala administración del tiempo en lo complejo de la vida moderna castigan al cuerpo dejando pocas horas para dormir.

Por otro lado, hay personas que aunque dispongan del tiempo para dormir no pueden conciliar el sueño. Los desafíos normales de la vida, la violencia con amenazas, extorsiones, secuestros y robos traen preocupación y temor, trayendo como consecuencia insomnio. Los líderes con grandes visiones, responsabilidades, exceso de trabajo y compromisos económicos tienen dificultad para dormir adecuadamente. Además, la falta de paz en el alma por la ansiedad de haber fallado a Dios, así mismo, a su familia y al prójimo incomodan el descanso nocturno.

Aunque hay múltiples razones que afectan el sueño y a cada una hay que darle el tratamiento debido, no obstante la mayoría proceden de un transfondo espiritual, es decir, por no relacionarse adecuadamente con Dios. Las personas que viven en el amor de Dios, gozan de la bendición de dormir bien.

Salmo 127:2 NVI "En vano madrugan ustedes, y se acuestan muy tarde,
para comer un pan de fatigas,
porque Dios concede el sueño a sus amados." (8)

Hace algunos años, al principiar a ser el líder principal de la iglesia, con los privilegios que ese puesto otorga, también aumentaron las responsabilidades y el trabajo. Mi sueño comenzó a alterarse, al llegar por la noche a la habitación me "desplomaba" en la cama e inmediatamente me dormía, no obstante, cuatro horas después estaba totalmente despierto, sintiéndome lúcido y lleno de energía, no pudiendo conciliar el sueño nuevamente. Si dormía a las 10 de la noche yo sabía que a las 2 de la madrugada estaría despierto y no podría dormirme más. Al principio me pareció fabuloso, el día tenía 20 horas hábiles, generalmente lo aproveché para leer, ese año batí record de libros leídos.

Me sentía muy satisfecho, sentía que estaba manejando mi vida de una manera integral, comía saludablemente y trotaba tres veces a la semana. Aunque, debo reconocer que algunas personas muy allegadas a mi, me habían hecho notar que no era prudente dormir poco. Muy amablemente, mi amigo el pastor Edgar Guerra me aconsejó que debería dormir más, porque tarde o temprano tendría alguna repercusión. Honestamente, me pareció que no tenía lugar su sugerencia, porque me sentía "una máquina" lleno de fuerza, salud y energía, (tenía 38 años) aprovechando bien mi tiempo para la obra de Dios.

Algún tiempo después, mi mano izquierda, en ciertas posiciones o cargando algún objeto principio a temblar. Luego de algunos meses, regresando de realizar una cumbre de liderazgo DIV (desarrollo integral visionario) de Puerto Rico, en la escala de Panamá a Guatemala conocí a un neurólogo que venía de disertar en un seminario médico en Colombia. Platicando en el avión, (aprovechando que era neurólogo) le comenté del temblor de mi mano, después de escucharme por algunos minutos, me preguntó, "¿Cuántos horas duerme cada día?", le contesté "un promedio de 4 horas". Me hizo notar que mis pocas horas de sueño estaban afectando mi sistema nervioso.

No había relacionado el temblor de mi mano a las pocas horas que dormía. Gracias a Dios he mejorado, ahora duermo de 5 a 6 horas, debo confesar que casi el temblor de mi mano desapareció, creo que mi cuerpo necesita dormir 8 horas. ¡hacia eso voy!

El consejo médico dice que "Por cada hora que se duerme antes de las 12 de la noche equivale a 2 horas de las después de media noche. Por eso lo ideal es acostarse temprano y levantarse temprano". (9) Por otro lado, como en la noche se da el proceso de desintoxicación corporal, dormir menos de 7 horas por noche aumenta el estrés, aumenta la irritabilidad, disminuye la capacidad de atención y aumenta la posibilidad de desarrollar enfermedades crónicas como hipertensión, infartos cardíacos y derrames cerebrales."

TOMA VACACIONES PERIÓDICAS

Aunque el cuerpo fuese una máquina industrial necesitaría una pausa para ser revisado y abastecido nuevamente. Dios dejó un modelo en la primera semana de creación. El último día "descansó", sin lugar a dudas en su atributo de Omnipotente, Él no se cansa, sin embargo, estaba dejando un principio administrativo.

Génesis 2:2 "Y acabó Dios en el día séptimo la obra que hizo; y _reposó_ el día séptimo de toda la obra que hizo."

Cada día debemos tomar un descanso, lo hacemos cuando dormimos lo suficiente en la noche; Cada semana, se debería usar parte del fin de semana para cambiar de rutina y así recuperar fuerzas físicas, mentales y emocionales. Además, tres veces al año deberíamos apartarnos todo un fin de semana para cambiar de ambiente, salir del entorno acostumbrado, visitar a un amigo o familiar en el campo, ir al río, el mar o el lago. Sería ideal que una vez al año, se tomaran vacaciones de por lo menos una semana.

VENCE EL ESTRÉS

Como hemos señalado lo complejo de la vida urbana y moderna producen un estado emocional llamado estrés, que es una de las enfermedades de moda de las últimas décadas, las estadísticas nos dicen que el 34% de personas adultas y el 15% de niños padecen de algún desorden del sueño, siendo el estrés la causa del 90% de quitarnos el sueño.

El cardiólogo Rodolfo Rossino en su libro ¡Venza el Estrés! se identifica con la definición del estrés que la Organización Mundial de la Salud da, *"El estrés se define como un oscuro, irracional, conflictivo, y aterrador sentimiento de que algo terrible va a ocurrir"* (10)

El escritor Stephen Covey hace referencia a Hans Selye *"revela que hay dos clases de estrés: el distrés y el eustrés. El distrés se produce cuando odiamos nuestro trabajo, la presión de la vida parece multiplicarse y nos sentimos víctimas. El eustrés es el producto de la tensión positiva entre el punto en el que nos encontramos y el que queremos alcanzar."* (11). El Dr. R. Rossino se opone al concepto del buen y el mal estrés, para él ambos son malos, porque causan enfermedades y en última instancia la misma muerte.

El estrés es uno de los enemigos que no permite completar los días en esta tierra, las estadísticas demuestran que *"el 89% de la población mundial padece de un efecto directo o indirecto del estrés. El 62% de las personas va aumentado el estrés a medida que envejecen. En EUA un millón de personas mueren por algún efecto del estrés. A nivel mundial, por cada persona que muere de SIDA, mueren 2800 por efectos directos o indirectos del estrés. En el mundo se gastan 300 mil millones de dólares al año, en tratamientos y "curas" contra el estrés".* (12)

La definición del estrés de la OMS; implica que su origen es el temor y la desconfianza, a lo cual el salmista tenía una solución o medicina: la paz que proviene de estar confiado en Dios.

Salmo 4:8 dice: "En paz me acostaré y así mismo dormiré porque solamente tu Jehová me haces vivir confiado".

Acostarse, dormir y vivir con paz en el alma es el resultado de tener una relación de dependencia de Dios, es aprender a depositar las cargas, las preocupaciones, los anhelos, lo problemas de salud, económicos, familiares y ministeriales en Dios. Es creer que Él tiene el control y que todo tiene un propósito divino. Pablo lo sabía y lo enseñaba a los cristianos de la ciudad de Filipos.

Filipenses 4:6,7 DHH "6. No se aflijan por nada, sino preséntenselo todo a Dios en oración; pídanle, y denle gracias también. 7. Así Dios les dará su paz, que es más grande de lo que el hombre puede entender; y esta paz cuidará sus corazones y sus pensamientos por medio de Cristo Jesús." (13)

Existen libros que contienen investigaciones muy valiosas sobre los riesgos de la acumulación de estrés, considerado como uno de los grandes males de la actualidad y se agrava con tensión nerviosa, depresión, ansiedad, lo cual provoca diversas enfermedades en las personas.

EJERCÍTATE CONSTANTEMENTE

La vida moderna, el desarrollo de la tecnología y la facilidad de los medios de transportes provocan cada vez más que el hombre y la mujer se alejen del ejercicio físico y no me refiero al deporte como pasatiempo. La vida sedentaria es muy común en nuestras sociedades. Este tipo de vida produce múltiples enfermedades, obesidad y la muerte prematura.

"La Organización Panamericana de la Salud establece que el 60% de la población mundial, cerca de unos 3,900 millones de personas, son sedentarias y además tienen malos hábitos alimentarios y padecen de tabaquismo. 2 millones de personas mueren en el mundo por enfermedades asociadas al sedentarismo."(14).

Los expertos proponen que se ejercite el cuerpo tres veces por semana con duración de por lo menos treinta minutos, es decir dedicar una hora y media a la semana. Es recomendable consultar al médico o algún experto para no causar daños físicos por la mala praxis. Hay diferente manera de clasificar los ejercicios, al menos enunciemos tres: cardio, fuerza y flexibles. Cada uno de ellos producen diferentes efectos positivos en el cuerpo. En términos generales se recomienda la caminata y la natación porque permiten el involucramiento de la mayor cantidad de músculos sin exigirles un impacto fuerte.

El apóstol San Pablo al comparar las disciplinas espirituales con las físicas, y principalmente sus efectos, hace notar que la piedad incide en la vida terrenal pero también trasciende en la eternidad, mientras que el ejercicio físico tiene solamente beneficios temporales en esta vida.

*1 Timoteo 4:8 NVI "pues aunque el **ejercicio físico trae algún provecho**, la piedad es útil para todo, ya que incluye una promesa no sólo para la vida presente sino también para la venidera."(15)*

Concuerdo a todas luces, que no hay parangón entre lo eterno y lo temporal. Los beneficios de la integridad, paz, gozo, unción, bendición de Dios y recompensas por toda la eternidad no se pueden comparar a preservar la salud y alargar unos años más de vida sobre la tierra, mucho menos a una figura estética y musculosa. Sin embargo, note que el texto no dice que el ejercicio físico para "nada" aprovecha, como la hermenéutica superficial y popular ha interpretado. E incluso otros menos responsables llegan al extremo de tildar el deporte como pecado. En la versión bíblica RV 1960 se traduce "para poco es provechoso". Mis amigos ese "poco" implica ¡evitar enfermedades y alcanzar nuestros días en la tierra!. Es tan difícil cuantificar cuántos años más de vida dará la información y práctica que vive una persona que usa la sabiduría física. Probablemente ese "poco" signifique 5 a 20 años.

Cada vez que veo morir a alguien de alguna enfermedad antes de los 80 años me pregunto, ¿Qué estilo de vida llevaría, que provocó o aceleró su muerte?. Entiendo que hay enfermedades congénitas, heredadas de los padres, y que el modo de tratar el organismo, acelera su aparecimiento o su desarrollo terminal en el cuerpo. El famoso filosofo Cicerón dijo: *"no hay cosa que los humanos traten de conservar tanto ni que administren tan mal como su propia vida".*

Sin lugar a dudas los beneficios de hacer ejercicio constante traerá grandes beneficios a tu cuerpo. *"Aumenta la eficacia del corazón (trabaja menos porque es más eficaz y por lo tanto dura más), optimiza el trabajo de cada una de las células del organismo, aumenta el tamaño de las arterias coronarias, aumenta la circulación del corazón hasta cinco veces, aumenta la tolerancia al calor, reduce la posibilidad de formación de coágulos, disminuye la posibilidad de padecer de osteoporosis, aumenta el metabolismo y por lo tanto el organismo quema más calorías, ayuda a disminuir de peso efectivamente, mejora el ánimo y el bienestar físico y mental, aumenta el vigor y reduce la percepción del cansancio, mejora la capacidad de atención y la capacidad laboral y disminuye la angustia y el estrés".* (16).

La Biblia de Lenguaje sencillo traduce 1 Timoteo 4:8,9 de una manera que muestra los efectos del ejercicio corporal:

*"Es verdad que **el ejercicio físico ayuda a que todo el cuerpo esté sano**, pero es mucho mejor esforzarse por confiar cada vez más en Dios, porque nos hace bien aquí en la tierra y también nos servirá cuando vivamos en el cielo. Esto es una verdad que podemos creer, y debemos creer."*

Cuando Dios y mis autoridades nos concedieron, a mi esposa y a mi, el privilegio de ser los pastores generales de la Iglesia Lluvias de Gracia Sede, aunque llevábamos 13 años como pastores adjuntos, supe que la responsabilidad se aumentaría, dirigir una iglesia con varios miles de personas e iniciando el proyecto de un mega templo, entre otras múltiples actividades, el sentido común me dijo, "tienes que hacer ejercicio", debo confesar que no seguí mi instinto. A los dos meses, tenía un espasmo muscular en la espalda, así que al recuperarme, lo primero que hice fue, ponerme los tenis, pantalones cortos y una playera, e ir a trotar. Desde entonces procuro trotar 3 veces por semana, mis implementos deportivos me han acompañado, al lado de la Biblia y una computadora a las naciones. Gracias pastores anfitriones de Cumbres DIV por la comprensión y felicitaciones porque con algunos de ustedes, aparte de gozarnos en la presencia de Dios, hemos compartido el ejercicio.

Este es el momento para elogiar a uno de los lugares más bellos donde he corrido, ¡un hábitat maravilloso¡, inhalar aire puro, contemplar árboles verdes, ser observado por ardillas, inspirarme con música ambiental, sentir el río, gozar de la elegancia y seguridad de la policía montada e interactuar con más personas amantes de la vida, ha sido una experiencia fenomenal. Me refiero al gran ¡ Parque de la Negra Hipólita! en Valencia, Venezuela.

APROVECHA LA RECURSOS DE SANIDAD

Practica La Sanidad Divina

Los Escritos Bíblicos muestran que a través de la oración, imposición de manos con fe y el don espiritual de la sanidad podemos erradicar enfermedades.

1 Corintios 12:9 "a otro, fe por el mismo Espíritu; y a otro, dones de sanidades por el mismo Espíritu.". Jesús dijo a sus discípulos en Marcos 16:18 "...sobre los enfermos pondrán sus manos, y sanarán."

La Biblia en sí, está llena de milagros de sanidad, los cristianos, por lo general de esta era cristiana hemos creído en el poder de Dios para sanar enfermedades.

Desde jovencito fui testigo de grandes sanidades en mi propio hogar. Una mañana orando pedí al Señor que sanara de la vista a mi mamá, el horno de la estufa había explotado y ella había sufrido quemaduras en sus ojos. Estaba en la transición del llamado de Dios a mi vida, así que dije a Dios, si tú me has llamado, confírmame sanando a mi mamá de la vista. Entré a su habitación, oré un par de minutos, pedí a Dios que la sanara, reprendí la enfermedad y salí. Esa noche el oftalmólogo, por ser amigo y hermano en la fe, llegó a revisar a mi mamá a la casa, solamente para confirmar que mi madre había sido sanada. ¡Dios hace maravillas!

Aférrate para alcanzar la salud integral en tu vida. No tienes porque seguir viviendo con achaques, dolencias o malestares que te han acompañado durante muchos años. Habla palabra de sanidad en el nombre de Jesús. Confiesa tu sanidad, son muchas las personas enfermas con serios achaques, pero también abundan los testimonios de aquellas personas sanadas por el médico de médicos, Jesucristo. Sabiendo las reglas de oro para mantener buena salud, es imperativo ponerlas en práctica. Siembra desde tu juventud y enseña a los más pequeños, a tus propios hijos, los consejos de vida para disfrutar de una buena salud. Aunque existen males y enfermedades que pueden darse por otras razones, la buena práctica en la conservación y cuidado de nuestro cuerpo hace disminuir las mismas.

Practica La Liberación de Espíritus de Enfermedad

Jesús ordenó a espíritu inmundos de enfermedad que soltaran a las personas, los reprendió, los echó de la vida de las personas.

Lucas 13:11,12 "y había allí una mujer que desde hacía dieciocho años tenía espíritu de enfermedad, y andaba encorvada, y en ninguna manera se podía enderezar.12. Cuando Jesús la vio, la llamó y le dijo: Mujer, eres libre de tu enfermedad."
Marcos 9:18,25. "el cual, dondequiera que le toma, le sacude; y echa espumarajos, y cruje los dientes, y se va secando; ... 25. Y cuando Jesús vio que la multitud se agolpaba, reprendió al espíritu inmundo, diciéndole: Espíritu mudo y sordo, yo te mando, sal de él, y no entres más en él.."

Hay algunas enfermedades que su origen es espiritual, espíritus diabólicos afectando los cuerpos de las personas. Tú mismo puedes practicar la sanidad divina y la liberación de espíritus de enfermedad. Si te sientes débil en la fe, puedes buscar ayuda con hombres y mujeres que han desarrollado más la fe en los dones de sanidad. Por favor, si has gozado de una sanidad divina en tu cuerpo, aprende la lección y no regreses a los hábitos que causaron o empeoraron la enfermedad.

Practica la Medicina

Dios ha dejado que el hombre desarrolle las ciencias médicas. Tanto la medicina natural y química bien empleadas son un recurso que Dios puede usar. De pronto tienes vocación médica, úsala para bendecir a muchos. Si después de recurrir a los recursos espirituales, persiste alguna enfermedad en tu cuerpo, con toda confianza busca al médico.

De hecho deberíamos consultar a los médicos en chequeos generales periódicamente; aún cuando creamos que no estamos enfermos, debemos de tener un programa de control y revisión médica y practicar la medicina preventiva, anticipándonos a posibles males, detectando y eliminando todo aquello que se aloje en nuestro organismo para hacernos daño. Recuerda, no solo debes visitar al médico cuando te sientas mal, debes salir de la práctica de medicina curativa o tardía. Es inspirador cuando te encuentras con médicos cristianos, aquellos que saben que Dios es el sanador, que ellos solo son instrumentos de él. Médicos que oran por sus pacientes, que van a la Biblia para aconsejarles y que los preparan para una vida de gozo con todo esplendor.

Nuestro cuerpo es como un vehículo, dependiendo del trato que se les da la cantidad y calidad de combustible, de aceite y de agua así será la duración del motor. Existen personas que se esmeran en el cuidado de su vehículo, están pendientes de las fechas para llevarlo al servicio, reemplazar las piezas dañadas, ante el menor ruido considerado extraño de inmediato acuden al taller mecánico, pagan mucho dinero por mantenerlo en perfectas condiciones. Pero cuando se trata de su propia salud, no actúan en la misma forma, lo dejan al tiempo, ante algún dolor que les aqueja dicen ¡ya se pasará, ya se pasará, con un poco de descanso estaré bien.

Cuando tienen que pagar la cuenta del médico o de las medicinas, se enfadan y vociferan y terminan diciendo; por eso no quería venir, tanto que se gasta. Se dice que en promedio los hombres somos más renuentes para visitar al médico, en algunos casi es arrastrándolos que los tienen que llevar al médico.

CONSEJO INSPIRACIONAL

Deseo animarte a que abraces una cultura preventiva para tu salud y no solamente curativa. Desde la perspectiva de las finanzas, del dolor y esfuerzo físico es más económica la práctica preventiva que la curativa.

Quiero persuadirte a que rompas nuestro paradigma cultural latino de la "no prevención". Sin lugar a dudas, la cultura preventiva es el resultado de culturas visionarias. Los líderes que tienen una visión a futuro, se verán cumpliendo los propósitos de Dios en la tierra, disfrutando a su familia, la vida y bendiciendo a multitudes, estarán concientes que la sabiduría física es el vehículo para las otras sabidurías. Los líderes sabios buscarán a toda costa preservar la salud, comerán adecuadamente, descansarán apropiadamente, se ejercitarán continuamente, vencerán el estrés y aprovecharán los dones espirituales en todo momento.

Creer a las promesas de Dios de longevidad te ayudará a fortalecer una práctica preventiva más que curativa. Estos consejos que has leído, por favor, no los apliques solamente cuando estés enfermo, practícalos ahora que estás sano, así evitarás enfermedades o detendrás sus procesos.

Deseo concluir este capítulo mostrándote que Dios desea tanto que llegues a anciano y con buena salud, que la primera promesa que ofreció en sus mandamientos fue ¡longevidad!

Efesios 6:2,3 "2. El primer mandamiento que contiene una promesa es este: "Honra a tu padre y a tu madre, 3. para que seas feliz y vivas una larga vida en la tierra."

Observa que el recurso espiritual para preservar tu salud es honrar a tus padres. Dios ya expresó su deseo, ahora te toca a ti asumir la responsabilidad de tu salud, nadie es más responsable de tu salud que tú mismo.

Mi oración es que colabores con Dios para que Él cumpla tus días sobre esta tierra y puedas disfrutar a tus seres amados y cumplir los propósitos divinos.

Preguntas para reflexionar

1. ¿Qué significa sabiduría física?

_____

_____

_____

_____

2. ¿Cuántos años deseas vivir en la tierra?

_____

_____

_____

3. ¿Por qué es importante cuidar nuestro cuerpo?

_____

_____

_____

_____

_____

4. ¿Qué hábitos alimenticios están poniendo en riesgo tu salud actualmente?

_____

_____

_____

_____

5. ¿Qué hábitos debes agregar a tu vida para mejorar tu estado de salud?

_____

_____

_____

_____

6. ¿De qué manera puedes afectar al cuerpo al dormir pocas horas?

_____

_____

7. ¿Cuánto equivale una hora de sueño antes de la media noche?

_____

_____

8. ¿Qué beneficios tiene dormir de 7 a 8 horas?

_____

_____

9. ¿Qué medidas tomarás para controlar el estrés?

_____

_____

10. ¿Cuáles son las claves para vencer el estrés según Salmo 8:4, Filipenses 4:6,7 1Timoteo 4:8?

_____

_____

_____

_____

_____

_____

_____

_____

_____

_____

Capítulo
Cinco

Desarrolla la
Sabiduría Económica

*E*n un día muy especial nos encontrábamos con Berlín, sentados en primera fila, en la iglesia "La Viña" de Los Ángeles, California, esperando nuestro turno para compartir un mensaje de visión. Antes de nosotros, enseñó el pastor Emilio López sobre las finanzas, su introducción, no solo cautivó nuestra atención, sino que logró hacernos pensar profundamente sobre nuestro futuro financiero. Inició leyendo la estadística de cuántos ancianos vivían en los Estados Unidos de la caridad de un familiar o con las limitaciones del cheque mínimo de la pensión del gobierno. Peguntó, a la audiencia hispana que estábamos escuchando, "¿Quiénes quieren ser sostenidos en su ancianidad por otra persona? ¿De quién quieren depender, de la caridad de un hijo o del cheque mínimo de la jubilación? Nos volvimos a ver con Berlín, ¡ella pudo leer mi mirada y yo la de ella! Éramos un matrimonio joven, nuestros tres hijos eran muy pequeños, estábamos en nuestra primera década de casados. Por lo tanto, nuestra atención se centraba en el estudio de nuestros niños, el deseo de construir una casa, nuestras metas financieras eran a corto plazo.

Por primera vez, pensamos en nuestro futuro financiero a largo plazo y comprendimos que sería muy inestable depender totalmente de la generosidad de un hijo. Sabíamos que como ministros de Dios, Él había cuidado de nosotros y que así lo haría en nuestra ancianidad, sin embargo, la prédica de ese día, abriría un espacio en nuestra mente y en nuestra programación financiera para pensar en otras alternativas para generar ingresos sin desviarnos de nuestra vocación pastoral.

Principiamos a buscar en la Palabra de Dios, La Biblia, principios financieros sobre la administración del dinero. Abrimos nuestra mente a la educación financiera, por primera vez buscamos libros que abordaran el tema. Con satisfacción recuerdo el primer libro que leímos que causó un impacto sustancialmente en nuestra perspectiva económica "Padre Rico, Padre Pobre" de Robert Kiyosaki.

Ahora, diez años después de practicar principios de mayordomía centrados en la Biblia y de enseñar una vez al año por seis semanas sobre estos temas en la iglesia local, hemos visto que la administración de nuestros ingresos son gastados e invertidos con prudencia, no solo pensando en el hoy, sino en el mañana y por qué no decirlo "en el pasado mañana". La generosidad, el ahorro, la inversión, el presupuesto, el estilo de vida congruente a los ingresos, entre otros temas, se han hecho parte de nuestra sabiduría financiera.

Varios autores han definido la inteligencia financiera como la capacidad de generar, administrar, acumular y multiplicar el dinero. Aunque, otros expertos lo definen no como, *"cuánto dinero ganas, sino cuánto dinero conservas, cuánto trabaja para ti y para cuántas generaciones lo estás conservando"* (2)

En este libro hemos propuesto usar el término sabiduría en reemplazo de inteligencia, mostrando que la diferencia entre ambas es básicamente la ética. Es decir, "El temor de Dios", en otras palabras obedecer los mandamientos y propósitos divinos.

Definimos entonces, la Sabiduría financiera como la capacidad de generar dinero, administrarlo y multiplicarlo honestamente siendo generoso.

Nuevamente, insisto en la importancia de que el líder debe enseñar y modelar una vida integral y saludable. El tema financiero no solo incidirá en la persona y familia del líder, sino también, contribuirá o afectará en la proyección de su liderazgo. Es decir, el líder puede poseer sabiduría espiritual, (fluir en los dones espirituales) y emocional (ser agradable) pero si falla en la administración de sus finanzas, cayendo en deudas, y proyectando desorden, el impacto de su ministerio perderá fuerza.

Este capítulo persigue que desarrolles la sabiduría financiera, en dos sentidos, primero; para que goces de la solvencia económica para tu vida y familia y que puedas compartir en generosidad. Segundo, para que la influencia de tu liderazgo o ministerio sea amplio y sólido.

La visión es que podamos transformar la "suerte" financiera de multitudes, compartiendo la prosperidad y el conocimiento, pero para ello debemos transformarnos primero. El principio de mejorar primero, para luego mejorar a otros, está claro en *Génesis 12:2 "te bendeciré… y serás bendición"*. Por supuesto, bendecimos a otros al compartir recursos financieros, sin embargo causamos una transformación más profunda al transmitir educación financiera. El profeta Oseas expresa lo perjudicial que es carecer de conocimiento. *Oseas 4:6 NVI "pues por falta de conocimiento mi pueblo ha sido destruido"*

He añadido este capítulo, por el deseo de que salgas de la frustración y angustia económica, pero principalmente, para que tu liderazgo no sea socavado y debilitado por el testimonio negativo de errores financieros.

Principiemos hablando de errores que hay que evitar en la vida y en el liderazgo para que tu influencia como líder crezca.

Máxima
"La sabiduría financiera es la capacidad de generar dinero,
administrarlo conservarlo y multiplicarlo de una manera honesta
y generosa"
Edmundo Guillén

EVITA ERRORES EN LA ADMINISTRACION DEL DINERO QUE PERJUDIQUEN TU LIDERAZGO

EVITA CAER EN LA CODICIA

El deseo desmedido por las riquezas, aunque no necesariamente para atesorarlas es conocido como el acto de codiciar. En Las Escrituras, se asocia la codicia no solo con el dinero, sino con personas, viviendas y objetos.

Pablo es muy categórico y radical al mostrar a su discípulo Timoteo que el origen de todas las cosas malas es el amor egoísta al dinero.

1 Timoteo 6:10 BLA "Porque la raíz de todos los males es el amor al dinero, por el cual, codiciándolo algunos, se extraviaron de la fe y se torturaron con muchos dolores." (1)

1ª Timoteo 6:10 TLA "Porque todos los males comienzan cuando solo se piensa en el dinero. Por el deseo de amontonarlo, muchos se olvidaron de obedecer a Dios, y acabaron por tener muchos problemas y sufrimientos".(2)

Este versículo encierra que todo los errores, maldades y pecados que comete el ser humano tiene como origen la ambición y la codicia. Hay innumerables historias donde líderes fueron atrapados por el deseo desmedido por enriquecerse, por lo cual no solo perdieron su liderazgo sino la vida misma. El caso de Giezi, el sucesor del profeta Eliseo, que por codiciar, mentir y recibir las riquezas del general Naamán fue castigado recibiendo la lepra que antes había estado en el militar. (2 Reyes 5:20-27). El pueblo de Israel fue perjudicado por el pecado de Acán al codiciar y tomar el lingote de oro y la túnica en la conquista de Jericó. Acán y toda su familia fueron castigados privándoles la vida. (Josué 7:20-26).

Los líderes codiciosos caen frecuentemente en otros pecados, como mentir, robar y hasta asesinar.

Una característica indispensable para el líder es no ser codicioso, Pablo despidiéndose de los cristianos de Asia, argumenta que se ha conducido entre ellos con integridad, al recordarles que ellos eran testigos de que él no había codiciado su dinero. (Hechos 20:33).

Dios te ha llamado a ser un líder sabio integralmente, no permitas que las sabidurías espiritual, emocional, mental y física que has desarrollado se echen a perder por el afán de tener riquezas, o desear los bienes que son de otros. Si bien es cierto, Dios te quiere prosperar, también es cierto que Él no quiere que priorices lo material antes que lo celestial.

EVITA CAER EN LA AVARICIA

El afán desordenado de poseer y adquirir riquezas para atesorarlas es conocido como avaricia.

Para la cultura hebrea, una cualidad importante que deberían tener sus líderes políticos y espirituales era el aborrecimiento a la avaricia. Jetro, suegro de Moisés, asesoraría a su yerno, a promover líderes que repudiaran la avaricia. (Exodo 18:21). Una de las razones por las cuales los ciudadanos de Israel reprocharon a Joel y Abías, hijos del profeta Samuel, como jueces de la nación, fue por el deseo desmedido de amasar fortuna. El sabio Salomón aconsejó al liderazgo político a no ser avaros para prolongar su gestión. (Proverbios 28:16). En el Nuevo Testamento era una virtud indispensable no caer en la avaricia para ejercer el liderazgo con solvencia, es más, Pablo aconsejó a los líderes de la iglesia de Corinto a no relacionarse con aquellos que profesando la fe fueran avaros. (1 Corintios 15:11).

En otras palabras, todo líder, principalmente el cristiano debe ser una persona generosa, es decir no avara y codiciosa. La manera para vencer la esclavitud de la avaricia y la codicia es aprendiendo a ser generoso. Los líderes excelentes de todos los tiempos se han caracterizado por ser generosos con su conocimiento y finanzas. Los líderes pierden influencia al ser avaros y codiciosos porque viven descontentos (Hebreos13:5) y porque no tienen disposición a dar. Warren Buffet, uno de los hombres más ricos del mundo dijo: *"Si el dinero no es para compartirlo ¿entonces para qué es?"*

EVITA CAER EN EL ROBO

Quedarse con el dinero y objetos ajenos siempre ha sido visto como pecado. El contexto en América Latina de pobreza, hambre y escasez ha provocado que se multiplique el robo en líderes sociales, políticos, educativos, artísticos y lastimosamente hasta eclesiásticos.

Es importante que cuides tu testimonio y credibilidad en la administración del dinero de la organización, iglesia o círculo familiar al que perteneces. Algunos líderes han cedido ante la tentación, tomando el dinero que se les ha dado a guardar por unas horas y días en forma de "auto préstamo" asumiendo que la próxima semana o a fin de mes lo repondrán.

Aunque, el robo más que ser un asunto económico es una debilidad de carácter, hay personas que teniendo solvencia económica han sido descubiertas robando en alguna tienda de ropa. Esposas de políticos latinoamericanos han sido sorprendidas robando artículos en tiendas de USA.

Es notorio que los débiles procesos administrativos y financieros facilitan al líder de la organización, grupo familiar e iglesia y a los contadores o tesoreros a sustraer dinero que no les pertenece. En nuestros grupos familiares, no solo el líder administra el dinero, debe tener un tesorero, ambos firmar el reporte de lo recaudado en la reunión, para posteriormente entregarlo a la tesorería de la iglesia. En la actualidad, la mayoría de organizaciones cristianas tienen múltiples departamentos o ministerios, (en nuestra iglesia tenemos 40), y cada uno de ellos administran dinero; por lo tanto, aunque sean pocas cantidades, es necesario que haya procesos, para cuidar el carácter de los líderes. Hemos procurado manejar cuentas de cheques con dos firmas y que un tercero tenga la chequera.

La transparencia en la administración de las finanzas solidifica y acrecenta la influencia de un líder.

Evita caer en la malversación de fondos

Desviar los fondos recaudados de un proyecto a otro, causa desaliento, inconformidad y desconfianza del liderazgo. No me estoy refiriendo a desviar el dinero de la organización a los bolsillos personales del líder, sería robo, sino desviarlo a otro proyecto o necesidad de la misma organización.

Los líderes deben invertir única y exclusivamente los fondos en los proyectos para lo que lo solicitaron.

Evita caer en dedudas

El pedir prestado, la mayoría de veces causa una subordinación emocional y psicológica en la persona. Los líderes pierden influencia ante sus colaboradores al pedir dinero prestado, mayor aún, cuando no lo pagan.

El pedir prestado es una forma de robo, por lo menos así lo siente el acreedor, hay personas que piden prestado a sabiendas que no van a poder pagar, ellas no solo deben sino que se convierten en "ladrones encubiertos".

El líder debe procurar no pedir prestado y cuando le sea inevitable, será más recomendable solicitar un préstamo a un colega o a otra persona que no esté subordinado a él.

Si tienes alguna deuda, permíteme compartirte tres consejos que pueden ayudarte a salir adelante.

Primero, Haz un plan de pago *Proverbios 21:5 "Los planes bien meditados dan buen resultado; los que se hacen a la ligera causan la ruina".* Hacer un plan llevará tiempo, requerirá que te enfoques únicamente en pagar tus deudas y que tengas disciplina para no usar tu dinero para otras cosas.

Segundo, Inicia cancelando la deuda más pequeña. *Romanos 13:8 "No tengan deudas con nadie, aparte de la deuda de amor que tienen unos con otros (...)"*¿ Sabes, cómo se come un elefante? Pues a mordidas, ¡gracioso no! Pues igual son las deudas, se cancelan poco a poco. No te desesperes en el proceso, debes abstenerte de todo gusto y gasto innecesario para llegar a feliz momento de "no deberle nada a nadie".

Tercero, no adquieras más deudas. *Proverbios 22:7 "El rico se enseñorea de los pobres, Y el que toma prestado es siervo del que presta".* En nuestra consideración, únicamente debe adquirirse una deuda para comprar una casa o para establecer un negocio. A estas últimas deudas las podríamos llamar "deudas buenas" porque son las que te harán recuperar o multiplicar tu dinero.

Entiendo que hay situaciones muy apremiantes, que pareciera que las únicas salidas son esconderse o huir, sin embargo, te animo a que tengas fe y pidas a Dios un milagro de provisión para que puedas pagar tus deudas. (2 Reyes 4:1-7).

EVITA SER UN ASALARIADO

En términos estrictos, ser un asalariado se refiere a una persona que recibe un sueldo o salario por su trabajo. En el contexto cristiano el término asalariado está dirigido a las personas cuya motivación principal es el dinero y no el acto de servir. El apóstol Pedro dirigiéndose a los líderes cristianos los insta a no ser asalariados es decir a servir con amor, con ánimo pronto y no solamente por el dinero.

1 Pedro 5:2 "Apacentad la grey de Dios que está entre vosotros, cuidando de ella, no por fuerza, sino voluntariamente; no por ganancia deshonesta (ambición, avaricia), sino con ánimo pronto;"

Otras versiones traen más luz al interpretar el concepto de ganancia deshonesta DHH (...por ambición de dinero...) y BLA (... por la avaricia del dinero,...). No obstante La Biblia describe que es digno que el obrero reciba un salario, es la respuesta de una comunidad agradecida, sin embargo el líder no debe tener como único propósito o interés principal servir por dinero.

El libro de los Jueces, en los capítulos 18 y 19 pinta a todo color el espíritu asalariado de un joven levita que desempleado y errante en una ciudad que no era la suya fue contratado por Micaías por 10 piezas de plata al año para que fuera el líder espiritual de su casa. El joven sacerdote se sintió contento porque tendría, casa, comida y las piezas de plata, sin embargo fue cuestión de tiempo cuando 600 guerreros de la tribu de Dan, que pasaban por la ciudad, lo invitaron a que se uniera a ellos, argumentando que le iría mejor siendo sacerdote de una tribu que de una casa. El joven líder se alegró por la remuneración que ahora obtendría.

Jesucristo, el líder por excelencia en la Biblia y de los cristianos, utilizó el término asalariado para confrontar a los líderes religiosos de su tiempo, Él tomó la analogía de los pastores de ovejas en el campo, que al ver el peligro abandonaban su misión, y cuyo enfoque no eran los animales, sino el pago.

Juan 10:12, 13 BLA "Pero el que es un asalariado y no un pastor, que no es el dueño de las ovejas, ve venir al lobo, y abandona las ovejas y huye, y el lobo las arrebata y las dispersa. 13. El huye porque sólo trabaja por el pago y no le importan las ovejas."

Es penoso e indignante ver a conferencistas, predicadores y músicos cristianos poner altas condiciones económicas para "ministrar" en ciudades pobres de Latinoamérica. Mis amigos pastores en los diferentes países de América, me han contado historias de estos "asalariados" que no suben a las tarimas si antes no se les da el dinero. Por supuesto, también entiendo que hay organizadores de eventos, que cobran grandes cantidades de dinero a los asistentes y luego no remuneran al ministro invitado. Este es un enfoque en el terreno ministerial cristiano

Ahora bien, en el contexto fuera de la iglesia, si tienen trabajo honesto, íntegro y digno de todo respeto y en este momento lo realizas en situación de dependencia salarial, no es un comentario condenatorio, ni es con el propósito que te sientas mal, o satanizar tu medio de ingresos. Considera que tu trabajo es de bendición, pero el análisis está hecho desde la perspectiva de evitar el amor al dinero como la principal motivación del trabajo.

Considera este segmento como una reflexión que debes hacer, relaciona tu actividad con tu propio proyecto personal de vida, considera que el mensaje no es para abandonar tu trabajo como asalariado en forma inmediata; sino hasta que te conviertas en el mejor en todo lo que haces, tu trabajo bien hecho te abrirá puertas, verás nuevas oportunidades que pueden ser complementarias de lo que haces, que puedas ver más allá de un cheque a fin de mes.

Regresando al contexto ministerial cristiano, permíteme, relacionar el término asalariado, no solo al dinero, sino a otros motivos mal sanos y egoístas, entre ellos, hambre de poder, de fama y de venganza. Las personas que están bajo un líder asalariado (con intenciones mal sanas) tarde o temprano perciben su intención y se sentirán desmotivados a colaborar en su equipo. Si tú eres un líder, supervisor, encargado de un ministerio o el líder principal de la organización, guarda tu corazón de servir sin amor.

Máxima
"Servir solamente por dinero o por motivaciones mal sanas convierte a un líder en asalariado"
Edmundo Guillén

EVITA PROYECTAR LÁSTIMA

Aquí los líderes debilitan su influencia al poseer actitudes de auto conmiseración y al usar palabras que indirectamente estén apelando a la caridad de sus oyentes. Los líderes que constantemente hablan de sus penurias, falta de alimentación y carencias de sus necesidades básicas, podría ser que al principio obtengan una ayuda económica, pero si persisten con esa proyección negativa, al final, no solo ya no recibirán nada, sino además, dejarán de inspirar a sus discípulos, grupo, equipo y colaboradores. No estoy proponiendo que aparentes lo que no tienes, ni tampoco que te hundas en la soledad sin pedir ayuda. Simplemente, estoy diciendo que, los líderes que inspiran lástima desgastan su influencia.

En suma, al abordar el tema de sabiduría financiera en el contexto del liderazgo, es sumamente importante mostrar un carácter íntegro y generoso. Si has cedido en uno de estos errores económicos es necesario que confieses tu pecado al Señor, restituyas lo dañado, hagas un plan de pago y pidas ayuda a tu líder espiritual. Dios puede restaurar tu carácter y con el tiempo devolverte credibilidad, como sucedió con Onésimo, que fue un prófugo por haber robado a Filemón, pero al final por el poder de Dios, la intercesión y restauración de Pablo, se convirtió en un influyente líder, *"Según cuenta Jerónimo de Estridón, Onésimo se volvió un predicador cristiano y luego Obispo de Éfeso por orden del Apóstol Pablo."* (3)

CONOCE Y PRACTICA SABIAMENTE LOS TRES PROCESOS DE PROSPERIDAD

Al mismo tiempo que desarrollas un carácter honesto y un corazón generoso debes desarrollar el conocimiento y los hábitos para prosperar. El multimillonario John D. Rockefeller dijo *"el juego del dinero lo ganan las personas que saben las reglas"* Es decir, los ricos no tienen más dinero que los pobres porque tienen un cociente intelectual mayor, sino porque tienen información y hábitos que los pobres no tienen.

Proverbios 21:5 "Los pensamientos del diligente ciertamente tienden a la abundancia; Mas todo el que se apresura alocadamente, de cierto va a la pobreza".

Los pensamientos, conocimientos o educación financiera tienen tres procesos. El primero, PRODUCIR, generar o tener ingresos. El segundo, PAGAR, gastar o tener egresos. Y tercero, PRESERVAR, conservar o tener un saldo.

CONOCE Y USA LA FORMULA DE LAS 3P

PRODUCIR(ingresos)-PAGAR (egresos)=+PRESERVAR (saldo)
MODELO A)   (5,000) – (4,000) = +1,000
MODELO B)   (5,000) – (5,000) = 0
MODELO C)   (5,000) – (6,000) = -1,000

La clave está en pagar menos de lo que produces para que puedas preservar un excedente. En otras palabras, si gastas menos de lo que generas tendrás un positivo. En el modelo A) la persona recibe de su trabajo 5,000 y paga en sus cuentas 4,000 podrá preservar o conservar 1,000. Esto es prosperidad.

En el modelo B) y C) la persona paga lo mismo o más de lo que produce entonces no podrá preservar nada.

Es decir, cuando tus ingresos son mayores que tus egresos, entonces tendrás un saldo a favor. En esto consiste el juego del dinero, saber las reglas del juego para que los gastos estén por debajo de lo que se genera.

PRODUCE CON DILIGENCIA

Por lo menos hay 4 tipos de personas, dependiendo de donde ingresa el dinero. Según Robert Kiyosaki se pueden clasificar así: Primero, el empleado, trabaja para otra persona. Segundo, el autoempleado, el profesional que si él no llega no funciona su negocio. Tercero, el dueño de la empresa, esté él o no esté, produce dinero. Cuarto, el inversor, no necesita trabajar, su dinero gana más dinero.

Generalmente las personas producen dinero trabajando arduamente para alguna empresa o negocio. En Génesis 3:19 Dios le dijo a Adán *"Te ganarás el pan con el sudor de tu frente, hasta que vuelvas a la misma tierra de la cual fuiste formado, pues tierra eres y en tierra te convertirás"*. El castigo NO fue el trabajo, sino el trabajo doloroso y con muy poco resultado. En el capítulo 9 abordaremos con más detalle el tema del trabajo diligente y las alternativas para producir mayores cantidades.

Paga con Prudencia

Este segundo proceso es concerniente a los pagos o gastos que haces diaria, semanal y mensualmente. Gastos fijos y variados. Todo lo que pagas al mes, la comida, vivienda, educación, vestuario, transporte, salud, electricidad, teléfono, seguros, donaciones y hobbies.

Si el patrón es gastar todo lo que se produce, un incremento al sueldo resultará generalmente en un incremento de gastos. En el libro Padre Rico, Padre Pobre Robert K. menciona un dicho norte americano *"un tonto con dinero es una gran fiesta"*

En este proceso está la clave, me parece que la mayoría de personas que gastan más de lo que les ingresa se debe a que viven un estilo de vida por arriba de sus posibilidades. De tantos consejos e ideas prácticas que hay para gastar menos de lo que ingresa, quisiera dejarte dos:

Cambia tu estilo de vida

La clave para gastar menos de lo que ingresa está en reducir tu estilo de vida. Podrías no ser un empleado, tampoco ganar el sueldo mínimo, podrías ser un profesional con tu propio negocio, un empresario o un inversor, pero si gastas más de lo que generas tendrás deudas gigantescas.

La llave para saber cuál puede ser tu estilo de vida lo determina tus ingresos. Lo que produces te debe dar dirección al estilo de vida que PUEDES llevar y no al que QUIERES vivir. Escuché al conferencista Eduardo Palacios explicar que La diferencia entre gusto y lujo está en lo que se puede.

Ten el estilo de vida que puedas y no el que quieras
Ve al hospital que puedas y no al que quieras
Compra lo que puedas y no lo que quieras.
Vive donde puedas y no donde quieras.
Inscribe a tus hijos donde puedas y no donde quieras.
Compra el carro que puedas y no el que quieras.
Gasta tu dinero donde puedas y no como quieras.
Come en el restaurante que puedas y no donde quieras.

Los autores Stanley y Danko en el libro "millonario de al lado" identifican 7 factores en común de los ricos de Estados Unidos, diciendo *"La mayoría de los que tienen lujos no son adinerados"* Es decir, si deseas que tus egresos sean menores que tus ingresos debes dejar algunos lujos. (4)

CONTROLA TUS GASTOS

El autor Andrés Panasiuk propone 5 pasos para controlar los gastos: *"comprométete, recopila, compara, corrige y controla"* (5) Es increíble que los pequeños gastos que se hacen todos los días, más los imprevistos, sumarán una enorme cuenta. Por eso Panasiuk propone que te comprometas contigo mismo a controlar tus gastos, luego es importante que lleves un record de lo que gastas y a las 4 semanas lo compares con tu presupuesto, hasta entonces podrás corregir y finalmente podrás controlar tus gastos. Hay una diversidad de presupuestos a tu alcance, puedes navegar en Internet y en el buscador escribir presupuesto. Te sorprenderás de la abundante información práctica que obtendrás.

Rockefeller enseño a sus hijos varios hábitos entre ellos:

-Controla cada centavo   -Trabaja por mi dinero
-Da siempre el 10% a Dios   -Págate el 10%
-Vive con el resto

PRESERVA CON INTELIGENCIA

El excedente que quedó de la producción diligente menos los pagos prudentes, se le conoce como saldo, nosotros le estamos llamado "preservar", Eduardo Palacios le denomina Ganar. Es muy interesante oírlo preguntar a sus oyentes, ¿Cuánto ganan al mes?, se oye un silencio. Luego el pone un caso hipotético de Mario que recibe 3,000 quetzales (moneda de Guatemala) al mes en su trabajo y que gasta Q2,500.00. Vuelve a preguntar, "¿Cuánto gana Mario?" Las personas dicen "Q3,000 " él dice, "no, Mario gana Q500.00". Lo que él está tratando de enseñar es que realmente lo que se gana es lo que queda en la bolsa o en el banco.

Ahora bien, lo que haces con el excedente te permitirá la verdadera libertad financiera, diferentes autores definen la riqueza como lo que se acumula y no lo que se genera; otros señalan que la riqueza no se mide en dinero sino en tiempo, es decir que el dinero que tienes acumulado cuántos meses o años puede mantener el estilo de vida que vives." (6)

La clave de la riqueza está en como se invierte el dinero que excede cada mes. En el capítulo 9 abordaremos las dos esferas de inversión bíblica, a saber, la terrenal y la espiritual.

En el Seminario orientado a obtener lecciones prácticas en el manejo de tus finanzas, Guillermo Zúñiga expresa: "Lo más importante que te puede ocurrir al leer el presente capítulo, es que te sientas convencido que la siembra en la obra de Dios te abre muchas puertas de manera sobrenatural y es el mejor camino a la prosperidad. Es vital que te sientas retado a ser: diligente, emprendedor, visionario, inversionista, ahorrante y que tengas una salud financiera en sabiduría. Adquiere una pensión de retiro en algún banco que te permita incrementarla, el ahorro a plazo fijo genera mejores tasas de interés. Adquiere una póliza de ahorro, seguro médico preferiblemente en un plan de cobertura familiar. Recuerda que ahorrar es saludable pero invertir es mejor.

No te conformes con manejar solamente una cuenta de depósitos monetarios, esfuérzate en tener cuenta de ahorros y preferible una cuenta para tus hijos y tu esposa que puedas ir incrementando. Maneja con sabiduría las tarjetas de crédito, si en su lugar usas tarjeta de débito puede ser mejor. Asegúrate de ser muy ordenado al girar cheques y que tengan el respaldo necesario para cubrirlo. Recuerda que muchas personas se han endeudado abismalmente al no saber utilizarla, no te conformes con estar aportando el pago mínimo, así nunca vas a salir, las deudas te esclavizarán. Si a todos en tu familia, esposa e hijos les diste una tarjeta y cada uno la usa sin ningún control, llegará un momento que esto va a colapsar, cuidado con tener varias tarjetas, si las tienes, recuerda; paga puntual, si es posible que tengas una inquietud tan fuerte que te permita cubrir el gasto de la tarjeta que hiciste el mismo día o al día siguiente. Si te cuesta controlarla, mejor sal de la deuda y cancélalas lo más pronto.

Reflexiona sobre la relación entre: ingresos, egresos y ahorro. Lo más valioso de estos tres rubros es el ahorro, el cual te permite invertir y generar ganancias. Si te vas a lanzar a emprender un negocio, averigua todo lo concerniente al mismo en todos sus detalles, no es del todo cierto aquellos que dicen, lo mejor es poner una tienda de abarrotes, a todos les va bien con ese negocio. Otros dirán, lo mejor es una panadería, a todos les va muy bien vendiendo pan. Cuidado, no es así. Ora por ese negocio, convierte a Jesucristo en tu socio perfecto, ten mucha sabiduría si te vas a asociar con alguien, especialmente con familiares; muchísimo cuidado. Demanda sabiduría, escucha consejo, investiga todas las fases del negocio y con prudencia, esfuerzo y dedicación decídete a triunfar. Recuerda también que debes ser previsor, ¿tienes ya pagado el lugar para tu entierro y de tu familia, tu funeral está pagado.?

Reflexiona sobre las preguntas siguientes y lo más importante no demores en hacerlas realidad.

¿Posees una cuenta de ahorro que asegure una buena tasa de interés?
¿Tienes una póliza de retiro?
¿Posees seguro médico, hospitalario preferiblemente de tipo familiar?
¿Estás ahorrando en una cuenta de ahorro para cada uno de tus hijos?
¿Tus tarjetas de crédito tiene un saldo que puedes manejar?
¿Posees seguro funerario?
¿Tienes pagado tu lugar en el cementerio?
¿Estás libre de deudas por si algo te ocurriera para evitar dejar muy mal financieramente a tu familia?
¿Tienes seguro vigente para el automóvil o los autos que utiliza tu familia?
¿Despilfarras con facilidad el dinero?
¿Tienes casa propia o la estás pagando?
¿Tienes previsto el pago de la universidad para tus hijos?
¿Inviertes en la educación de tus hijos en valor agregado como otro idioma, programas de computación, otros?
No más pago de alquileres.
Ponte a prueba. Talvez no necesitas comprar un carro del año, invertir en bienes raíces en forma correcta te otorga muchos beneficios económicos y de seguridad para los tuyos". (7)

Líderes que cambian Suertes

Consejo Inspiracional

Realmente son tres consejos que quiero dejar en tu mente y corazón en este camino de la prosperidad:

Primero, decide que una bella vivienda no te alejará de Dios: *Deuteronomio 8:11 "Cuídate de no olvidarte de Jehová tu Dios, para cumplir sus mandamientos, sus decretos y sus estatutos que yo te ordeno hoy; 12no suceda que comas y te sacies, y edifiques buenas casas en que habites,"* El problema de las riquezas es que algunos se olvidan de Dios cuando ya tienen su casa o mansión, no pongas todo tu corazón en esa casa que Dios te dio, ponlo en el Dios que te dio la casa.

Segundo, decide que las riquezas no te enorgullecerán: *Deuteronomio 8:13 "y tus vacas y tus ovejas se aumenten, y la plata y el oro se te multipliquen, y todo lo que tuvieres se aumente; 14y se enorgullezca tu corazón, y te olvides de Jehová tu Dios,"* No lo olvides, las riquezas no pueden sustituir a Dios, así que todo orgullo producido por las riquezas es necedad y fatuidad, es una tontería, gana todas las riquezas que puedas, pero nunca des lugar al orgullo en tu corazón.

Tercero, decide que los negocios y el dinero que generarás no te harán necio: *Deuteronomio 8:17 "y digas en tu corazón: Mi poder y la fuerza de mi mano me han traído esta riqueza. 18 Sino acuérdate de Jehová tu Dios, porque él te da el poder para hacer las riquezas,"* La peor de las necedades es pensar que las riquezas las has ganado tú, a no ser que hayan sido mal habidas, de lo contrario Dios te las ha dado, que nunca piense tu corazón que fue tu astucia, tu habilidad, tu destreza, tu conocimiento ni tu inteligencia, de ninguna manera, será Dios quien te habrá prosperado, ríndele a Él la gloria, y se agradecido.

Desarrollar la sabiduría financiera te permitirá prosperar y te permitirá bendecir a tu familia, al necesitado y al reino de los cielos sobre todas las cosas.

Desarrollando estas 5 capacidades, sabiduría espiritual, emocional, mental, física y financiera tu influencia crecerá y será más fácil que puedas cambiar las "suertes" de las personas que te rodean y escuchan. Sinceramente, me emociono pensando en el impacto que producirás en tu ambiente al desarrollar estas sabidurías. Recuerda que fuiste creado en Cristo Jesús para grandes proyectos, ¡Transformar vidas integralmente!

Preguntas para reflexionar

1. ¿Qué es la sabiduría financiera?

_____

_____

_____

_____

2. ¿Qué es avaricia?

_____

_____

_____

_____

3. ¿De qué manera podemos vencer la avaricia?

_____

_____

_____

_____

4. ¿Por qué la transparencia en la administración de las finanzas solidifica y acrecienta la influencia de un líder?

_____

_____

_____

_____

5. ¿Qué efecto causa pedir prestado en la influencia de un líder?

_____

_____

_____

_____

6. ¿Cuáles son los tres consejos para salir de las deudas?

_____

_____

7. ¿Qué significa ser un asalariado en el contexto cristiano?

_____

_____

8. ¿Qué motivos incorrectos, a parte del amor al dinero pueden dañar el corazón de un líder?

_____

_____

9. ¿Crees qué el estilo de vida que estás viviendo es acorde a tus ingresos mensuales?

_____

_____

_____

10. ¿En qué áreas de tu vida debes y puedes reducir tu estilo de vida?

_____

_____

_____

11. ¿Qué puedes hacer para generar más ingresos mensualmente?

_____

_____

_____

Sección 2

Cambia las "Suertes"

Las dimensiones donde puedes influir positivamente en las personas

*E*l autor Ziz Ziglar escribió un libro titulado "Nos veremos en la Cumbre", enseñando como poder ser exitoso en la vida, pero luego escribió otro llamado "Más allá de la Cumbre", en el cual propone que después de obtener el éxito existe el imperativo moral de ayudar a otros a alcanzar su máximo potencial. Por otro lado, Stephen Covy, escribió un libro titulado "Los 7 hábitos de la gente altamente efectiva", precisamente explicando como convertirse en una persona productiva, luego escribió otro libro llamado "el 8º Hábito", proponiendo ir de la efectividad a la grandeza, es decir, la grandeza consiste en que después de convertirse en alguien efectivo hay que ayudar a otros a ser exitosos.

En otras palabras, hay dos verdades para aprender de estos dos pensadores, primero, el ser humano tiene que desarrollarse y crecer para luego poder ayudar a desarrollar y a crecer a otros; segundo, el hombre y la mujer exitosos encuentran plena realización y satisfacción hasta que dedican la vida en mejorar a sus semejantes.

Esta sección II propone, que mientras y después que desarrolles las 5 capacidades o sabidurías, puedes incidir y cambiar las "suertes" de otros. Mardoqueo y Ester primero crecieron como líderes, después usaron su influencia para salvarse a sí mismos y salvar a todo su pueblo. Es decir, usaron la influencia para cambiar la "suerte" física, para preservar la vida de multitud de judíos, al libraros de la aniquilación inminente de sus enemigos y del malvado Amán.

Varios años después de iniciar el ministerio pastoral, vi la película "Coach Carter". El entrenador había decidido dirigir al equipo de basquetbol de la escuela de Richmond en California, en el cual él había jugado 30 años atrás.

Desde el inicio quiso poner disciplina a un equipo formado principalmente de morenos, unos pocos blancos y un latino, la mayoría procedentes de hogares disfuncionales. Además, eran jóvenes no aplicados en el estudio, algunos enredados en drogas y en las tentaciones juveniles. Las estadísticas socio educativas de los estudiantes eran extremadamente negativas.

El entrenador Carter, decidió no solo interesarse en hacerlos un equipo ganador, sino en hacerlos jóvenes maduros y exitosos en los estudios. Rápidamente principio a tener resistencia de los propios jugadores indisciplinados, de sus padres y hasta de la misma directora de la escuela.

Tal era el interés del coach que platicó con los diferentes maestros de todos sus jugadores, indagando su nivel académico, el resultado que encontró, fue fatal. Así que decidió que no volverían a jugar hasta que ellos mejoraran sus calificaciones. Después de un proceso largo de tensiones, pláticas y revueltas, los jóvenes accedieron a la visión integral del entrenador. En la misma cancha de basquetbol de la escuela, pusieron los escritores para estudiar después de las clases y así fortalecer las materias débiles.

De la mano del coach Carter lograron llegar a disputar la final del campeonato, lastimosamente en los últimos segundos perdieron el partido. Al terminar el encuentro cabizbajos y tristes se encaminaron al camerino, pero el entrenador con palabras de ánimo se dirigió al equipo, diciéndoles, "vine a entrenar jugadores de basquetbol y se han convirtieron en estudiantes, vine a entrenar niños y se convirtieron en hombres"

Fue impresionante como Carter cambió "las suertes" de sus jugadores, 6 de ellos fueron a la universidad, de los cuales 5 ganaron becas. Jason L. se graduó de Administrador en negocios en la Universidad de San Diego, el latimo Timo Cruz, dejó las drogas, convirtiéndose en estrella de basquetbol y estudió en Humoldt State University, Jaron W. estudió en la Universidad de San Francisco, Kenyon S. fue a la Universidad de Sacramento y se graduó en Ciencias de la Comunicación y Damien C., hijo del entrenador Carter, rompió todos los récords de su papá y recibió una beca para estudiar en la Academia Militar de West Point.

¿Por qué usé todo un párrafo para escribir los nombres, las universidades y logros académicos? En primer lugar, porque la película se basó en una historia real, fueron jóvenes verdaderos y no ficticios, en segundo lugar, porque de esa escuela se graduaban solo el 50% de alumnos, de los cuales solamente el 6% ingresaba a la universidad, solo uno de cada clase realizaba estudios superiores, ¡Carter logró un enorme porcentaje al influir en 6 de sus jugadores para ir a la universidad!, comprendiendo que el 80% de los muchachos de la ciudad de Richmod tenía más posibilidad que fueran a la cárcel que a la universidad.

Ahora bien, ¿Por qué Carter pudo influir en esos muchachos?. Primero, porque él había sido un exitoso en ese campo, tenía desde hace treinta años el record de la escuela de más encestes, pases y robos de balón, y segundo, él era un profesional que había egresado de la Universidad de George Mason, habiendo aprovechado una beca estudiantil. Una de mis frases favorita de la película la expresa el coach Carter al ser increpado por sus jugadores al dudar de sus motivos, él les responde, "les prometo que haré cualquier cosa que esté a mi alcance para que vayan a la universidad y para que tengan una vida mejor"

Tengo una pregunta más, ¿Por qué, me impresionó tanto esta película?, la respuesta es porque en mi juventud, antes de casarme, cuando tenía 19 y 20 años, tuve el privilegio de entrenar por dos años al equipo de basquetbol del colegio donde había estudiado y jugado, naturalmente me sentí identificado.

Sin embargo, con vergüenza reconozco, que no tuve la visión de afectar a mis jóvenes jugadores en su vida integral, me dediqué únicamente a transmitir los conocimientos deportivos, a desarrollar destrezas de juego en equipo y disciplina atlética. Nunca supe como iban en sus clases, si venían de hogares destruidos, si tenían tendencias inmorales, etc. De todos modos, el director me había contratado para entrenar al equipo. Aunque, debo decir que antes de los entrenamientos y los juegos los dirigía en una oración.

Mi amigo lector, es probable que tu área de trabajo sea en lo educativo o cultural, deportivo, empresarial, artístico, político, etc., sin embargo, esta sección propone que uses tu liderazgo no solamente para hacer la tarea por lo que te pagan, es decir, para influir a tu equipo de trabajo para alcanzar las metas organizacionales, sino que trasciendas más allá del contexto laboral y que aproveches la posición de influencia que Dios te ha dado, para incidir y cambiar las "suertes", por lo menos en cuatro áreas, a saber: espiritual, familiar, educativa y económica.

Si eres un líder ministerial, si ocupas una posición de influencia, ya sea que tengas el privilegio de ser pastor, predicador, apóstol, evangelista, maestro, profeta, supervisor, líder, ministro de alabanza, encargado de algún ministerio, etc., quiero animarte a que aceptes el desafío de usar tu influencia espiritual no solamente para llevar a la gente al cielo sino para enseñarles a vivir sobre el suelo, (ojo, no dije, vivir en el suelo, ni debajo del suelo), es decir, cumplamos nuestro ministerio espiritual de bendecirles mostrando todas las verdades eternas, pero también ayudémosles a mejorar su vida aquí y ahora. Y como dijo Hellen Keller "No te conformes con vivir arrastrándote, si tienes la capacidad de volar"

Máxima
"Mientras conectamos a la gente al cielo,
enseñémosles a vivir sobre el suelo"
Edmundo Guillén

Capítulo
Seis

Cambia la "Suerte" Eterna

$\mathcal{E}$l término "suerte", como ya señalamos, quiere decir el destino, rumbo o dirección de una acción o circunstancia y empleamos el verbo "cambiar" para expresar que somos colaboradores o instrumentos de Dios, porque únicamente el Espíritu Santo puede transformar y cambiar la vida de una persona. La cita bíblica contenida en Juan 16:8 dice:

"Y cuando él venga, convencerá al mundo de pecado,
de justicia y de juicio".

Es decir que tú puedes colaborar con Dios como instrumento en sus manos para transformar el destino eterno de las personas del infierno al cielo.

Deseo transmitirte que una de las experiencias más gratificantes es participar en la conversión de una persona a Cristo, sabiendo que no solo obtendrá beneficios aquí en la tierra, sino, mejor aún tendrá vida eterna en la presencia de Dios gozando de todas las bendiciones que Él ofrece a los salvos a través de las Escrituras.

Es un privilegio estar consciente y experimentar el proceso de la conversión de una persona al Señor Jesucristo. No importa; la tarea, acción, vocación y que hacer humano que se realice, lo esencial es que tienes influencia y que la aproveches para compartir tu fe, teniendo en mente que los rescatarás de la condenación eterna.

Es probable que en este momento seas el jefe en un departamento de la empresa donde laboras y mientras lideras a los colaboradores para el alcance de las tareas diarias, semanales o mensuales, buscas el momento oportuno para mostrar el camino de salvación. O quizás, podrías tener un puesto no alto en tu organización, no obstante, la pasión producto de la revelación bíblica te arrastra a proclamar que Jesucristo es el camino la verdad y la vida.

Las historias de Luis y Mario nos ilustran esta verdad. Luis es un empresario exportador de plantas exóticas cuya empresa cuenta con cerca de 100 colaboradores, todos los lunes antes de iniciar la jornada laboral toma un tiempo para orar con todo el personal y presentar un mensaje bíblico mostrando la senda de salvación. Es obvio que si la vida, carácter y testimonio de Luis no fueran de buen proceder no tendría la solvencia para dirigir una oración. La manera de actuar de Luis es tan correcta que permite que esta actividad se desarrolle.

Por otro lado Mario es un lustrador de zapatos en el aeropuerto La Aurora en ciudad de Guatemala, no tiene colaboradores ni jefe, sin embargo, a la primera oportunidad que le dan los clientes comparte con audacia, carisma y pasión el mensaje de Jesús . Aunque no me limpie los zapatos, siempre es muy inspirador platicar o por lo menos saludarlo. Unos meses después de haber conocido a Mario, en uno de los viajes que Dios me permitió hacer para desarrollar una cumbre DIV (Desarrollo de Iglesias Visionarias) en Latinoamérica, observé a Mario que estaba lustrando los zapatos al expresidente de Guatemala Licenciado Ramiro De León, (ya fallecido) me sentí muy intrigado al mirar que Mario era quien más hablaba, mientras el exgobernante sonreía y manifestaba gestos de atención. El Licenciado De León iba de viaje a Miami, sin saber que ese fin de semana fallecería en su habitación en un hotel en La Florida. Mi curiosidad se acrecentó por este hecho así que a mi siguiente viaje le pregunté a mi amigo y hermano del aeropuerto ¿qué tanto habló con el expresidente?, Mario me respondió que entre tantas cosas le había compartido el mensaje de salvación.

Así como el testimonio valiente e inspirador en la vida de Mario, existen otras personas en distintos lugares desempeñando diversos trabajos, ubicados en diferentes status sociales; desde ocupar la alta gerencia hasta trabajos operativos o de mantenimiento; pero especialmente en aquellos que realizan los trabajos más sencillos y no figuran en las primeras páginas o crónicas de los libros, diarios o revistas. Muchas veces su increíble labor evangelística se realiza en un taxi como el caso de Aníbal un taxista que recorre las calles de Tegucigalpa Honduras con su carro a quien él mismo lo llama "la iglesia rodante". Cualquier persona que sube a ese taxi se encuentra con un conductor amable, gentil y apasionado por compartir las buenas nuevas de salvación. Muchas personas recibieron a Cristo en pleno trayecto gracias a que un guerrero valeroso se atrevió a desafiar a propios y extraños que se convirtieron en sus hermanos en Cristo. Los puestos de venta en muchos mercados se distinguen por la música, expresión, atención y presencia divina. La palabra corre en oficinas, escuelas, universidades y aún en cárceles, hospitales y asilos de ancianos, abundan los testimonios de muchos líderes invisibles para los hombres y que tal vez nunca han recibido una palabra de ánimo de sus propios compañeros o familiares, pero que ante Dios no quedan desapercibidos y recibirán su recompensa en el momento más bello y anhelado que será el estar ante la presencia del Señor.

Testimonios de héroes y heroínas invisibles que en su momento aportaron valor a otros, aún estando en condiciones muy adversas y cuyo tema central no consiste solamente en saber ¿cuánto sufrieron? sino la forma extraordinaria en que Dios actuó en el momento preciso y llevó la restitución a sus vidas. Debes estar convencido de que en Dios vales mucho. Joel Osteen en su obra "Lo mejor de ti" indica: Utiliza tus palabras para bendecir tu vida. "Decide ahora mismo que solamente pronunciarás cosas positivas sobre tu vida. Quizás tengas mil hábitos malos, pero no permitas que tus labios pronuncien ni una sola palabra de crítica sobre ti mismo. Utiliza tus palabras para bendecir tu vida. Mírate en el espejo y pronuncia las palabras que tanto necesitas. La imagen de tu vida tiene que cambiar por dentro antes de que pueda cambiar por fuera" (1) Guillermo Zúñiga en su obra "Líderes Invisibles" indica: "Muchas personas actualmente se han refugiado en una cueva, se quedaron de brazos cruzados y se acomodaron a esa forma de vida. Adentro de la cueva solamente puedes ver lo inmediato, cuando quites la venda de tus ojos una nueva dimensión se presentará en tu vida y tu horizonte se va a expandir, prepárate para ver lo sobrenatural en tu vida. Visualiza la realeza en las personas, aún en los marginados y desposeídos". (2) Rick Warren en el libro "Liderazgo con Propósito" dice: No todos vamos a ser pastores, ni vamos a renunciar a nuestro trabajo para dedicarnos por completo a la obra del ministerio. Sin embargo, todos los cristianos sí hemos sido llamados a servir, a ministrar a los demás. El cristianismo que no sirve, no sirve y es una contradicción". (3)

¿Cómo surge la pasión de querer cambiar la "suerte" eterna a un amigo o a las personas con las que te relacionas?, ¿Cómo nace el deseo en tantos líderes y miembros de grupos cristianos familiares de conectar al prójimo con la eternidad divina? ¿Cómo brota la necesidad en un cristiano recién convertido de compartir su fe? Por supuesto, aunque hay varias razones para transmitir el mensaje de salvación, veamos algunas fuentes que pueden impulsarte a evangelizar.

Conéctate a la revelación del cielo y el infierno

No creo que el conocimiento general, superficial, popular y cultural de ambos destinos eternos es suficiente para persuadirte a compartir las buenas nuevas de salvación. Sin embargo, el ser alumbrado por el Espíritu Santo te da la fe suficiente para creer en el cielo y la condenación eterna, pero mayor aún deseas y actúas para que los demás sean rescatados del sufrimiento eterno y disfruten la eternidad.

La pasión de la mayoría de personas por ayudar a otros a mejorar casi siempre viene del resultado de haber tenido contacto con la necesidad. Después de experimentar o ver la extrema pobreza, el hambre, el analfabetismo, la esclavitud en un vicio, la desintegración familiar, el dolor y la desgracia humana, cientos de corazones nobles se han visto en la tarea de actuar a favor de la solución de estos males, sin embargo, ¿Cómo puedes ver el cielo o el sufrimiento del infierno o tener contacto con esta realidad sino te has muerto? No hay manera natural, solamente a través de la fe y la revelación del Espíritu Santo a através del texto bíblico de una manera sobrenatural, es decir más que nuestro entendimiento natural, ahora bien, no estoy diciendo suprimir la inteligencia. Debo reconocer que algunas personas han vivido lo sobrenatural de una manera espectacular, poco común, como escuchar voces audibles, visitación de ángeles y de alguna manera mística han visitado el cielo o el infierno. En otras palabras, por un lado no elimino la razón pero no la hago la fuente única de la revelación bíblica, tampoco afirmo que para que sea sobrenatural debes vivir cosas espectaculares. Es la confianza que al llegar a la Biblia con un corazón humilde, una actitud positiva y lleno de fe, el Espíritu Santo te guiará a toda verdad.

Al recordar lo que la Biblia enseña y revela del cielo y del infierno, nos provee de fuertes motivos para conectar a otros al Cielo.

En primer lugar cuando te entusiasmas con la revelación del cielo y sus bendiciones, te sientes persuadido a que las personas, principalmente tus conocidos y apreciados se conecten con Dios por la eternidad.

Aprendamos de la realidad eterna haciéndonos algunas interrogantes:

¿Para quiénes es el cielo? Es para los que reciben a Jesucristo como Señor y Salvador y son declarados justos. Los escritos de el apóstol Pablo lo enseñan varias veces, lo que él escribe a los cristianos de Corinto lo demuestra. 1 Corintios 2:9 y Juan 14:1-3

Esta es la convicción que ha despertado tanta pasión a través de la era cristiana en miles de hombres y mujeres haciendo cosas osadas, como morir en los circos romanos, ser antorchas en los jardines de los césares, dejado naciones para atravesar océanos y convertirse en misioneros. Pastores, líderes y miembros de las iglesias y grupos celulares han invertido; tiempo, dinero, bienes y talento para compartir el plan de salvación.

¿Dónde está el cielo? Esta sobre el infierno. Lucas 24:51 Cuando Jesús retornó al Cielo, la Biblia dice que fue llevado "arriba al cielo". Juan 3:13

¿Cuál es la naturaleza del Cielo? Es un estado de gozo, paz y para disfrutar la presencia eterna de Dios. Así lo señala el profeta en Isaías 25:8 DHH

"El Señor destruirá para siempre la muerte, secará las lágrimas de los ojos de todos y hará desaparecer en toda la tierra la deshonra de su pueblo. El Señor lo ha dicho".(4)

El apóstol Juan también lo relató en Apocalipsis 21:4

Que maravilloso y emocionante es estar convencido que nuestros seres queridos pueden experimentar esta realidad si entregan su corazón al Señor, de allí que, la pasión por evangelizar y llevar invitados a los círculos cristianos familiares y a nuestros edificios el domingo es una motivación constante.

¿Cuál es el propósito del Cielo? es un lugar para adorar. El discípulo amado vuelve a enseñarnos de este tema en Apocalipsis 19:1

La mayoría de cristianos hemos experimentado el placer de adorar a Jesús por medio de la oración, la música, el canto y otras maneras diversas. Te imaginas, estar toda una eternidad experimentando la satisfacción de amar y estar en su presencia. Esta convicción debe motivarte a compartir el camino de verdad con tus amigos y conocidos.

¿Cuál es la duración del Cielo? El cielo es permanente. Pablo lo apunta en 2 Corintios 5:1 DHH

"Nosotros somos como una casa terrenal, como una
tienda de campaña no permanente; pero sabemos
que si esta tienda se destruye,
Dios nos tiene preparada en el cielo
una casa eterna, que no ha sido hecha
por manos humanas". (4)

Que extraordinario es saber que jamás nos separaremos de Él, y que por toda una eternidad estaremos en su presencia.

Probablemente en ausencia de tus seres más queridos hayas conocido o visitado lugares placenteros en tu país o fuera de él, algún parque de diversión, lago, playa, restaurante, bosque, construcción monumental, etc. Estoy convencido que entre tus primeras reacciones fue pensar: "En la próxima oportunidad traeré a mi esposa, llevaré a mis hijos, vendré con la novia o el novio" Deseos como estos son el resultado de tu amor por alguien y del conocimiento de un lugar agradable y placentero.

Las primeras sesiones-retiros de evaluación y proyección del equipo pastoral de "Lluvias de Gracia Sede" fueron realizadas en un centro vacacional y recreativo llamado IRTRA, el cual anexa otros dos parques: "Xetulul y Xocomil", ubicados a 182kms al sur de la ciudad capital de Guatemala. Varios de nosotros pensamos ¡tengo que traer a mi familia a este "paraíso"¡ es un lugar tan hermoso, con toda la comodidad, el lujo, la limpieza, el orden en medio de una vegetación natural y frondosa. Sin contar con la belleza, amplitud, multitud de toboganes, río y olas artificiales del parque acuático Xocomil y la elegancia de los parques temáticos que lo transportan a uno a edificios o monumentos famosos de las ciudades importantes de Europa con juegos de vértigo y adrenalina para chicos y grandes en el parque Xetulul. Siendo muy honesto, creo que no logro describir con exactitud la belleza, lujo y comodidad que proveen estos lugares, que han competido a nivel internacional con las potencias mundiales, e incluso el parque Xetulul ganó hace algunos años un reconocimiento mundial llamado: "El Aplauss Award". Tan impresionados estamos de estos lugares y tanto amor tenemos por nuestras esposas e hijos que desde entonces vamos dos veces al año como familias pastorales.

En el mismo orden de pensamiento, sentimiento y acción es lo que sucede con alguien que en fe a través de la Biblia con la revelación del Espíritu Santo tiene conocimiento del cielo y sus cualidades, beneficios, propósito y duración. Amigo, no te hablo de un parque hecho por hombre alguno que tiende a deteriorarse si no se le da mantenimiento, te hablo de la hechura de Dios, donde Él mismo habita, ¡El cielo! Resalto la convicción que nosotros los que hemos recibido a Cristo como Señor, Salvador y nos hemos arrepentido de nuestros pecados estaremos allí y el deseo apasionado que nuestros amados estén con nosotros es la fuerza más poderosa para movernos a querer cambiar la "suerte", el destino y dirección eterna de la gente.

De hecho, éste ha sido el espíritu, el motor y la fuerza para cientos de personas que hemos sido anfitriones prestando la casa para realizar reuniones cristianas, de líderes y pastores comprometidos varios días de la semana ya por años a ministrar, evaluar y proyectar el alcance de nuestras comunidades, ciudades, país y naciones del mundo. ¡El querer cambiar la "suerte" eterna de nuestra ciudad se ha convertido en el espíritu o visión del crecimiento de nuestra iglesia y las células que llamamos círculos familiares.

Máxima
La revelación de el infierno representa una razón más
para compartir la fe y cambiar la dirección eterna
a la personas.

Algunas de las preguntas más frecuentes sobre el infierno son:

¿Quienes estarán en el infierno? El diablo y sus ángeles, además los injustos que rechazan a Jesucristo. Según Mateo 25:41 y Judas 7,8

Inferimos que las personas que no se arrepientan de sus pecados y que no reconozcan a Jesús como Señor en su corazón su fin será de condenación.

¿En dónde está actualmente el infierno? Está abajo del cielo, en el centro de la tierra. Según el libro del profeta Amos 9:1,2 y el libro de Números 16:33

Estos pasajes hablan de juicio, destrucción y de ser descendidos al infierno.

¿Cuál es la naturaleza del infierno? Es un lugar de tormento y sufrimiento. El libro que escribió el apóstol Juan señala la condición de las personas que estarán allí. Apocalipsis 14:9,10

También la historia que relata el evangelista Lucas manifiesta que el infierno es un lugar de tormento. Lucas 16:23,24

¿Cuál es el propósito del infierno? Es un lugar de castigo, y no de corrección.

Marcos 9:43-44 TLA *"Si lo que haces con tu mano te hace desobedecer a Dios, mejor córtatela. Es mejor quedarse para siempre sin una mano, que tener las dos manos y ser echado al infierno, donde el fuego nunca se apaga".* (5)

Tanto en la historia que Jesús relata en Lucas 16:23-31 entre el rico y Lázaro como en Marcos 9, claramente se observa que no hay forma de salir o purgar los pecados en la condenación eterna, la oportunidad de ser librados del castigo se da aquí en la tierra. Por muy pecadora, inmoral o blasfema que sea la persona, pero si se arrepiente y cree en Jesús de todo corazón será librada del sufrimiento eterno.

¿Cuál es la duración del infierno? Es eterno, no tiene fin. Aprendemos en el evangelio de Mateo 25:41 DHH

*"Luego el Rey dirá a los que estén a su izquierda: 'Apártense de mí,
los que merecieron la condenación; váyanse al fuego eterno
preparado para el diablo y sus ángeles".* (4)

Es decir, el sufrimiento en el infierno no tendrá final.

Máxima
"Para un cristiano la comprensión de la duración del infierno
le impide deseárselo a su peor enemigo"
Edmundo Madrid

El entender y no solo como una información o asentimiento intelectual, sino más bien como una convicción profunda por la fe puesta en la Biblia que quien rechaza a Cristo sufrirá eternamente la condenación, sinceramente nos produce un "shock" intelectual y emocional. Nuestra mente finita no llega a comprender esta realidad y se resiste a pensar que el infierno es inmensamente tormentoso y peor aún, que jamás las personas podrán salir de allí. Esta información es muy dura, pero este "estremecimiento espiritual" ha llevado a muchos no solo a convertirse sino a predicar y actuar con pasión por ver si logramos cambiarle la "suerte" eterna a la mayor cantidad de personas.

Existen relatos, historias, testimonios y libros que comunican la experiencia de algunas personas que han muerto y por segundos o minutos han visto las situaciones horrendas del infierno. Sin embargo, son pocas las personas que pueden afirmar que lo han visto, entonces la pregunta es ¿por qué miles o millones de cristianos que no han visto o estado en el infierno tienen profunda pasión de salvar a la humanidad de la perdición eterna? La respuesta es clara y sencilla: de la fe puesta en la Palabra de Dios, la Biblia. ¿Quieres tú motivarte a cambiarle la suerte a tu amigo? Conéctate con la Biblia, leyéndola y escudriñándola.

Uno de los pasajes que más ha hecho impacto en mi corazón y ministerio y me han motivado a persuadir a la iglesia de Cristo por las naciones que hemos compartido del igle-crecimiento ha sido la expresión paulina que dirigió a la iglesia que estaba en Roma, en el capítulo 9 y versos del 1 al 3 del libro de Romanos dice:

" Verdad digo en Cristo, no miento, y mi conciencia me da testimonio en el Espíritu Santo, que tengo gran tristeza y continuo dolor en mi corazón. Porque deseara yo mismo ser anatema, separado de Cristo, por amor a mis hermanos, los que son mis parientes según la carne;"

Tal era el entendimiento, convicción y revelación de las cosas eternas en Pablo que sentía una profunda tristeza y un increíble dolor en su corazón a tal extremo que él prefería ser "maldito" separado de Cristo con el objetivo que sus hermanos se salvaran del castigo eterno.

Quizás algunos comunicadores de la Palabra de Dios, en décadas pasadas en Latinoamérica, hablaban más del infierno y del terror de sus consecuencias que del cielo y sus bendiciones. Sus mensajes eran muy aterradores y hostigantes que causaban extremo pánico y pavor en sus oyentes. Para esta audiencia la relación con Dios era más por temor que por amor, sus pensamientos estaban más enfocados al castigo que al regalo. No creo que hablar del infierno y sus consecuencias debe ser nuestro mensaje central en nuestra proclamación, sin embargo, sostengo que hay que mencionarlo ya que la Biblia lo enseña, Jesucristo lo habló y los cristianos lo creemos.

Estoy persuadido que cuando Dios muestra esta revelación en tu corazón te conviertes en un apasionado por querer cambiar la "suerte" eterna a los que te rodean, principalmente a los que amas. En mi formación espiritual escuche a mi pastor Edmundo Madrid, una y otra vez cuando enseñaba del infierno decir: "el infierno no se le puede desear ni al peor de los enemigos"

Quiero que sepas que creo en el buen humor, que los líderes cristianos tenemos que aprender a sonreír y provocar alegría en otros, además la buena comunicación y la plática agradable demanda una broma, historia o hasta un chiste sazonado con la ética y el respeto. No obstante, quiero recomendarte, por el liderazgo que posees y el privilegio de transmitir el mensaje de las buenas nuevas, que en temas de cielo e infierno, principalmente del castigo eterno no cuentes bromas porque podría desacreditarse y perder credibilidad la verdad de la revelación de la eternidad.

Ha sido para mi muy gratificante, aunque siendo honesto no recuerdo la experiencia, que uno de mis mejores amigos, José Castellán con quien crecimos en la misma cuadra, me relata una y otra vez como lo evangelice cuando yo tenía 12 años de edad, hablándole de la segunda venida de Jesucristo, del traslado de la iglesia y del infierno. Me convertí cuando tenía 11 años y un año después ya estaba compartiendo mi fe con un amigo. Actualmente José, su esposa, sus dos hijos y su mamá están involucrados y sirviendo en nuestra congregación.

El año pasado, tuve el privilegio de estar en el aniversario de la iglesia "Lluvias de Gracia" en Boca del Monte, en ciudad de Guatemala, un hermano de esa congregación me comentó como su pastor Luis Orellana al salir de un servicio se bajó de su carro al ver a un hombre tirado entre la vida y la muerte por haber sido impactado por una bala. Al mismo tiempo que lo auxiliaba le compartía con pasión la salvación de Cristo. El pastor sabía que si ese joven se moría sin Jesús en su corazón ya no habría otra oportunidad más.

CONÉCTATE A LA REVELACIÓN DE LA VOLUNTAD DE DIOS

Esta es la segunda fuente o razón que ha motivado a cientos de nuestros líderes y miembros en nuestra iglesias locales a compartir la fe y es el hecho de querer obedecer los mandatos que encontramos en la Biblia.

Al exponerte a la palabra del Señor por medio de la lectura, el estudio y el escuchar mensajes predicados por hombres y mujeres conectados con Dios te das cuenta que el Señor, urge y manda a que hagas discípulos. La voluntad divina llega a convertirse en una orden. La gran comisión se presenta en Mateo 28:19

Nos muestra el verbo "ir" en forma imperativa, es una orden y como bien sabemos las órdenes no se discuten sino se cumplen. Los líderes de la iglesias con crecimiento y los misioneros de todos los tiempos hemos entendido que no tenemos opción.

La historia de la tenacidad del apóstol Pablo lo ilustra perfectamente en 1 Corintios 9:16

Pablo sentía un profundo dolor si desobedecía la orden de su Señor. Es un nivel profundo de identificación y compromiso con la voluntad plena de Dios. El apóstol orienta a su discípulo Timoteo transmitiéndole el deseo divino de salvación.

1 Timoteo 2:4 DHH
*"pues él quiere que todos se salven y lleguen
a conocer la verdad." (4)*

Los cristianos que invitan y llevan a otros a los grupos pequeños o a las congregaciones el día domingo más que tener un compromiso con sus autoridades y líderes espirituales demuestran por un lado responsabilidad delante de Jesús y por otro, el anhelo de obedecer su voluntad expresada en forma de una orden.

Mi madre fue maestra de primaria en una escuela de la colonia "Primero de Julio" ubicada en nuestra ciudad, inmediatamente después de convertida y discipulada estaba tan deseosa de conectar a sus alumnos con Dios a la eternidad que se las ingeniaba para dar concienzuda y diligentemente sus clases en el menor tiempo posible para que el período restante fuera empleado para hablar de la Biblia y el mensaje de salvación, durante todo el año depositaba principios eternos en el corazón de sus alumnos y les invitaba a recibir a Cristo en su corazón. Así desde su conversión hasta el último día de labores académicas no dejó de proclamar el camino de la eternidad. Era increíble lo que sucedía con ella, una y otra vez, al terminar su jornada educativa al medio día, se trasladaba en la "camioneta" transporte público hacia nuestra casa, mientras ella viajaba el Espíritu Santo, según afirma ella, le decía háblale de mi a la persona que va a tu lado, algunas veces no quería porque sabía que ya venía la estación donde tenía que bajarse y no iba a dejar a medias su tarea evangelizadora, sin embargo, sabía que era una orden y la tenía que cumplir, de tal manera que no se bajaba donde le correspondía, ¡seguía de largo! hasta que la persona recibiera a Cristo o por lo menos terminara de exponer el plan de salvación, lo impresionante era que en la camioneta de regreso le sucedía lo mismo, Dios ponía en su corazón ¡habla de mi¡ y ya te imaginarás!!!! volvía a pasarse de la estación que le correspondía.

La historia que más me impresiona de mi mamá con respecto a ser obediente a Dios y la pasión por compartir la vida eterna, fue en 1982 cuando nuestra iglesia local participó en un proyecto nacional de evangelización denominado "ya la encontré". Se había desplegado una publicidad masiva con vallas en las calles y anuncios de T.V. y radio, la expectativa era grande porque parecía como la promoción de una telenovela o algún producto para la casa que se obsequiaría, la idea era que cada iglesia cristiana evangelizara la comunidad que la rodeaba, tocando puerta a puerta preguntando: "¿ha escuchado usted sobre "Ya la encontré", las personas pensaban que era un artículo que les regalarían, así que permitían una conversación o incluso abrían la puerta y dejaban entrar al "promotor", ¡era la oportunidad para presentar a Jesús como salvador!. Mi padre fue uno de los líderes que capacitó y dirigió la campaña en nuestra iglesia. Efectivamente, nuestra iglesia evangelizó a los vecinos de su alrededor.

A los pocos días mi mamá se percató que en Villa Verde I, la colonia donde vivíamos, ninguna iglesia se había tomado la tarea de evangelizar, así que se dispuso a tocar puerta tras puerta de las 88 casas restantes de nuestra comunidad y compartir el evangelio, solo en una casa no la recibieron. Después, de una semana ardua de trabajo finalizó su labor y recapacitó sobre lo que pasaría con todas las personas que recibieron a Cristo, de tal forma que volvió a visitar a todos, invitándolos a una reunión en nuestra casa, te podrás dar cuenta, mi madre se preocupó al pensar que si realmente todos llegarían no cabrían en la casa, pues bien, llegaron 4 adultos y 31 jóvenes, allí mismo los organizó puso a uno de los jóvenes como presidente y a otro de vicepresidente de la reunión, ella era la que predicaba semana a semana y los domingos, a la mayoría, los llevaba la iglesia, varios de ellos se convirtieron en ministros de alabanza y líderes fuertes en la sociedad de jóvenes.

Esa pasión como fruto de la revelación de la voluntad de Dios llevó a mi madre a los pocos días de haberse convertido al Señor a compartirnos del amor de Dios a nosotros, sus tres hijos. Todavía lo recuerdo con alegría, gratitud y lágrimas en mis ojos. El lunes 28 de agosto de 1978 por la noche, mi hermano Ricardo de 8 años, Claudia de 10 y yo de 11, después de haber escuchado a nuestra mamá hablarnos del amor de Cristo repetimos con fe la oración de recibir a Jesús como nuestro único y suficiente salvador y pedirle perdón por nuestros pecados. Gracias a Dios y a nuestra madre no solo nos cambió la "suerte" eterna, sino en la actualidad los tres somos pastores.

Máxima
"Cuando la revelación del cielo llega a tu corazón
no quieres llegar solo".
Edmundo Guillén

Conéctate a la revelación del amor de Dios

El vivir el amor inigualable de Dios a través de la experiencia personal, contundente y real de la salvación y el perdón de los pecados ha sido la tercera razón por la que hemos querido cambiar el destino eterno de nuestros pueblos.

Soy testigo que las iglesias cristianas han crecido porque varios miles de líderes y cristianos en las iglesias que hemos visitado de Europa, América, el Caribe, Guatemala y la iglesia Lluvias de Gracia Sede, donde Dios me ha dado el privilegio de servir, al experimentar la propia salvación del temor a la muerte eterna y de la esclavitud del pecado hemos buscado a alguna persona para comunicar el amor divino para que experimenten lo mismo.

Nuevamente, al estar conectado tu corazón a la revelación del amor de Dios principia a nacer amor por tus familiares, vecinos, compañeros de trabajo y el mundo en general. En páginas anteriores mencioné que en Romanos 9:2 el apóstol Pablo evidencia el dolor de su corazón por la revelación de la condición espiritual y destino eterno de sus parientes. Ahora en el verso 3 quiero mostrarte como el amor de Dios derramado en el corazón de Pablo por su pueblo fue la fuerza de su ministerio, como él mismo lo explica que el afecto que tenía a su pueblo lo hacía desear estar separado de Cristo para que sus familiares alcanzaran salvación.

Así como Pablo, han existido grandes líderes que tuvieron amor y pasión por sus pueblos y naciones. El distinguido ministro evangélico John Knox con su célebre expresión: "dame Escocia o me muero" condensaba en esencia el combustible para la extensión del Reino de Dios.

Cuando inicié el ministerio como pastor adjunto, tuve el privilegio de acompañar a mis líderes Edmundo y Ana de Madrid para ir a predicar a Honduras, en la frontera para salir de Guatemala un hombre nos pidió que lo lleváramos en el carro al primer poblado del país hermano. Los 20 minutos que estuvo en el auto fueron suficientes para que mi suegra, hermana Anita le presentara a Cristo como salvador y él hiciera su decisión a través de una oración de fe. Esta pasión de la pastora Madrid ha sido la evidencia del amor de Dios derramado en su corazón.

En nuestra condición humana y egoísta por naturaleza es difícil dedicar tiempo y esfuerzo por los que apreciamos. Por lo tanto, apreciar y tratar de cambiar la "suerte" de un desconocido es más complicado y aún más si es un evidente pecador. No queda duda que solamente una obra divina en el corazón humano nos puede hacer sentir amor por un perverso. Sin embargo, te darás cuenta que en la medida que más te acercas a Dios, más amas lo que El ama y más rechazas lo que El repudia.

El ama al pecador pero aborrece el pecado, El ama al ladrón pero aborrece el robo, El ama al asesino y aborrece el asesinato, El ama a la prostituta pero aborrece la prostitución, El ama al homosexual pero aborrece el homosexualismo, etc. Uno de los versículos más conocidos de la Biblia es Juan 3:16

Jesús amó y le dio oportunidad a aquel malvado que colgaba en otro madero al lado de la cruz de El. Lucas 23: 39-43

Amar y apasionarte por lo que a Dios le apasiona se evidencia por lo menos de tres formas: Primero amar a las personas no importando su condición: social, económica, espiritual, racial y cultural como lo enseña Juan 3:16. La segunda evidencia de tu pasión por la gente es buscarla y compartir el mensaje de salvación según el ejemplo de Cristo en Lucas 19:10

Nuestra acción debe ser proactiva, esperar que las personas lleguen a tocar a la puerta de nuestros edificios o círculos familiares porque tienen grandes necesidades será la excepción y nunca la regla. Somos nosotros los que debemos tomar la iniciativa. Y en tercer lugar el amor siempre ha requerido algún tipo de sacrificio. Jesús llegó al madero por amor a todos nosotros con el fin de cambiar nuestro destino eterno y darnos la oportunidad de la salvación, según el libro de Hebreos 12:2 nuestra salvación era su gozo y por eso sufrió la cruz.

Máxima
La evidencia de estar cerca de Dios es que
te apasionas por lo que a El le apasiona,
las personas".
Edmundo Guillén

Estas tres revelaciones: la eternidad, la voluntad de Dios y el amor divino podrían quedar en un nivel de información intelectual y no tener el poder para mover el corazón de un líder para hacer crecer el grupo, la iglesia o impactar su comunidad y la ciudad. Es necesario que lo que ha llegado a la cabeza baje al corazón, del intelecto al espíritu.

En 1991 mi pastor, Hno. Edmundo Madrid viajó a Argentina y trajo una prédica que hablaba del crecimiento acelerado, el pastor argentino contaba su testimonio y como una noche orando, el Señor le mostró la ciudad y los males que allí sucedían, el predicador relató el dolor desgarrador que había sentido en su alma, el clamor y llanto que tuvo en el espíritu por Buenos Aires lo marcó para el inicio de una iglesia de miles de personas. Al final del mensaje él invitó a los ministros a pedir a Dios que les hiciera sentir lo mismo que a Él por sus ciudades, porque existían ministros que nunca habían llorado por sus naciones. Me sentí muy ministrado, junto a mi cuñado Rony Madrid (él es pastor de una iglesia en crecimiento), con quien estaba escuchando la prédica, nos arrodillamos a la orilla de su cama y oramos pidiendo al Espíritu Santo que nos diera ese dolor por nuestra ciudad, por un lapso de tres meses esa fue mi oración continua: "Dios yo ya se lo que tú sientes por mi país, ahora permíteme sentir lo que tú sientes". La licenciatura en teología me había dado conocimiento excelente y correcto sobre la misión de la iglesia, los viajes misioneros de Pablo y teología del evangelismo, pero nunca había entendido que tenía que sentir el dolor y llorar por mi ciudad como Cristo lo había hecho.

Pasé orando tres meses así, en diciembre de 1991 aproximadamente 40 líderes de grupos familiares de nuestra iglesia "Lluvias de Gracia Sede" hicimos un viaje a la iglesia "Elim de San Salvador" para aprender sobre la estrategia celular. El domingo al regresar a Guatemala nos pusimos de acuerdo con el pastor Edgar Guerra, para que poco antes de llegar a la ciudad detuviéramos el bus en el mirador para ver la ciudad y orar sobre ella. Algunos kilómetros antes de detenernos principio a llover muy fuerte y una densa neblina cubría la ciudad, por lo que supuse que no pararíamos.

Para mi sorpresa el conductor del autobús, entró al estacionamiento del mirador y decidimos orar sin bajar del vehículo ya que estaba lloviendo y había neblina. Mi oración principió un tanto frustrada porque no había sentido en mi corazón el dolor por la necesidad. Estaba sentado casi con la cabeza entre mis piernas, cuando escuché que la gente principió a gritar: "gloria a Dios, aleluya" y otros a orar y hablar las lenguas espirituales, la unción iba creciendo, cuando Berlín, mi esposa, me tocó el hombro y me

131

dijo: "mire la ciudad". Entendí porque la gente iba fluyendo más en la adoración, la ciudad milagrosamente se estaba despejando de un extremo a otro. Nunca antes había profetizado, (traer una palabra en el nombre de Jesús), pero esa noche cuando menos sentí estaba de pie profetizando: "Hijos míos así como habéis visto como la luz resplandece así brillará la luz de Cristo en tu pueblo, así como las tinieblas desaparecieron, así quitaré el pecado de tu pueblo"

Al concluir de dar la profecía, se levantó otra hermana diciendo: "así como levanté estas luces así levantaré hombres y mujeres que me sirvan". Al terminar ésta, hubo una tercera palabra de Dios que decía: "Solo pido de ustedes integridad y santidad" Fue impresionante ver como al terminar la tercera palabra, las tinieblas volvieron a cubrir la ciudad. Entendimos claramente que Él había abierto una ventana en las tinieblas para que viéramos parte de la capital. Algunos líderes se acercaban a mi y me pedía perdón diciéndome: "perdona, yo no creía en la estrategia celular pero ahora serviré duro para liderar a mi grupo" Recuerdo que ese líder al siguiente año multiplicó tres veces su célula.

En esta experiencia del mirador, fue donde por primera vez sentí un dolor desgarrador por mi ciudad, creo que ahora no solo sabía lo que el Señor sentía, sino me identifique plenamente con Jesucristo, sintiendo lo que El sentía ¡Dolor y amor por el pecador!.

Nuestras células e iglesia principiaron a crecer y a multiplicarse, en los siguientes años la iglesia crecía con un promedio de 1,000 nuevos convertidos al año.

Máxima
Nuestra acción debe ser proactiva,
esperar que las personas lleguen
a tocar a la puerta de nuestros edificios o
círculos familiares porque tienen grandes
necesidades será la excepción y nunca la regla.
Edmundo Guillén

Atribuyo que la experiencia de ese domingo frío de Diciembre marcó nuestra vida de una manera sorprendente, Dios había plantado una visión clara en nuestros corazones, nuestra declaración era ¡Guatemala para Cristo! Desde entonces queremos y estamos trabajando arduamente para cambiar la "suerte" al guatemalteco. Para mí, ese día el Espíritu Santo permitió que naciera mi ministerio con una unción de expansión no solo para mi ciudad y nación, si no para América Latina y las naciones donde el Señor me ha permitido ir. Ahora mismo que escribo estas líneas estoy en Venezuela en la ciudad de Maracay, es media noche y apenas unas horas atrás prediqué sobre la necesidad que el Espíritu Santo nos revelara el corazón de Cristo para nuestras ciudades y nación.

Un poco más de 130 pastores y pastoras de la federación Cuadrangular con sus equipos ministeriales, un promedio de 800 líderes de alto nivel estuvimos bajo una unción clamando por cada ciudad representada de 23 estados venezolanos, pidiendo a Dios que nos usara como instrumentos de expansión del Reino. Puedo con gozo atestiguar que fue una noche gloriosa donde no solo nuestro entendimiento fue iluminado, sino nuestros corazones fueron inflamados con una pasión para cambiar la "suerte" eterna de nuestros pueblos. Así también, podría mencionar como en estos últimos 20 años he visto a pastores, líderes y hermanos de las congregaciones en California, Texas, Washington D.C. y sus alrededores, New York, La Florida, México, Honduras, El Salvador, Nicaragua, Costa Rica, Panamá, Colombia, Ecuador, Perú, Argentina, Puerto Rico, Holanda, Bélgica y Suiza experimentar el fluir del Espíritu revelando la voluntad de Dios no solo a nuestra mente sino a nuestro corazón.

133

Esa pasión inflamable en nuestra alma permite que constantemente los miembros de nuestra iglesia lleven invitados a los grupos pequeños y a la iglesia, y que en un promedio de 6 semanas tengamos una actividad denominada "día del amigo", En la sección final del libro, explicaremos en detalle la actividad. Pero la expresión pura de nuestra visión evangelística está expresada en el evento anual llamado "Abre tus ojos a la luz de Cristo" el cual refleja nuestra pasión por conectar vidas a la eternidad, desde el año de 1993 hasta la fecha 2012, solamente en el 2004 y en el 2005 no lo realizamos, hemos hecho trabajo de "hormiga" invitando a nuestros amigos a ir a nuestra magna actividad. Hemos tenido una meta clara por líderes, supervisores y pastores. Personas como Hno. Martín Quich de 75 años que como líder llevó 75 personas a la actividad, así hay muchos líderes duplicando, triplicando y hasta cuadriplicando de personas no cristianas las cantidades de sus grupos.

Sin lugar a equivocarme la multitud de líderes, cristianos y pastores que hemos sido inflamados con esta pasión de conectar vidas a la eternidad hemos no solo sido testigos sino participantes directos de extraordinarias y fantásticas conversiones de personas a Jesucristo en estos eventos de "Abre tus ojos".

A mi también se me dio la oportunidad de participar en cambiar la "suerte" eterna de un joven de 21 años llamado Walter. El estadio de futbol Mateo Flores , el más grande de Guatemala, en el 2003 fue el escenario de "Abre tus Ojos". Con los círculos familiares lo abarrotamos llevado 35,000 personas. El pastor Edmundo Madrid terminó de predicar e hizo el llamado de conversión, mientras yo caminaba despacio entre las graderías tratando de animar a alguien para que abriera su corazón a Cristo y bajara a la gramilla, divisé a un joven con apariencia de pandillero, una cinta en la frente y pelo largo, me acerqué a él, después de unos minutos se decidió a bajar conmigo, de rodillas ya en el campo a la par de aproximadamente 2,950 más (fue la suma que nos dieron los líderes de las conversiones) dirigí al joven en una oración. Le dije en el oído repite después de mi: "Señor Jesús entra en mi corazón, él repitió gritando –Señor Jesús entra en mi corazón." Por supuesto, su grito me asustó y abrí mis ojos y me di cuenta que profundamente y con desesperación estaba entregándose al Señor. Así que tuve que alzar un poco más la voz y proseguí en mi oración: -"Perdona todos mis pecados, reconozco que moriste por mi en la cruz del Calvario, acéptame como un de tus hijos, creo en ti y en tu perdón, gracias por hacerme tu hijo", él repitió con voz fuerte, desesperada y lágrimas en sus ojos; perdona todos mis pecados, reconozco que moriste por mi en la cruz del Calvario..." Así prosiguió la oración hasta el final. ¡Walter había recibido a Cristo con todo su corazón! Al final cuando estaba llenando la boleta de información no me dio su dirección, argumentando que no la sabía, simplemente me dijo: "vivo en Lo de Fuentes y me invitó Jaquelin la lidereza." Esa noche fui a dormir con mucha alegría, ¡un estadio lleno, cerca de 3,000 conversiones y el gozo de haber guiado a una vida a la eternidad!.

Al día siguiente en la reunión de líderes, estaba predicando sobre la importancia de cuidar al nuevo convertido porque muchos de ellos están pasando una crisis, así que les conté mi experiencia con Walter, principié a describir con lujo de detalle el "look" del pandillero, cuando uno de nuestros supervisores se puso de pie y me hizo señas, indicándome que allí estaba el muchacho. Aunque, no tenía porque estar allí porque era una reunión de liderazgo y no de nuevos convertidos, sin embargo, su conversión había sido tan fuerte, genuina y la necesidad era tan grande que pidió ir a la iglesia. Creo que el Espíritu Santo produjo en él la necesidad de ir, porque quería enseñarnos que cada conversión hay que cuidarla diligentemente inundados de su amor.

Así que, lo llamé para que viniese al frente y le pregunté delante de todos los pastores, supervisores y líderes de círculos familiares cómo se sentía, se puso a llorar y me dijo "ayúdenme". Les pedí a los pastores que vinieran al frente a imponer manos para que sintieran el amor y carga por un nuevo convertido.

El Señor hizo que Walter se metiera en mi corazón pastoral y que personalmente lo discipulara. Conocí su "cobacha" un cuarto de extrema pobreza, lámina de zinc y piso de tierra. Lo subí a mi carro al lado de mi familia. Un día que nos reunimos en mi oficina le pregunté cuál era su más grande petición porque quería orar por él. Me expresó: "quiero que Dios me haga invisible". Me sorprendí a tan insólita petición, a lo que me explicó, que era nicaragüense y que rumbo ilegalmente hacia Estados Unidos, lo atraparon en México, y lo enviaron de regreso y que había dispuesto quedarse en Guatemala. Me contó que se había unido a una "mara", (pandilla) y que si alguien se salía lo mataban, que de hecho él había asesinado a otros jóvenes por haberse convertido a Cristo. Tenía miedo que lo mataran y por eso estaba pidiendo invisibilidad. Luego me dijo que una noche antes no había podido dormir porque se sentía acusado, pues con otro amigo habían violado a una joven que en la mano tenía una Biblia. ¿Te imaginas?, era un joven lleno de iniquidad, perversidad e inmoralidad que había entregado su corazón a Jesús y que ahora estaba cambiando. Recuerdo que Dios puso una carga especial por él, oré con todo mi corazón y le expliqué del perdón de Dios. Por varias semanas lo estuve discipulando y apoyando.

Estábamos en un retiro pastoral, cuando recibí una llamada de uno de nuestros supervisores de células familiares y me dijo "mataron a Walter". Exactamente, no supe el motivo de su asesinato. Me sentí triste porque lo había aprendido a amar pero al velarlo y predicar en su entierro tuve gozo porque sabía que Dios nos había dado la extraordinaria oportunidad de haber sido instrumentos para cambiarle su "suerte" eterna. Mi querido lector, que maravilloso y glorioso saber que Walter no se pudrirá en el infierno sino por el pago de Cristo en la cruz, la convicción de pecado puesto por el Espíritu Santo en su corazón, el arrepentimiento de él, el trabajo de la lidereza de invitarlo y llevarlo al estadio, del supervisor de llevarlo a la iglesia, y por su gracia lo poco que pude hacer por él, ¡estará por toda una eternidad adorando a nuestro Señor!

CONSEJO INSPIRACIONAL

Como líder que eres te invito a que le pidas al Espíritu Santo que te revele el corazón del Hijo, que te de dolor por tu familia, ciudad e iglesia. Que todo el conocimiento que tienes del cielo, el infierno, su voluntad y su amor para la humanidad lo haga descender de tu mente a tu corazón. Estoy emocionado y lleno de fe que muy pronto principiarás a ver cambios en tu oración y en el compromiso de cambiar el destino eterno de muchas vidas.

Tu liderazgo tendrá una unción fresca, tus mensajes serán más penetrantes, tus acciones serán más intensas y tu círculo familiar, iglesia y ministerio crecerán en la medida que te conectes de una manera espritual a la visión de Dios.

Preguntas para reflexionar

1. ¿Cuándo nace la necesidad de cambiar la "suerte" eterna de la gente que amas?

_____

_____

_____

_____

_____

2. ¿Por qué es importante que compartas a otros la revelación de la voluntad de Dios?

_____

_____

_____

_____

_____

3. ¿Cuándo fue la última vez que compartiste el plan de salvación a una persona?

_____

_____

_____

_____

4. ¿Cuándo conociste la revelación del amor de Dios?

_____

_____

_____

_____

_____

_____

5. ¿Por qué cuando la revelación del cielo viene a tu corazón no quieres llegar solo?

_____

_____

_____

6. Escribe 3 estrategias de evangelismo explosivo en tu vecindario, trabajo y amigos. Toma en cuenta a otras personas para que esta jornada pueda llegar más lejos.

_____

_____

_____

7. Escrile los nombres de tus familiares que no conocen a Cristo por los que vas a estar orando y buscando la oportunidad para presentarles el plan de salvación.

_____

_____

_____

_____

8. Escrile los nombres de 5 amigos que no conocen a Cristo por los que vas a estar orando y buscando la oportunidad para presentarles el plan de salvación.

_____

_____

_____

_____

_____

_____

Capítulo
Siete
Cambia la
"Suerte" Educativa

*L*a pasión por lograr una visión integral ha poseído a muchos líderes que experimentaron un genuino deseo por levantar a otros, especialmente a los grupos de población más necesitados en diversas regiones. Esta situación los llevó a prestar mayor atención al tema de la educación formal. Si bien es cierto, no podemos comparar el peso de la eternidad con la temporalidad en este mundo, no obstante, el amor y deseo por ver a la gente con mejores oportunidades y una mejor calidad de vida nos invita, en algunos casos a inspirar, invertir o intervenir de una manera activa en ayudarles a construir un mejor futuro y prepararse en mejor forma ante un mundo globalizado. Es por y a través de la educación que se puede ayudar a muchas personas a cambiar su realidad actual, es la educación un medio importante para buscar una superación en las condiciones de vida de nuestro pueblo, congregación o círculo familiar.

140

Cambia la "Suerte" Educativa

La educación es un proceso de crecimiento y perfeccionamiento en la persona humana, también significa la posibilidad de adquirir nuevos conocimientos, comunicarse en un determinado contexto social, expresar ideas, realizar proyectos y servir a otros. La educación en su concepción clásica se define como "crianza, enseñanza y doctrina que se da a los niños y jóvenes". (1)

En la historia existen testimonios de grandes visionarios y luchadores quienes a través de la educación realizaron cambios notables para su época y para la posteridad. Testimonios notables de hombres y mujeres que se lanzaron a realizar grandes cambios y transformaciones en su sociedad. La historia de un hombre llamado Juan Wesley se convierte en un modelo auténticamente inspirador. Él levantó a su país Inglaterra enseñándoles a leer y a escribir. Acompañó la predicación con la lectura y la gente recién convertida se educaba. El simplificó cincuenta libros para el uso popular, y escribió un libro sencillo sobre medicina. (2)

REALIDAD QUE CONMUEVE

La situación que enfrentan muchos latinos y sus familias que viven en muchas regiones en países tercermundistas en Latinoamérica es impresionante en cuanto a sus paupérrimas condiciones de vida, contando con grandes mayorías que viven en pobreza y extrema pobreza, habitan en suburbios, favelas, arrabales, asentamientos humanos. Algunos padres viviendo en pobreza y desesperados mandan a trabajar a sus hijos y no los envían a la escuela, aumentando de esta forma el sector informal de la economía y relegándolos a vivir en más pobreza. Otras personas o familias completas abandonaron su país por diversas razones; como buscar mejores ingresos, conseguir un empleo que aporte lo esencial para vivir, otros huyendo de la situación política, fueron víctimas de persecución, exterminio masivo en sus comunidades, y en resguardo de su propia vida, se aventuraron a emprender la travesía de alto riesgo o mortal hacia el norte. En países industrializados como los Estados Unidos la población latina, adquiere niveles que rayan en lo crítico, desalentador, deshumanizante y que agranda la brecha de marginación social. Es una realidad que más de un 85% de dicha población queda relegada a realizar los trabajos más sencillos y peor remunerados y se agrava el problema con los inmigrantes y aquellos carentes de documentación que aportan mano de obra barata y que son explotados por algunas personas inescrupulosas, viven en condiciones de persecución y amenaza latente. El problema es muy grande porque alcanza al grupo familiar, cuyos padres albergan la esperanza de conseguir algún trabajo y hacer los sacrificios más grandes para darles lo mejor a sus hijos, algunos están convencidos que la situación de sus hijos tiene que ser diferente, que su futuro tiene que cambiar radicalmente, saben positivamente que tienen muchas situaciones en contra, pero comprenden la importancia de la educación y la relación directa que existe entre educación, familia, prosperidad y calidad de vida. Saben que sus hijos anhelan un mejor futuro y que la educación es un medio indispensable para cambiar su estatus socioeconómico.

Las estadísticas educativas de algunos países latinos o de hispanos en Estados Unidos son alarmantes, tristes y frustrantes. Como señala el periodista Jorge Ramos "Uno de cada tres hispanos no terminó high school. El 37 por ciento de latinos dejaron la escuela antes de entrar a la universidad. (3). "En países considerados como tercermundistas presentan una pirámide educativa excesivamente aguda y deficitaria, como ocurre en Guatemala en donde graduarse constituye un verdadero privilegio, reservado a muy pocas personas. De cada 100 niños solamente 89 se inscriben en la escuela primaria y 55 terminan el 6 grado de primaria. 38 ingresan al nivel medio y 18 lo concluyen. El 8.5% ingresa a la educación superior de la cual egresan el 1.8 %. Solamente el 0.5% posee algún grado académico en el nivel de maestría o doctorado. Se señala como la principal causa del abandono escolar, sorprendentemente "la falta de interés", seguido por la necesidad de trabajo y desnutrición. El analfabetismo alcanza cifras del 28% a nivel nacional, considerado uno de los más altos en Latinoamérica". (4)

Algunas encuestas son reveladoras y presentan una proyección o la misma realidad en que se encuentra algún grupo en particular. En el 2009, uno de nuestros pastores el licenciado Fabricio Roca y su equipo juvenil hicieron una encuesta en la iglesia Lluvias de Gracia Sede, tomando como muestra a 300 jóvenes. La cual arrojó que el 35% solo estudiaban y que un 27% trabajaban y estudiaban. Por ser el 14% de los encuestados más de 25 años de edad probablemente podríamos deducir que un promedio de 30 a 38 jóvenes de cada 100 abandonaron sus estudios. (5) Es una situación crítica el hecho de que a temprana edad los jóvenes y señoritas abandonen sus estudios, no solamente por factores: económico, distancia o excesivo trabajo; una de las variables surgidas en los últimos años y actualmente ha sido corroborada por instituciones de educación superior encargadas de los programas de orientación vocacional señalan el "desinterés" como el elemento más reciente, nocivo y en constante aumento entre la juventud. Este desinterés no solamente se refiere a continuar sus estudios, también a la apatía por la vida, no tienen aspiraciones, carecen de ambiciones, sus sueños se esfumaron, perdieron el deseo de aventura, su vida se tornó monótona e indiferente ante todas las cosas. Muchos elementos desaparecieron de su área de interés, aún sus propias familias.

Las circunstancias van relacionadas directamente con la falta de oportunidades y desarrollo de las personas. Los líderes en general y principalmente los líderes cristianos y bíblicos debemos sentirnos responsables de cambiar la realidad educativa, aún por imposible que parezca dicha tarea. De hecho el evangelio educa a las personas y las convierte en seres de bien. Cada líder debe aprovechar la influencia, carisma y admiración que goza en su comunidad para orientarlos e inclinarlos al estudio sistemático en una escuela, colegio, instituto o universidad.

Durante algunos años en algunas congregaciones cristianas evangélicas, se llegó a considerar que todos sus miembros, aún los jóvenes primeramente deberían dedicarse al servicio en algún ministerio, se miraba mal a quienes declinaban algún privilegio en su iglesia por no ser compatible con el horario de estudios; se acuñó el uso de la expresión, "El Señor ya viene" y luego el cuestionamiento amenazante ¿vas a preferir estudiar que servir al Señor"?, ¡olvídate de tus estudios! debes involucrarte con todo en el servicio. ¿Cómo se sintieron muchos jóvenes y señoritas que fueron cuestionados en esa forma? ¿cuántas personas abandonaron sus estudios por presiones dentro de la misma congregación? Se sintieron como verdaderos impíos adentro de la congregación, ¿cuántos en la actualidad se lamentan de haber abandonado sus estudios? Algunos, ni estudiaron, ni sirvieron como en algún momento fue su interés o su falta de carácter, disposición y sabiduría para entender que el país y la sociedad en su conjunto, demandan de profesionales íntegros, responsables, honrados, honestos, a toda prueba y capaces de hacer la diferencia en cualquier lugar en donde se encuentren. Por esta decisión ¿cuántos médicos valiosos se perdieron? ¿cuántos abogados dejaron inconclusa su carrera? ¿cuántos ingenieros perdió el país? Si bien es cierto, se ganaron en muchos casos líderes de impacto que se consagraron en el ministerio y tomaron la mejor decisión de su vida al haber sido sensibles y obedientes al llamado de Dios. En la esencia de este análisis no representa lo más importante, si abandonaste o no tus estudios, por que los puedes retomar en cualquier momento, recuerda que para el estudio no hay edad que marque su finalización, Lo más importante es que estés consciente sobre lo que hiciste con tu vida y la de tu familia, dentro de tu profesión, o actividad principal; si te realizaste plenamente o no en la vida; si serviste a tu comunidad; si buscaste la dirección de Dios para tus decisiones; si te convertiste en una persona de éxito.

Muchos confunden el lograr el éxito con el hecho de atesorar dinero, riquezas y propiedades materiales, pero el verdadero éxito es más profundo, se trata de que estés en paz con las personas, que ayudes al necesitado, que sigas los preceptos divinos para alcanzar el gozo y la realización personal, que los amigos se alegren con tus triunfos y se entristezcan y te brinden su ayuda en los momentos más duros, que tengas carácter para enfrentar los retos, si te caes, te levantes para seguir luchando, que cada día lo vivas al máximo como si fuera el último, que valides y agregues valor a las personas, además de tus hijos, hermanos, nietos, que ayudes a alguien más a estudiar, que tus familiares y amigos te llamen y te visiten en los momentos de enfermedad, que te recuerden con cariño, que dejes huella positiva en las personas con las que puedas interactuar y al final le digas al creador así como Pablo. ¡He terminado la carrera, he peleado la buena batalla y el Señor me espera porque Él es un cumplidor de promesas, me honrará, no solo a mi, sino también aquellos que aman su venida!

Al referirse al éxito con plenitud es inspirador el aporte de Max Lucado quien indica:

"La misma mano que empujó la roca que cubría la entrada del sepulcro puede alejar tus dudas. El mismo poder que latió en el corazón de Cristo puede reavivar tu fe cuando flaquea. La misma fuerza que puso a Satanás en retirada, puede, y sin duda lo hará, derrotar a Satanás y echarlo fuera de tu vida. Solo tienes que mantener abierta la fuente de energía". (6)

Jesús fue un líder y maestro ejemplar, tuvo la capacidad de incidir mejorando a sus discípulos en un lapso de tres años, aún cuando la mayoría de ellos no tenían un nivel elevado de educación. Las personas que los conocían se impresionaban de la confianza que mostraban al hablar.

Hechos 4:13 NVI *"Los gobernantes, al ver la osadía con que hablaban Pedro y Juan, y al darse cuenta de que eran gente sin estudios ni preparación, quedaron asombrados y reconocieron que habían estado con Jesús."* (7)

¿Cuántos meses o años has estado liderando, predicando o enseñando a personas, en la iglesia, ministerio o grupo pequeño? ¿Se puede observar que han cambiado la manera de pensar, han mejorado su educación y hasta la forma de hablar? El reto es titánico, ahora bien, no pretendo que sea total responsabilidad de los líderes cristianos, ya que el tiempo de tener contacto con ellos es de una hora o dos horas a la semana de enseñanza, sin embargo, por lo menos deberíamos proponernos la meta de inspirarlos a que tomen la decisión de estudiar formalmente.

Entierro Inspirador

Ser poseído por una visión para cambiar la "suerte" educativa de las personas significó una experiencia imborrable en mi vida. Estando en el cementerio, presenciando el entierro del pastor y doctor en medicina, Ronaldo Molina, primo de mi madre, escuché una historia de un hombre que activaría un deseo intenso en mi por querer cambiar e influir en el estudio de los jóvenes.

Después de que algunos habían dirigido la palabra de aliento a los deudos y elogiado a mi tío por las cualidades en vida, de entre la multitud un hombre alto, bien vestido, pidió la palabra y relató que de adolescente llegó a la iglesia esclavo de las drogas, el alcohol y lejos de la escuela, y el pastor Molina, lo ayudó a cambiar su vida y lo motivó a que retomara los estudios, luego, después de graduarse del ciclo diversificado, cuando él pensaba que allí dejaría sus estudios, el Dr. Ronaldo lo llamó a su oficina y lo instó, casi le ordenó que tendría que seguir en la universidad. Con lágrimas en los ojos y con voz triste estaba recordando que gracias a Dios y al pastor, él era ahora profesional y también un pastor. ¿Te imaginas? Me ardía el corazón dentro de mí. Quedé "embarazado" de la visión de cambiar la "suerte" educativa de muchos jóvenes. Pensé dentro de mi: "cuando muera quisiera que alguien me recordara como un instrumento que incidió en su vida para ser un profesional", lágrimas rodaban en mi mejilla algunas de tristeza por la separación de un ser querido pero la mayoría, porque algo había nacido en mi alma, el sueño de influir a la congregación que pastoreaba y a las iglesias latinas que visitaría en el mundo.

Convencido de que el amor que dirige tu liderazgo y además la visión integral de Dios para su pueblo tocarán tu corazón y serás poseído del sueño de cambiar la vida educativa de tus oyentes. Cuando cumplí 40 años pedí al Espíritu Santo que me permitiera influir y ver la graduación de 1000 jóvenes de la iglesia Lluvias de Gracia Sede en Guatemala. Pensé que si 50 muchachos se graduaran de la universidad por año, en 20 años llegaríamos a la meta. Aunque contamos con una iglesia de varios miles de personas, no obstante, como señalé anteriormente nuestras estadísticas nos ponen entre la espada y la pared, los años en que mejor nos ha ido hemos visto graduarse de la universidad solamente a 20 jóvenes.

La experiencia de haber escuchado esa historia en el cementerio, el observar en nuestra cultura Latinoamericana el prestigio y prosperidad de la mayoría de profesionales y además, la lectura de biografías de hombres que fueron ilustres por su sabiduría en la Biblia y de sus efectos beneficiosos en ellos y en su comunidades, han hecho que me comprometa a usar los recursos humanos, ministeriales y económicos para avanzar en el sueño concebido.

Te animo a que uses el talento, tiempo y tesoro que Dios puso en tus manos para influir en otros. Me parece que existen dos aspectos fundamentales en el logro de este sueño. Primero: si tienes el privilegio de que te escuchen semanalmente comunicar la palabra de Dios y segundo si gozas del don espiritual de liderazgo, es decir si tienes influencia, respeto y admiración.

Por mis hijos

Toma acciones personales para incidir en los demás. Definitivamente se requiere tener propiedad y respaldo para que la visión que comunicas sea seguida por otros. La credibilidad y la fuerza de una visión se aumentan cuando el que la comunica la respalda con su vida.

Un año después de haberme casado con Berlín, ambos habíamos cerrado el pensum de la licenciatura de teología pero por una razón de convicción personal habíamos decidido no someternos al examen privado en ese tiempo, lo haríamos más adelante cuando cambiaran algunos aspectos en la facultad. Pasaron 5 años y la razón por la que no nos habíamos graduado ya había cambiado, sin embargo mis responsabilidades, y privilegios habían aumentado, la iglesia local estaba creciendo vertiginosamente, la gracia de Dios estaba abriendo de par en par las puertas de las naciones y gozábamos del regalo de tres hijos, así que ya no estaba deseoso de obtener el título universitario. Sin embargo, Berlín principió a pedirme que regresáramos al estudio superior a culminar lo que habíamos principiado, le respondí que no, porque no estaba en mis planes en esos momentos.

Pasaron otros cinco años, todo aumentó, el trabajo, los privilegios y las bendiciones, aunque no la cantidad de hijos. Mi esposa no desistió de proponerme la visión de un título universitario, motivándome a que ingresáramos a una maestría de dos años de trabajo pastoral y que ello equivaldría a la tesis y luego el "temido" y final examen privado. Recuerdo que en mi ignorancia le dije, por la licenciatura de teología no me van a invitar más en las naciones, tampoco me aumentarán la ayuda económica en la iglesia, lo único que puede pasar es que mi ego se "infle", la verdad no me quería desenfocar del ministerio que embebido y apasionadamente estaba realizando.

Una mañana al rasurarme enfrente del espejo me puse a pensar en mis tres hijos, Viena, Diego y Any Valy que aunque estaban en grados primarios yo deseaba que ellos se convirtieran en profesionales. Pensé, "Si mis hijos nos ven graduarnos a esta edad se motivarán y sembraremos una visión futura educativa en ellos", me impacté tanto con ese pensamiento que lágrimas brotaron de mis ojos. Seguí meditando, "lo que quiero para mis hijos quiero para mis jóvenes de la iglesia", mi quebrantamiento era mayor, sin embargo no terminaría allí la semilla que Dios estaba sembrando y al mismo tiempo creciendo en mi corazón. Mi mente siguió volando y pensé,

"Si regreso a estudiar y me gradúo podré inspirar al equipo pastoral de nuestra iglesia Lluvias de Gracia Sede a retomar sus estudios donde los dejaron."

Esta experiencia que yo llamo "divina", porque estoy convencido que el Espíritu Santo la engendró en mi alma, fue tan fuerte que me poseyó.

Salí del baño y le dije a Berlin,

"Dios habló a mis pensamientos y he tomado la decisión de graduarme de la universidad, cuéntame que has averiguado en la universidad para la maestría y principiemos lo más pronto posible".

Ahora tenía una razón gigante para obtener el título: inspirar a "MIS HIJOS" (tres hijos físicos, los jóvenes de la iglesia y el equipo pastoral) a ser profesionales. A los meses siguientes estábamos estudiando la maestría en teología y dos años después ganando el examen privado. La providencia divina, porque no creo en la casualidad hizo que el acto de graduación fuera la primera semana de marzo, exactamente en la fecha que realizamos la CUMBRE INTERNACIONAL DIV (Desarrollo de iglesias visionarias) a la cual acuden pastores, líderes y hermanos de Norte, Centro, Sur América, El Caribe y de Europa.

Tuve el privilegio que grandes líderes y amigos de las naciones presenciaran nuestra graduación. Esta "Dioscidencia", providencia divina y no coincidencia me hizo inferir que el Señor quería que esta visión de cambiar la "suerte" educativa la llevase a los países latinoamericanos y a los hispanos en el mundo. Incluso en Cuba, recientemente estuve allí, donde la educación es obligatoria a nivel diversificado y gratuita desde los primeros años hasta el estudio superior, sin embargo, algunos jóvenes no quieren estudiar por los sueldos tan bajos que ganan los profesionales, pero les insistí a que siguieran en la universidad porque cuando las cosas cambien, que ya está sucediendo, los más preparados serán los que tengan las mejores oportunidades en la isla y fuera de ella.

Este es el momento para agradecer a Dios por plantar la visión educativa y a Berlín como su instrumento de motivación, apoyo y gestión para que yo me graduara.

Al momento de escribir estas líneas, con gozo puedo decir que hemos aportando nuestro grano de inspiración para que parte de nuestro equipo pastoral retomara estudios que habían quedado a medias o para iniciar una nueva etapa educativa. Los pastores Fabricio Roca, Guido Guerra y Roberto Ovalle ahora son licenciados en teología y tienen cerrado su pensum en la maestría de teología en trabajo pastoral. Mi hija mayor está cursando el segundo año de la licenciatura en mercadotecnia y publicidad.

Me parece que el líder con corazón pastoral quiere para su grupo lo que quiere para sus hijos. Te quiero invitar, tú que estás en posición de influencia aunque no tengas hijos, que oremos juntos y digamos a Dios:

"Ayúdanos a desear para los discípulos o colaboradores que nos has dado lo mismo que queremos para nuestros hijos o amados, en tu nombre Jesús, danos la fuerza, valentía y recursos para inspirarlos al estudio formal. Así sea"

Culto de graduandos

Aprovecha las oportunidades para inspirar a otros. En los últimos 8 años al final del ciclo escolar hemos apartado un domingo anualmente para celebrar en nuestras reuniones un servicio de acción de gracias por los graduandos. Cantamos el himno nacional de Guatemala, desfilan los graduandos de ese año

149

de nivel diversificado y universitario con sus togas puestas, los sentamos en sillas especiales en el escenario, les entregamos un diploma y premiamos con medalla de honor a los que tuvieron un reconocimientos en sus establecimientos educativos.

El objetivo de este "culto de graduandos" es doble, por un lado honramos y dignificamos a los egresados. Pero en segundo lugar, el más importante: INSPIRAR A LA CONGREGACION A GRADUARSE.

En párrafos anteriores mostré el índice de deserción académica en nuestra propia iglesia, 38 jóvenes de cada 100 abandonaron sus estudios. Por lo tanto, es nuestro deseo convencer a este porcentaje que retomen sus estudios y a los estudiantes que continúen hasta alcanzar la gran meta, el título universitario. Aunque, estamos conscientes que para ser competitivos en la sociedad actual, se necesitan obtener postgrados.

La prédica de graduandos es una de mis más grandes, estratégicas y valiosas oportunidades para inspirar y persuadir a los estudiantes a que sigan preparándose, a los padres a apoyar a sus hijos, a los "desertores" a que retomen el camino y a la audiencia en general a amar la educación informal y formal. Si como líder quieres animar el estudio en los jóvenes, podrías usar estos tres aspectos que tienen la mayoría de nuestros mensajes: Muestra los beneficios del éxito académico, Recomienda no casarse antes de alcanzar la meta académica y Motiva conectar la meta educativa a la visión divina.

ENSEÑA LOS BENEFICIOS DEL TRIUNFO ACADÉMICO

Los oyentes se sentirán motivados a estudiar si les muestras las puertas que se abren a los que alcanzan triunfos académicos. A la luz del éxito de la sabiduría de Salomón aprendemos los siguientes beneficios. Primero: Se abrirán las puertas de relaciones con personas importantes. Una Reina vino a escuchar y verificar la sabiduría de Salomón. 1 Reyes 10:1

Segundo: Se abrirán las puertas para compartir tu fe. (1Reyes 10:9)

Tercero: Se abrirán las puertas económicas. (1 Reyes 10:10)

La mayoría de veces que predico en este culto me acerco a algún graduando de nivel medio le quito su birrete y le coloco uno de los universitarios y le explico que con éste ganará de dos o más que con el de bachiller o perito. Es una manera pedagógica para retarlo a seguir estudiando.

Máxima
Es más difícil prosperar
sin educación formal.
Edmundo Guillén

ENSEÑA A CONTROLAR LAS RELACIONES SENTIMENTALES

Es importante mostrar a la juventud que será más difícil graduarse de la universidad si rápidamente después de salir del nivel medio se involucran en una relación de noviazgo y principian a trabajar.

Máxima
El joven que se casa sin entrar a la universidad
es difícil que rompa el círculo de pobreza de sus
padres.

El problema no es trabajar, la cuestión es que al sentirse con dinero y estar enamorados la tendencia es casarse. Podría ser que sean maduros para contraer matrimonio, sin embargo, no para formar un hogar con estabilidad económica y tampoco para romper el círculo de pobreza del cual proceden.

Líderes que cambian Suertes

ENSEÑA LA IMPORTANCIA DE ASOCIAR LA META ACADÉMICA A LA VISIÓN DIVINA DE BENDECIR A OTROS

Después de mostrar las metas, es decir los beneficios personales que obtiene la persona al estudiar, tales como" prestigio, estatus, respeto, admiración y mejores ingresos económicos; hay que mostrar un cuadro más grande, es decir la visión de servir a otros. Entre más profesionales honestos tiene una familia, iglesia, comunidad y país mejor desarrollo hay para todos. Los estudiantes deben saber que Dios espera que ellos pongan sus talentos al servicio de su comunidad. Es obvio, entender que entre más ciudadanos capacitados tenemos en las diferentes disciplinas humanas más desarrollo y prosperidad tendrá la nación.

La transformación de Singapur es un ejemplo en como el estudio de su gente jugó uno de los papeles importantes para lograr el desarrollo. De 1960 al 2000 dejó de ser una nación pobre e ignorante a ser una de las más modernas del mundo. Fue colonia británica desde 1826, por mas de un siglo hasta su independencia en 1959 no tenían recursos ni experiencia por lo que decidieron anexarse a Malasia pero cuatro años después Malasia rompió relaciones. Surge **Lee Kuan Yew como** primer ministro, él tuvo como meta hacer de su país, un país del primer mundo siendo entonces, del tercer mundo. Su plan: traer industria, crear viviendas y mandar a la gente a la escuela (la única manera que el país mejorará será que su gente mejorara).

Esta pasión que ha habido en nuestra iglesia local y el resultado del inspirador culto de graduandos nos ha regalado historias hermosas de hermanos y hermanas que aún siendo adultos han decidido terminar la primaria, los básicos y el diversificado. Honestamente, las historias que más me impactan son las de las mujeres que contra todo pronóstico han creído a Dios y han vuelto a la universidad hasta graduarse.

Sara una dama que asiste a nuestra congregación me escribió contándome su experiencia: "… me impactó un tema relacionado con retomar lo que habíamos dejado a medias y termine la Universidad. Ahora soy una mujer transformada y enlistada en los escuadrones del Señor para hacer el trabajo que Él nos ha enviado a hacer."

Otra historia que endulza nuestras vidas es la de Aury de Venezuela, el correo electrónico decía: "...la primera vez que fui a Guatemala quedé impactada por el hecho de la preparación que usted anhelaba para su iglesia y su país, yo me gradué en el año 1991 en la universidad, en mercadeo, sin embargo, mi vocación eran los idiomas, de hecho viví tres años en Carolina del Norte y desde entonces tenía el deseo de continuar. Luego de tres hijos y 16 años mas tarde, el Señor me permite estudiar nuevamente, ahora la manera fue muy especial pues supuestamente toda mi documentación se había quemado en un incendio hacia años en casa y luego de venir de Guatemala con ese norte (de prepararme para servir) encontré mis papeles, pastor, desde kinder hasta la universidad sin una arruga! tenía años buscándolos y aparecieron en una gaveta como si nada! Ahora mismo estoy en la mitad de la carrera en mis estudios de "idiomas" he atravesado por momentos muy fuertes, pero ahora voy a Guatemala con un corazón lleno de expectativas, como quien va al pozo, a la fuente para encontrarse con su Señor, como ese siervo sediento!"

Narro estos testimonios de mujeres, porque en Latinoamérica, el machismo en algunas familias sigue latente afectando a las mujeres a estudiar en nivel medio, no digamos en la universidad. Algunos padres prefieren apoyar más a los varones que a las damas. Es por ello que si una mujer puede ser profesional, todos tendrán la oportunidad de serlo. Siento mucha admiración por las mujeres que se gradúan con un título universitario estando casadas, con hijos y con un empleo fuera de la casa. Esto significa que algunas mujeres que asisten a la Universidad en promedio regresan a sus casas después de las 21.00 ó 22.00 horas, todavía les espera atender todos los asuntos del hogar, atender a su esposo, a sus hijos, revisar las tareas y luego dedicarse a estudiar hasta altas horas de la noche o primeras horas de la madrugada. Realmente las mujeres que se gradúan en esas condiciones son verdaderas heroínas y merecen todo el reconocimiento y respeto, no solamente de sus familias y de la sociedad, sino especialmente en su congregación; es un hecho que no debe pasar desapercibido.

Cada vez que percibo que nuestro ministerio logró motivar, inspirar y persuadir a la mujer en estas condiciones a seguir estudiando, siento gratitud con Dios porque se que el resto de la congregación también fue animada.

Máxima
La educación formal de la mujer es una de las evidencias más prometedoras para el desarrollo de una nación.
Edmundo Guillén

"Una de mis mas grandes alegrías la viví, una semana antes que principiara a escribir el libro, desayunando con mi hermano Ricardo y su esposa Maggy, ella me compartió la razón porque estaba cursando el tercer año de la licenciatura de administración de empresas. Comentó que al final de uno de los mensajes del culto de graduandos, ella tomó la decisión de iniciar la carrera universitaria, después de casi dos décadas de haberse gaduado de bachiller en ciencias y letras. Dios usó este culto para convencerla a estudiar a pesar de estar casada, tener dos hijas, trabajar con su esposo en la dirección de su empresa y principalmente por el desafío de su salud. Estoy agradecido con Dios porque estoy persuadido que hay historias igual o más impactantes que aunque no lleguen a mis oídos, inspirarán a otros a seguir educándose formalmente"

CONSEJO INSPIRACIONAL

Líderes cristianos como Juan Wesley en Inglaterra y líderes políticos como Lee Kuan Yew en Singapure influyeron en la transformación de sus sociedades motivando a sus pueblos a estudiar. La tarea ahora es nuestra, la visión integral de Dios incluye el desarrollo académico. No solo la familia, la nación sino la iglesia mejora su misión al contar con personas preparadas.

Se que esa semilla que está en tu corazón de cambiar la "suerte" educativa y levantar a las personas dará mucho fruto.

Preguntas para reflexionar

1. ¿Qué relación tiene la educación de una persona con su economía?

_____

_____

_____

2. ¿Cuál es tu sueño educativo, que quieres lograr a nivel profesional?

_____

_____

_____

3. ¿Qué visión tienes para tu hijos en lo que respecta a la educación?

_____

_____

_____

_____

4. ¿Por qué es importante estudiar y prepararse en la educación formal?

_____

_____

_____

_____

5. ¿De qué manera puedes inspirar a tus oyentes, colaboradores o discípulos a que sigan y cumplan sus sueños académicos?

_____

_____

_____

_____

Capítulo
Ocho

Cambia la
"Suerte" Familiar

*E*nseñando en una reunión hispana en los Estados Unidos, interactué con los oyentes, preguntándoles: "¿qué es lo más parecido al infierno?", alguien me contestó: "la cárcel" y luego pregunté "¿qué es lo más parecido al cielo?, otro dijo: "la iglesia". Les concluí diciendo: ¡la familia!, según el señorío de Cristo el hogar se asemejará al cielo o al infierno. Los diccionarios y los sociólogos han definido a la familia como el núcleo de la sociedad. La Biblia principia sus páginas hablando de la formación de la primera familia. Génesis 4:1,2

Es decir, concordamos en que la familia es el campo más importante de los seres humanos. A lo ancho y largo de las Escrituras encontramos el amor y guianza de Dios para la familia. Los líderes cristianos en nuestro acercamiento continuo a la Biblia y en nuestro llamado por querer cambiar la "suerte", el destino presente y eterno de nuestros congregantes, amigos, colaboradores y pueblos hemos buscado enseñar, aconsejar y actuar para producir familias bendecidas.

157

Líderes que cambian Suertes

Lo más parecido al Cielo y al Infierno

Se optimista en creer que Dios puede cambiar la familia. En el primer capítulo compartimos la pasión por cambiar la ruta del infierno por el camino al cielo. Es un asunto trascendente porque estamos hablando de la eternidad. Sin embargo, el poco o mucho tiempo que vivamos en esta tierra lo tendremos que vivir relacionándonos con la familia, principalmente los primeros años de vida. Porque, en esta época los valores, filosofía y costumbres postmodernas y humanistas han empujado a los jóvenes, lo antes posible a independizarse de sus padres y no como enseña la Biblia, por razón del matrimonio. Génesis 2:24

Muchos jóvenes y señoritas en la actualidad desean independizarse de sus padres al alcanzar la mayoría de edad, o si les es posible antes, aquellos que provienen de familias disfuncionales, recibiendo maltratos, humillaciones y descuido, tratan de huir de sus problemas y huyen a cualquier lugar. Otros ceden ante la presión de grupo y terminan enrolados en pandillas y en dirección a una muerte anticipada. También se da otro fenómeno por el cual los hijos se van de la casa ocurre especialmente en países industrializados como en los Estados Unidos; el sistema apoya esta situación al brindarles un beneficio económico para sus estudios si viven solos.

Nosotros creemos que en una familia donde no reina el amor de Cristo, el papá no reconoce a Jesús como Señor y no cumple con el papel de sacerdote y líder, la mamá no es dirigida por el Espíritu de Dios y los hijos no son guiados con la Palabra del Señor se convierte en un "pedazo de infierno" lleno de caos, confusión, ira, destrucción y mucho dolor. Como lo señala Romanos 1:26-30 que apunta sobre la desobediencia a los padres, actos vergonzosos, homosexualismo, lesbianismo, ira, etc. Las historias temibles de familias que a diario se publican en los periódicos del mundo, señalando las tragedias que suceden dentro de los hogares, están manchadas por asesinato, maltrato intrafamiliar, abusos verbales, físicos y sexuales.

Son múltiples las historias sobre casos obscuros, deprimentes y diabólicos que me han confiado como testimonios confidenciales para asistirlos en consejería y llevarlos en oración. Muchas de esas historias revelan hasta donde puede llegar el hombre sin Dios. No podemos permanecer indiferentes ante la realidad dolorosa y asfixiante que enfrentan muchas personas, aún más cuando se trata de familias pertenecientes a nuestras congregaciones, dichos relatos conmueven todo nuestro ser y nos toca el corazón, luego experimentamos una pasión por querer cambiar esa realidad. Sabemos que la conversión genuina, entiéndase real de una persona a Cristo, tiene el poder no solo de perdonar su pecado sino de cambiarlo en un hombre o mujer para cumplir sus propósitos en el hogar.

La situación de millones de adolescentes que viven en los Estados Unidos de Norteamérica, diariamente aporta los indicadores siguientes:

- 1,000 adolescentes solteras se convierten en madres.
- 1,106 adolescentes tienen un aborto.
- 4,219 adolescentes contraen enfermedades venéreas.
-500 adolescentes comienzan a usar drogas.
-1,000 adolescentes empiezan a tomar bebidas alcohólicas.
-135,000 jóvenes llevan pistolas u otras armas a la escuela.
- 3,160 adolescentes son asaltados.
- 80 son violadas.
- 2,200 adolescentes abandonan sus estudios.
- 2,750 jóvenes ven a sus padres separarse o divorciarse.
- 90 niños son tomados de la custodia de sus padres y colocados en hogares adoptivos, temporales, hogares grupales u orfanatos.
- 7 muchachos entre las edades de 10 y 19 años son asesinados.
- 7 jovencitos menores de 17 años son detenidos por homicidio.
- 6 adolescentes se suicidan." (1)

En los países hispanos, en América Latina, encontraremos una similitud en el comportamiento de las estadísticas.

Guatemala es el país que en América Latina duplica su población en el menor tiempo, al 2011 se estimaba una población de más de 14 millones de habitantes, para el 2022, se estima una población mayor de 22 millones de habitantes. El desarrollo y atención de los servicios básicos no va en proporción al incremento poblacional y los problemas se agudizan. Según estudios realizados por el Patronato Antialcohólico y la Secretaria Ejecutiva de la Vicepresidencia de la Republica de Guatemala, señalan que: "en promedio los guatemaltecos se inician en el consumo de licor, a la edad de los 15 años. También mencionan que de cada 100 guatemaltecos, 66 consumen licor. En promedio, un individuo ingiere 64.75 litros de bebidas alcohólicas al año".(2) el incremento del consumo de licor y drogas registra aumentos considerables desde temprana edad.

Según el estudio realizados por SECCATID sobre la "Desregulación Psicológica y su relación con el uso de drogas en adolescentes" realizado en un grupo de 8,500 adolescentes guatemaltecos entre 12 y 20 años, concluyó: que uno de cada tres estudiantes reportó por lo menos un problema social, legal o médico, relacionado con el uso de alcohol. La "preeminencia de alcoholismo y de la drogadicción en los adolescentes era más evidente en los hogares que tenían antecedentes en el uso de los mismos".(3) De acuerdo al Seminario ofrecido por la Asociación Nacional del Café (ANACAFE) el consumo de "alcohol y tabaco son las drogas mas frecuentes entre los estudiantes jóvenes comprendidos en las edades de 12 a 18 años de edad y cursantes del nivel medio de educación". (4) El Informe de Desarrollo Humano PNUD, indica que Guatemala al 2011 está ubicada en la posición 131 de 187 países. La expectativa de vida es de 71 años. Posee la tercera tasa más alta de fecundidad en adolescentes en Centroamérica después de Honduras y Nicaragua. Se registran anualmente 114 nacimientos por cada 1,000 mujeres de 15 a 19 años. El 44% de las mujeres entre 20 a 24 años fueron madres antes de los 20 años. (5) El informe del Fondo de Naciones Unidas para la Infancia- UNICEF indica que la población es joven, de los 13 a 29 años representa el 33%. De 10 a 14 años el 12.5%. De 15 a 19 años el 10.5% y se registran 114 nacimientos por cada mil mujeres entre los 15 y 19 años.(6)

Entre las problemáticas más recurrentes en los adolescentes están: El desinterés, apatía, enojo, soledad, ansiedad, ira, depresión, baja autoestima, muertes violentas, suicidio, divorcio de los padres, pornografía, pobreza, relaciones sexuales premaritales, consumo de bebidas alcohólicas, drogas y desintegración familiar.

Para fortalecer el desarrollo personal y la unidad familiar, no basta solamente con asistir a los edificios cristianos cada domingo; es necesario que el poder del Espíritu Santo llene la vida, que el poder de la Palabra de Dios a través de un discipulado plante los principios espirituales familiares y en muchos de los casos, una ministración al alma debe ser aplicada para sanar heridas del pasado y ser libertados de esclavitudes espirituales.

Desde otra perspectiva, sí se puede hacer de la familia una "porción de cielo" aquí en la tierra. No nos confundamos, no estoy hablando de perfección estoy hablando de hogares bendecidos. Un hogar bendecido es donde Cristo es la cabeza del esposo y él la cabeza del hogar, liderando con amor, disciplina, firmeza y sabiduría, la esposa es llena de gracia, fe, colaboración y amor, y los hijos son cultivados en los caminos del Señor. Este panorama de paz, gozo, tranquilidad, unidad y propósito en la vida que muchas familias transformadas por el poder de Dios viven en la actualidad, es lo que llena de optimismo a todo líder cristiano.

Así como la revelación del cielo y el infierno en la eternidad y además, el conocimiento de que podemos ser colaboradores de Dios para cambiar la "suerte" de muchas personas nos ha llevado de una manera apasionada a compartir nuestra fe. De igual manera, la conciencia que la familia pueden ser "un pedazo de cielo" o "un pedazo de infierno", un lugar de mucha paz, gozo y amor o un lugar de sufrimiento, dolor, temor y amargura; nos ha impulsado a querer cambiar la "suerte" de las familias.

La historia maravillosa de uno de nuestros líderes fuertes que Dios usa en el púlpito de la iglesia ilustra como el poder de Dios y la participación de un pastor y sus líderes no solo le cambiaron la "suerte" eterna sino también la familiar. Cuando él tenía 15 años su padre abandonó la casa, lo que le produjo tristeza que trató de mitigar con la bebida alcohólica. La influencia de sus amigos lo arrastró a los vicios y a la vagancia, abandonando sus estudios. A los 17 años principió a trabajar de "bar tender" en una discoteca que lo hundió más en la cocaína, alcohol, tabaco y todo lo que rodea ese medio. Se había unido a una muchacha, al poco tiempo un hijo y luego otro. En un período de dos años cuando apenas tenía 19 se había separado tres veces de su cónyuge. La madre lo había internado en centros de rehabilitación que temporalmente habían producido un cambio en él. Llegó a tocar fondo cuando en una riña con su pareja la golpeó para quitarle el dinero que él mismo le había dado, salió de la casa para seguir deteriorando su vida en los vicios. A horas de la madrugada cuando regresó, se sorprendió que en su habitación solo quedaba su cama, porque ella sabia y valientemente se había ido, llevándose a sus dos hijos.

En los siguientes 8 días, después de vender todo lo que tenía para seguir consumiendo drogas quedó hundido en depresión con una sensación de soledad y sin dinero, solamente con la ropa que tenía puesta. Su mamá llegó a visitarlo y decidió una vez más, ingresarlo a un centro de rehabilitación. El le pidió que no lo llevara allí sino a la iglesia que estaba en su comunidad. Así fue como llegó a la iglesia evangélica Lluvias de Gracia en Linda Vista, del pastor Enrique Diaz Natareno. El pastor oró por él y asignó a hermanos para que todos los días lo recogieran y lo llevaran al templo a orar y a realizar otros asuntos de administración y mantenimiento. Por un mes de 9:00am a 9:00pm lo tenían ocupado en asuntos entre el colegio y la iglesia. A los tres meses, después de su conversión genuina, sin drogas, licor y vicios buscó a su pareja y le pidió que le diera otra oportunidad y que con hechos le mostraría que él era otro y que ahora Dios ocupaba el primer lugar en su vida. Durante los siguientes 4 meses mantuvieron una amistad sin vivir juntos, hasta que ella creyó que él había cambiado y regresó a la casa. A los pocos días el pastor los estaba casando. Ahora tienen dos hijos adolescentes y un hijo pequeño. Sus hermanas se convirtieron, ellas tienen hogares cristianos, su padre regresó a la casa después de 13 años, se reconcilió con su esposa, ahora asisten todos juntos a la iglesia cristiana. El ministra con gran poder y unción, pero lo más maravilloso es que hay tres niños con un papá cristiano que los ama y los cuida, una esposa que es guiada por un líder espiritual, ahora viven en un "pedazo de cielo".

Esto es el resultado del poder de Dios pero también del trabajo, dedicación, inversión de tiempo, paciencia y mucho amor de tres líderes que se turnaron para orar, ministrar y apoyar a un hombre, esposo y padre de familia que vivía un "infierno" en la tierra. En la medida que cumplan sus roles y privilegios, principalmente los adultos, como esposos y padres podrán los hogares gozar de la bendición de Dios y experimentar el "cielo" sobre la tierra.

TRES ENSEÑANZAS PARA HACER QUE EL HOGAR PAREZCA "UN PEDAZO DE CIELO"

La última noche.

Ora y bendice a tus hijos.

Se el líder espiritual de tus hijos. Es fundamental que los padres, principalmente el papá sea responsable y comprenda sus privilegios y responsabilidades de la paternidad. Si queremos cambiar la "suerte" de los hogares tendremos que principiar a trabajar duro para que el hogar esté integrado. Nuestra meta es que el padre esté en casa y cumpla el diseño para lo que Dios lo creó. *Las estadísticas sobre los efectos de la ausencia paternal son alarmantes: "Tienen cinco veces más la posibilidad de ser pobres. La mortalidad infantil es 1.8 veces más alta para los hijos de madres solteras. Más probabilidades de acabar en la cárcel. Más riesgo de uso de sustancias prohibídas. Eleva el riesgo de embarazo en las hijas. Tienen el doble posibilidades de abandonar el estudio.*

En contraste a esta estadística, en el último fin de año, en una reunión de maestros de niños de nuestra iglesia, escuché algunos contar su testimonio y la gratitud que tenían con Dios. Dos de ellos se refirieron a su mamá, señalando que habían tenido una infancia bella, aún cuando su papá no estuvo en casa, argumentando que no sabían si hubieran sido tan felices si hubiera estado él.

Aunque la ausencia del padre produzca terribles efectos en los hijos, no obstante la presencia del padre que no cumple el propósito divino como líder, podría causar más daño. Sin embargo, el diseño de Dios no ha variado como está plasmado en el inicio del Antiguo Testamento con Adán, Eva, Caín y Set. Y en el inicio del Nuevo Testamento con José, María y Jesús. En ambas familias observamos a padre, madre e hijo.

Hacemos énfasis en los padres, por ser ellos en quienes Dios ha delegado la responsabilidad de ser los líderes espirituales y además son los hombres los que más producen heridas en el hogar. Uno de los regalos más grandes que una esposa e hijos pueden gozar es tener a papá como líder y sacerdote de la casa dirigiendo con amor, firmeza y sabiduría. Como lo señala Myles Monroe: *"Padre implica ser el origen, el que da la nutrición, sostén, soporte, fundador y protector. También significa progenitor, ancestro, fundador, autor, maestro y creador."* (7)

Estas implicaciones me hacen recordar a mi papá. La última noche que dormí como hijo soltero en la casa de mis padres fue el 5 de Diciembre de 1990, el 6 me casaría. Esa noche me dormí con encontrados pensamientos, la emoción y alegría de casarme con Berlín y la nostalgia que dejaría permanentemente a mis buenos padres que por 23 años había disfrutado de su amor. Me dormí con el deseo que al despertar mi padre pudiera orar por mí y me bendijera. Desde que nos convertimos, en cada uno de mis cumpleaños, muy de mañana cuando todavía estaba dormido él se acercaba a mi cama, me despertaba y me decía quiero orar por ti y bendecirte. Debo reconocer que en algunos años de mi adolescencia me sentí incómodo que me despertara, porque en ese día me sentía con el permiso de levantarme un poco más tarde. Sin embargo, ese jueves 6 de diciembre a las 5:00 de la mañana al abrir mis ojos, estaba deseando que mi papá me bendijera, permanecí por algunos minutos pensando sobre mi cama, cuando decidí mover la mesa de noche porque asumí que mi padre estaba afuera de mí cuarto esperando el momento para entrar y orar. Efectivamente así fue, ingresó a mi habitación y me dijo "Mundito" quiero orar por ti y bendecirte. Disfruté tanto esa oración, dimos juntos gracias a Dios por todo lo que nos había permitido vivir. Esas oraciones y bendiciones tuvieron autoridad porque con sus acciones cristianas, sabias, amorosas, respetuosas y prudentes, él había ejercido un sacerdocio espiritual sobre mi vida.

Máxima
El altar famililiar te permite ascender por la
escalera al cielo.
Edmundo Guillén

Enseña a tus hijos a amar la Palabra de Dios

Los padres y madres que modelan y enseñan los principios bíblicos a sus hijos logran criar hijos con la bendición del Señor. Vemos como Moisés recibe la instrucción de Dios en cuanto a la enseñanza a sus hijos. Deuteronomio 6:6,7

Mi padre entendiendo la importancia de Las Escrituras para mi vida, por varios cumpleaños me regaló Biblias, quizás las que más recuerdo fueron las que me obsequió cuando cumplí 15 y 18 años. Su visión integral de la vida hizo que para mis 15 me diera una bicicleta y una Biblia, y para mis 18 una pelota de basquetbol y otra Biblia de pasta de cuero fino. Para que una persona y en este caso los hijos sean alcanzados con las bendiciones de Dios deben aprender a leer, entender, recitar y practicar la Biblia. Fue lo que Moisés recomendó a su "hijo espiritual"

Josué 1:7,8 NVI "7. Sólo te pido que tengas mucho valor y firmeza para obedecer toda la ley que mi siervo Moisés te mandó. No te apartes de ella para nada; sólo así tendrás éxito dondequiera que vayas. 8. Recita siempre el libro de la ley y medita en él de día y de noche; cumple con cuidado todo lo que en él está escrito. Así prosperarás y tendrás éxito." Los padres deberíamos ser creativos para estimular a los hijos a leer la Biblia.

Líderes que cambian Suertes

DECLARA SOBRE TUS HIJOS BENDICIÓN

Una de las verdades que más empodera a los padres es comprender que son portadores de bendiciones del Señor para sus hijos. El patriarca Jacob en calidad de hijo había comprendido claramente que su padre era poseedor de bendición, por lo que luchó hasta obtenerla. Ahora, en su posición de padre era el turno de transmitirla a sus hijos. Lo señala Génesis 49:1,2 Incluso, Jacob en calidad de abuelo comprendió que era portador de la bendición y la transmitió a sus nietos. Génesis 48:8,9, Jacob comprendía tanto esta verdad espiritual que lo último que hizo antes de ir a la presencia de Dios fue bendecir a sus hijos. Génesis 49:3

La invitación es para que no te vayas de esta tierra si no has bendecido a tus hijos en el nombre de Dios. Puedes cambiar la "suerte" de tus generaciones si crees y tomas autoridad para hablar buena palabra sobre su futuro.

Tengo tan presente el amor de mi papá por todas las bendiciones que me dio para mi cumpleaños, principalmente las palabras que profetizó sobre mi nueva etapa de casado el día que salí de la casa. Allí a la orilla de mi cama antes de levantarme puso su mano sobre mi cabeza y declaró: "Padre bendice a mi hijo más de lo que has hecho conmigo, que sea más feliz de lo que yo he sido con mi esposa, que sea más próspero de lo que yo he sido y úsalo más que a mí" con lágrimas en los ojos nos abrazamos y nos besamos. El escritor Rolf G. señala en su libro que las bendiciones son puentes de relaciones que se construyen con los hijos. "La bendición de nuestros hijos se convierte en una forma de recordar a diario que hemos construido una relación con ellos, y una actitud dentro de ellos, que debe ser protegida, aun en aquellos momentos en que tenemos razones para estar enojados." (8) Con seguridad puedo verbalizar que han pasado los años y su bendición me hace estar emocional y espiritualmente unido a mi padre.

Máxima
La bendición constante a los hijos perpetúa la
relación amorosa con ellos.
Edmundo Guillén

Disciplina a tus hijos con amor, sabiduría y firmeza

Quizás una de las tareas más complicadas de ser padre y madre es corregir a los hijos. Sin embargo, produce salud y equilibro en el carácter de los muchachos. En este terreno es donde más heridas se han hecho al corazón de niños y niñas. Los extremos han destruido vidas, por un lado la crueldad con que se ha lastimado físicamente a los hijos, queriendo corregir han destruido, castigos irracionales y brutales han regalado a la sociedad pandilleros, delincuentes y desalmados; por otro lado, la falta de dirección y corrección de padres "alcahuetas" han hecho de los chicos personalidades egocéntricas, caprichosas, abusivas e irrespetuosas.

Las Escrituras proponen que la corrección sabia es en la amonestación e instrucción del Señor. Efesios 6:4, Hebreos 12:6

Toma en cuenta los siguientes consejos para disciplinar a tus hijos

-Corrige con palabras. *Proverbios 15:32 "El que tiene en poco la disciplina menosprecia su alma; Más el que escucha la corrección tiene entendimiento."* El autor señala que el que "escucha", es decir los padres hablaron, aconsejaron, instruyeron y establecieron las reglas, además explicaron cuales serían los castigos.

-Corrige privando de actividades y de artículos de diversión. Antes de corregir físicamente debió haberse privado al niño y niña de juegos, juguetes, televisión, aparatos electrónicos, teléfonos, paseos con sus amigos, uso de computadora, etc. Nunca disciplines a tus hijos privándolos de actividades y asuntos concernientes a la fe, no lo prives de ir a la iglesia, leer la Biblia y servir en un ministerio de la iglesia. Porque,

167

podrían desalentarse tanto que podrían abandonar su relación con Dios y eso te dolerá más a ti.

-Hazlo con disciplina física. *Proverbios 23:13 "No rehúses corregir al muchacho; Porque si lo castigas con vara, no morirá."* La última instancia es corregir físicamente a los hijos, pegándoles en los glúteos y no en la espalda, piernas, brazos, oreja, pecho y cabeza. Disciplinarlos físicamente cuando son bebés es peligroso porque se les puede lastimar, y después de los 12 años de edad no es conveniente hacerlo porque se amargarán. Como señala Ed Young "Las nalgadas no deben darse a hijos menores de dieciocho meses ni después de la pubertad"(9)

Máxima
Para fines de corrección se logra más con miel
que con hiel"
Edmundo Guillén

EL REY Y LA REINA

Se estratégico e intencional para recrear a tus hijos.

LEVANTA LA ESTIMA DE TUS HIJOS

Oyendo y leyendo al Dr. Dobson me inspiré a que necesitaba establecer una actividad nueva y dinámica dentro de mi familia para poder afirmar la estima de mis hijos. El Dr. Dobson cuenta que para premiar y estimular a un miembro de su familia, usaban el "plato rojo". Cuando alguien cumplía años lo celebraban yendo a comer a un restaurante, luego le decían al mesero que trajera la comida del cumpleañero en el plato rojo que ellos mismos traían de la casa. Al llegar la comida servida en ese plato, todos aplaudían, tomaban fotos y abrazaban al homenajeado. Lo hacían por premios obtenidos o cumpleaños.

Habíamos planificado un viaje con toda la familia, por cuestión de enfermedad solo pude hacer el viaje con mi hija Viena, para entonces tendría 5 años. Eran dos noches y tres días que pasaría solo con ella en un centro vacacional. Al salir de la casa, habrían transcurrido cinco minutos en el carro, y por mi nerviosismo y preocupación para que ella no se fuera a desesperar y también, por mi deseo que se sintiera contenta, se me ocurrió decirle "tú serás la reina de este viaje", inmediatamente vi su alegría. En la siguiente esquina me estaba diciendo como soy la "reina" cómprame un helado. Fue un viaje maravilloso e inolvidable. Aunque ella estaba muy pegada a Berlín, no la extrañó. Estuvimos en la piscina, los juegos acuáticos, corrimos, comimos, en fin; aquello que me tenía tenso, se convirtió en una gratificante experiencia. Al regresar a la casa, me di cuenta que su autoestima estaba tan elevada que pensó que en la casa ya no sería hija y que seguiría siendo la reina, mostró unos pequeños berrinches y tuvimos que explicarle que en la casa la mamá era la reina y que ella era la princesa. Nos dimos cuenta que esa calificación de reina le había dado seguridad y deseo de liderar.

De pronto, hicimos nuestro juego del "rey y la reina" con nuestros hijos una costumbre cada vez que salíamos juntos.

DEDICA UN DÍA A LA SEMANA PARA EL DÍA DE LA FAMILIA

Es importante para tener un balance en la salud integral de los hijos, dedicar un día a la semana para salir juntos a distraerse, según los recursos lo permitan. Casi por una década, hemos escuchado y leído del pastor Rick Warren, autor del libro "una Vida con Propósito" decir que amor se deletrea: "T-I-E-M-P-O".

Sin lugar a equivocarnos para cubrir las necesidades emocionales, espirituales y psicológicas de los hijos se necesita invertir tiempo. Para orar, leer la Biblia, escucharlos, recrearse, salir a comer, jugar en algún parque y divertirse en general hay que invertir tiempo. Cuando nuestros hijos estaban en edades de preprimaria, nuestro día libre eran el lunes, al salir del colegio al medio día, tomábamos las tardes para divertirnos. Fuimos aplicando la dinámica del "rey y la reina" rotativamente. Una semana uno era el rey, la otra semana el otro hijo. Hay algunos hogares que se equivocan al decir que es el día de la familia, cuando realmente es el día del papá o de la mamá, porque no se hace lo que los hijos quieren hacer, no se juega, no se come y ni se va a donde los chicos quieren ir. Fue muy pedagógico el ir turnando por día de la familia a cada uno de nuestros hijos como rey o reina. El o ella tenían el privilegio de escoger a donde ir, que comer o que jugar. Nos dimos cuenta que con el paso del tiempo, aprendieron en el día de la familia a tomar decisiones, a liderar o a someterse a la autoridad.

Fue tan interesante ver a Any, mi hija más pequeña, cuando le tocaba ser la "reina" tener miedo de tomar decisiones de donde iríamos y lo que comeríamos. La mirada penetrante de sus hermanos mayores que ejercía presión para ir a donde ellos querían le hacía titubear un poco, la animábamos diciéndole que ella era la "reina". Poco a poco ella fue comprendiendo que ella sí podía hacerlo. A los mayores, al principio les costó aceptar la decisión que alguien más pequeña que ellos los dirigiera. Lo que aprendimos fue que la vida sería como nuestra dinámica familiar del "rey y la reina". Les decíamos habrá momentos que estarán arriba, tomando decisiones y dirigiendo gente que será mayor que ustedes a lo cuales no deberán tener miedo. Y otras veces, estarán bajo autoridad en los estudios, trabajo e iglesia. Otras personas de menor edad, escolaridad, condición social o crecimiento espiritual estarán dirigiéndoles. Ellos principiaron a aprender a sujetarse a la autoridad. En esos días familiares les mostramos nuestro amor dedicándoles tiempo y atención. Pero al mismo tiempo fue una enseñanza y formación del carácter. Tendrían que aprender a sujetarse respetando la autoridad y además, tendrían que ser valientes para liderar y dirigir a otros. Recuerdo que en un día de la familia Any Valy era la reina, ella muy pronto pidió pasar al auto servicio de un restaurante de comida rápida, pidió solamente un jugo porque lo que realmente quería era la corona que obsequiaban para los niños. Se la dieron e inmediatamente dijo: "yo soy la reina" así que tendrán que obedecerme.

Toma vacaciones anuales para la diversión de tus hijos

Los tiempos largos que papás toman para salir con sus hijos a vacacionar son inolvidables y unen a la familia con recuerdos de amor y alegría. Hay una tendencia en los padres de invitar a otros amigos a salir juntos a vacacionar. Para los padres será más cómodo, sin embargo, el propósito principal de construir puentes con los hijos no se logrará. Hemos procurado enseñar una serie de la familia al año, durante seis semanas los domingos en el templo y entre semana en los grupos pequeños presentamos diferentes enfoques sobre el hogar. En esas semanas motivamos a las familias que tomen un fin de semana para salir a vacacionar con sus hijos.

Nuestro compromiso como iglesia de cambiar la "suerte" familiar de los hogares es tan importante que es parte de la lista de los 10 valores de Lluvias de Gracia, bajo el título de "CUIDADO FAMILIAR". Entendemos que los componentes para un hogar feliz, no solo es bendecir y recrear; es necesario corregir, educar, animar y proveer.

Todos los pastores, líderes y organizaciones cristianas que pretendemos expandirnos, debemos tomar en serio el llamado divino de transformar familias a través del trabajo paternal que solo los papás y mamás pueden realizar.

LA PROPIA VIÑA

Cuida, ama y lidera a tu pareja.

El libro poético de Cantares utiliza la analogía de una viña para hablar de la relación, desafíos y amores entre Salomón y la Sulamita. Sin lugar a dudas si queremos ver un "pedazo de cielo" en los hogares tenemos que apasionarnos por cambiar la "suerte" de los matrimonios. El índice de divorcios en Latinoamérica y el mundo va en ascenso, inclusive en los cristianos. No obstante, somos optimistas y creemos que Dios puede restaurar la más grande dificultad que una pareja pueda tener. En Dios siempre hay esperanza. Al parecer la Sulamita desde el principio del libro manifiesta las dificultades que había tenido con su "viña", ella había descuidado a su pareja por estar atendiendo otros asuntos.

Cantares 1:6b DHH "…Mis hermanos se enojaron conmigo y me pusieron a cuidar las viñas, ¡y mi propia viña descuidé!"

Maravilloso ver al final del libro que la situación ha cambiado. Cantares 8:12a

En Dios siempre hay esperanza para cambiar aún lo que parece imposible. Naturalmente algo tuvo que hacer la Sulamita y Salomón para restaurar y fortalecer su relación. Hay algunos principios que aprendemos de esta historia.

Maneras para cuidar tu propia viña

Hay varias maneras para cuidar a la esposa o esposo que el Señor te ha concedido. Veamos las enseñanzas para cambiar la situación con tu cónyuge

Prioriza a tu pareja por sobre otras personas.
En Cantares 1:6 observamos que la Sulamita se había desenfocado y estaba atendiendo e invirtiendo lo mejor de su vida a otras "viñas". Podría mal interpretar, señalando que ella tuvo romances con otros hombres y por eso había desatendido a su pareja. Sin embargo, podemos aplicar la expresión "las viñas" a los padres, hijos, amigos, entretenimiento, trabajo e incluso iglesia. Es decir todo aquello que nos requiera, tiempo, dinero y amor aún cuando sean relaciones sanas y morales. Naturalmente se debe comprender que hay que trabajar para poder sustentar un hogar, hay que honrar a los padres para ser bendecidos, criar a los hijos para que crezcan en los caminos del Señor, ir a la iglesia para recibir edificación y servir a Dios, etc. Me estoy refiriendo a dejar sin atención, sin comprensión y relegar a un segundo plano el amor y el tiempo por la pareja.

Por ejemplo, Moisés escribió que el hombre tiene que separarse de sus padres para formar el matrimonio. Génesis 2:24

No hay que entender el término "dejará" como abandonar, olvidar y desatender en alguna necesidad a los progenitores. Lastimosamente, la inmadurez, el egoísmo y el pecado ponen a la pareja entre sus padres y ellos, sus hijos y ellos, etc. Esto no debería suceder todo tiene su tiempo y espacio. Este contexto egoísta hace que la "suegra" tenga una connotación negativa, en vez de convertirse en una segunda madre, como en el caso de Noemí y

Rut. Querido lector, le pido a Dios que no estés en una situación tensa de escogencia, pero si ese es tu caso. El consejo bíblico sería decídete a favor de tu pareja.

En el transcurso natural de la vida, los padres irán a la eternidad y los hijos al matrimonio, al final quedarás tú y tu "viña" con el fruto que hayas sembrado a lo largo de la unión conyugal. Recuerdo una actividad pedagógica en una enseñanza de matrimonio. El expositor pidió a dos esposos que pasaran al frente y que cada quien se sentaran en una silla al lado del otro, luego asumió que nacía el primer hijo, llamó a alguien más de la audiencia y lo sentó en medio de los esposos, luego el segundo hijo y lo colocó entre ambos, y así hasta llegar al cuarto hijo. Asumió que pasaron 20 años y se casó el primero, lo levantó de la silla y se fue, luego el segundo hasta llegar al cuarto. Al final de la vida, los padres estaban tan separados como la distancia de las cuatro sillas en medio de ellos. Así que mis amigos, no debemos desatender a nuestro cónyuge por cuidar a nuestros hijos y padres.

POSEE UN SENTIDO DE PERTENENCIA

Los cristianos creemos que Dios es dueño de todo y que nosotros somos mayordomos de lo que le pertenece a Él. Sin embargo, la perspectiva en el matrimonio es de "propiedad". La Sulamita refiriéndose a Salomón dice *"**Mi viña**"*, (1:6) ; *"Mi viña, que es mía"*. (8:12); *"Mi amado es mío, y yo suya" (2:16);* Mi esposo, *(4:8) "Ven conmigo desde el Líbano, oh esposa mía..."*; Mi amigo (4:1) *"He aquí que tú eres hermosa, amiga mía; he aquí que tú eres hermosa"*. Este sentido de pertenencia e identificación plena como generalmente las madres sienten por sus hijos, al decir "es mío, es mi vida, lo tuve en mi vientre". Fue precisamente lo que dijo Adán de su esposa.

Génesis 2:23. DHH "el cual, al verla, dijo: "¡Esta sí que es de mi propia carne y de mis propios huesos! Se va a llamar 'mujer'(varona), porque Dios la sacó del hombre (varón)."

173

Relaciónate de cuatro formas con tu pareja

Para tener un matrimonio victorioso, sano y dinámico debemos aprender a relacionarnos integralmente con nuestra pareja.

Como ESPOSOS, en el libro de Cantares el concepto esposo o esposa aparece 5 veces. *Cantares 4:8 "Ven conmigo desde el Líbano, oh esposa mía..."* Implica compromiso de sustentar, amar, mostrar fidelidad y sometimiento según Efesios 5:21-25

Como AMIGOS, en el libro de Cantares el concepto amigo o amiga aparece 10 veces. *Cantares 4:1 "He aquí que tú eres hermosa, amiga mía;"* La amistad implica compañerismo, comunión, alegría y consejo. Proverbios 27:9

Como AMANTES, en el libro de Cantares el concepto amado o amada aparece 20 veces.

> *Cantares 5:16 DHH "su paladar es dulcísimo. ¡Todo él es un encanto! Así es mi amado, así es el amor mío,"*

Implica conservar el romanticismo y el acto matrimonial. Entendemos que el amor es más que un sentimiento o estímulo físico es el acto de la voluntad de buscar el bien del otro. La aplicación que en este momento damos es la importancia de cuidar, cultivar y disfrutar el acto conyugal.

> *Proverbios 5:18,19 BLA "18.Sea bendita tu fuente, y regocíjate con la mujer de tu juventud, 19. amante cierva y graciosa gacela; que sus senos te satisfagan en todo tiempo, su amor te embriague para siempre."*

Como HERMANOS, en el libro de Cantares el concepto hermano o hermana aparece 7 veces. Cantares 5:2, hermandad implica unidad, fidelidad y apoyo. Proverbios 18:24, Proverbios 17:17

Experimentar un "pedazo de cielo" en el hogar está ligado a la relación comprometida de amor, cuidado, apoyo, servicio, romanticismo, unidad, solidaridad y sumisión entre la pareja. Yo creo que Dios te usará como líder a través del consejo, la oración y el ministerio para que con amor, unción y sabiduría colabores para cambiar la "suerte", las circunstancias de muchos matrimonios.

Siembra la mejor semilla en tu viña

Ten la actitud correcta para tu pareja. Actitud es el proceso que se activa con la decisión y principia con un pensamiento, luego se convierte en un sentimiento, posteriormente se expresa con palabras y finalmente se manifiesta en acciones.

Expresa palabras de valor. El buen uso de las palabras y el trato fino son determinantes para bendecir a tu cónyuge. Salomón sabía tratar a la Sulamita *Cantares 2:10 "Mi amado habló, y me dijo: Levántate, oh amiga mía, hermosa mía, y ven."* Clara y abundantemente se observa en Cantares como la pareja se expresa el amor y el cariño. Pareciera una competencia para agregar valor. Cantares 1:15,16

Es impresionante notar dos detalles, primero no eran dos adolescentes y jovencitos inmaduros dejados llevar por sus emociones, era una pareja adulta. No importa los años que pasen, debes mantener la actitud de agregar valor a tu pareja. Segundo, Salomón y la Sulamita practicaron el elogio privado pero también el público. *Cantares 5:16 "Su paladar, dulcísimo, y todo él codiciable. Tal es mi amado, tal es mi amigo, Oh doncellas de Jerusalén."* Es importante que la pareja pueda respetarse, felicitarse, agradecerse y señalarse cualidades delante de otras personas, cuando la ocasión lo amerite y no por el hecho que otros se informen o impresionen, sino para mostrar a la pareja cuan honrado te sientes de ser su cónyuge. Vale la pena, resaltar que la expresión pública es constructiva, pero también la ofensa pública, el irrespeto, la burla y el sarcasmo es destructivo en la relación matrimonial.

Dedica calidad de tiempo. Como expresamos en páginas anteriores amor se deletrea "t-i-e-m-p-o" Es tan importante que cada pareja pasen momentos importantes a solas. En el libro de Cantares varias veces la Sulamita se resiente porque Salomón no estaba con ella. Cantares 5:2-6

Páginas atrás compartimos lo saludable que es para los hijos tener un día de la familia a la semana, de igual forma es necesario que exista el "día de la pareja". Ideal sería tomar cada semana todo un día para platicar y tener comunión sin distractores, entendemos que es difícil cuando los niños son chicos porque, o no hay con quien dejarlos o se corre el riesgo de que sean abusados. Sin embargo, amigo líder te motivo a que tomes un par de horas a la semana y te retires a un restaurante, cafetería o comedor donde sólo estén lo dos y puedan fortalecer los lazos de comunicación y amor.

Máxima
Siembra tu mejor semilla en tu cónyuge porque al final será el único terreno que tendrás. Los padres irán a la vida eterna y los hijos a la vida matrimonial
Edmundo Guillén

En los libros "Salvaje de Corazón" de John Eldredge, "Cautivante" de John y Stasi Eldredge y "40 Días de Perdón" de Rony Madrid, se señala que el centro de la vida está en el corazón, donde están los deseos más profundos de cada hombre y cada mujer. Muestran como el diablo, las circunstancias y las personas que más se aprecian han herido el corazón, produciendo amargura, odio, celos, y resentimientos las cuales no permiten a una persona, matrimonio, familia, iglesia, sociedad y organización experimentar una vida llena de gozo, paz y realización. El camino para cambiar la "suerte" del corazón humano se llama ¡perdonar!. Es posible pidiendo perdón a Dios y pidiendo que te ayude a decidir perdonar, lee bien, no dije "sentir" perdonar. El perdón como el amor es un acto de la decisión más que un sentimiento, aunque lo incluye no lo agota.

¿En qué viña estás sembrando tu mejor semilla? ¿Tu mejor sonrisa, beso, ánimo lo estás sembrando en la viña que es tuya? ¿El tiempo cuando estás más lúcido, estás con tu pareja? ¿El mejor elogio, consejo, oración, broma, "rhema" y ministración lo estás compartiendo con tu cónyuge? Te animo a que cuides a tu propia viña, porque si el Señor no ha venido o no recoge a alguno de los dos, pasarás tu ancianidad con tu pareja. Hace unos años quise poner una visión de futuro en el equipo pastoral con respecto a su matrimonio. Pedí que tomaran una foto de cada pareja pastoral y que virtualmente las envejecieran con 20 años más. Las imprimimos, las encuadramos, de un lado la foto actual y del otro con mayor edad y se las obsequiamos. La idea era que cada matrimonio tuviera como meta llegar juntos a la ancianidad. No se si logré mi objetivo de consolidar la visión matrimonial y no se que hicieron con la foto, sinceramente no era una broma. Me parece que las damas se resistieron más al hecho de envejecer.

Mi amigo, cuando llegues a la ancianidad ¿cómo quieres que sea la relación con tu pareja, distante, aburrida, callada y amargada? O ¿Quieres tener una amistad amorosa, vibrante, alegre y llena de paz? ¡Principia hoy mismo a cultivar, sembrar y abonar con tu mejor semilla en tu pareja!

Consejo Inspiracional

Aunque, el diablo como lo hizo con la primera familia de la tierra, haya atacado tu hogar y matrimonio; no obstante, Dios es mayor, tiene el poder y desea ayudarte a restaurar tu hogar, para que luego tú colabores con Él para la transformación de otros hogares. Génesis principió mostrándonos el dolor de la primera familia pero en el último verso, del último capítulo, del último libro del Antiguo Testamento se profetiza la restauración familiar que Dios traerá.

Malaquías 3:6 *"El hará volver el corazón de los padres hacia los hijos, y el corazón de los hijos hacia los padres..."*

Según el verso 5 tendrá que venir Elías antes que estas cosa sucedan. ¡Buenas noticias!, después de 400 años de silencio entre los dos testamentos, apareció Juan el Bautista con el espíritu de Elías para restaurar el corazón familiar.

Lucas 1:17 "E irá delante de él con el espíritu y el poder de Elías, para hacer volver los corazones de los padres a los hijos.

Preguntas para reflexionar

1. ¿A qué se parece el cielo aquí en la tierra?

    _____

    _____

2. ¿Por qué crees tú que es importante cambiar la suerte familiar?

    _____

    _____

3. ¿Cómo debe ser una familia donde reine el amor de Cristo?

    _____

    _____

    _____

4. ¿Qué situaciones convierten a la familia en un pedazo de infierno?

    _____

    _____

5. ¿De qué manera pueden afectar los problemas familiares a los adolescentes?

    _____

    _____

    _____

6. ¿Cuáles son los efectos de la ausencia paterna en una familia, según las tres enseñanzas para hacer que el hogar parezca "Un pedazo de cielo?

    _____

    _____

    _____

    _____

7. ¿Por qué es necesario ser un líder espiritual para tus hijos?

_____

_____

_____

8. ¿Qué palabras de bendición puedes declarar sobre tus hijos?

_____

_____

_____

9. ¿Cuáles son los tres consejos recomendados en el libro para disciplinar a tus hijos?

_____

_____

_____

10. De los componentes para un hogar feliz ¿Cuál de estos está más débil en tu familia: bendecir, recrea, corregir, educar, animar y proveer?

_____

_____

11. ¿Por qué un matrimonio debe relacionarse como: esposos, amigos, amantes y hermanos?

_____

_____

12. ¿Por qué es necesario invertir palabras de valor, calidad de tiempo y amor en tu matrimonio?

_____

_____

_____

Capítulo
Nueve
Cambia la "Suerte" Financiera

*A*l percibir el clamor profundo, lágrimas corriendo en las mejillas, manos levantadas esperando un milagro y cientos de corazones llenos de fe y esperanza por una provisión financiera clamando en el altar; sentí el peso y la carga pastoral de liderar, predicar y ministrar a una congregación con profundas necesidades.

Ese día, al final de la prédica y llamar a las personas al frente para orar por las carencias, principalmente por las económicas. Con quebranto por tantas dificultades, intercedía a Dios con todo mi corazón y con autoridad espiritual desataba empleos, provisión para pagar deudas, ideas para levantar negocios; al mismo tiempo quebrantaba la miseria, el temor y la preocupación. Cuando un pensamiento vino a mi interior "muchos de ellos han sido íntegros, han ofrendado y diezmado pero tienen que aprender a negociar, a mejorar en la mayordomía de su dinero y a estudiar." Detuve mi oración y les dije "Pidamos al Señor que les de ideas para poner negocios, ánimo y voluntad para estudiar y la sabiduría para administrar sus finanzas".

Líderes que cambian Suertes

Ese día en altar se prendió la llama de la pasión por querer cambiar la "suerte" financiera de los miembros de la iglesia. Desde entonces, una vez al año, enseñamos por seis semanas series temáticas con respecto a la economía fundada en principios bíblicos.

La invitación de Dios plantada en el corazón de hombres y mujeres es influir en otros positivamente. Por varias décadas en Latinoamérica se comunicó el mensaje de la eternidad, lo cual debemos agradecer; sin embargo, como señalé en el capítulo concerniente a la transformación educativa, se habló tanto del cielo y la incorrecta aplicación de la inminente segunda venida de Cristo que se olvidó que se vivía aquí en el suelo; Mientras que la perspectiva bíblica es integral demostrándolo Jesús en su ministerio, bendecía el espíritu prometiendo el cielo, bendecía el alma enseñando a perdonar y bendecía el cuerpo sanando a los enfermos, dando de comer al hambriento y proveyendo para sus necesidades.

Los índices de pobreza y desempleo en Guatemala y de Latinoamérica en general son alarmantes. También, los hispanos en Estados Unidos, como señala Jorge Ramos en el análisis de los latinos en Norte América *"Dos de cada cinco niños latinos viven en la pobreza. Ese es el verdadero origen de muchos de los problemas"*(1) Similar es la situación de nuestros hispanos en Europa, aunque estén mejor que en sus países de origen, no obstante en su nuevo contexto, la mayoría de ellos siguen estando entre los que tienen menos recursos.

Guatemala es un país con profundas desigualdades, según el informe de Desarrollo Humano se clasifica en 2011 en el puesto 113 de 180 países evaluados; refleja un índice de desarrollo medio. La mitad de la población vive en pobreza y más de dos millones en extrema pobreza. Una de cada cuatro personas sufre privaciones y graves casos en: nutrición, morbilidad infantil, escolaridad, saneamiento. La desnutrición crónica es alarmante, afecta a cuatro de cada 10 menores de 5 años y seis de cada 10 niños indígenas.(2)

Cambia la "Suerte" Financiera

La Encuesta Nacional de Condiciones de Vida (Encovi) 2011 y La Encuesta elaborada por el Instituto Nacional de Estadística (INE) revelan que el 53% de la población (siete millones 861 mil 638) vive en pobreza y tiene en el bolsillo para vivir entre Q12 ($1.5) y Q24.00 ($3.00) diarios. El 13.3%, que equivale a 1.9 millones de habitantes, sobrevive con Q12.00 diarios y se encuentran en extrema pobreza. En el país el departamento menos pobre es Guatemala con 45% y el más pobre es Sololá con 91.3% de pobreza. La escolaridad de un jefe de hogar que se encuentra en la línea de pobreza extrema urbano y rural, es hasta el segundo grado de primaria; mientras que un jefe de hogar en la línea de no pobreza tiene como mínimo tercero básico. (3)

La incidencia de la pobreza a nivel nacional es al 2011: Pobreza extrema 41.00%. La pobreza no extrema 46.2% y la no pobreza 13.3%. (4)

Ante la difícil situación sobre la pobreza y extrema pobreza del país, la sociedad en su conjunto debe reflexionar y actuar. La pobreza no es únicamente un problema de Estado, Las distintas entidades públicas y privadas se deben sumar en una lucha para erradicar la pobreza en el país. Este debe ser un tema obligado a tratar en las congregaciones: académicas, sociales, culturales, deportivas, pero obligadamente en las de carácter cristiano. ¿Qué vamoss hacer para luchar en contra de la pobreza? ¿Qué compromisos vamos a asumir para evitar que muchas personas sigan viviendo en condiciones infrahumanas o mueran cada día? ¿Cuál es tu compromiso para sacar al país del subdesarrollo y la pobreza? Entre los esfuerzos más recientes se inició una campaña en el país basada en el texto Isaías 58, han convocado a distintos sectores involucrados en el servicio y apoyo a comunidades y buscan la unidad social e institucional para luchar por acelerar el fin de la pobreza. En nuestra congregación, hemos iniciado un movimiento llamado "amigos de la montaña", tenemos como finalidad, apoyar a nuestras iglesias que están sirviendo en zonas de extrema pobreza en los campos del interior del país, proveyendo víveres y capacitación en un oficio pertinente en su contexto.

Los líderes hemos comprendido que la misión de la iglesia no debe obviar las necesidades más profundas, el hambre, la salud, la educación y la pobreza en general. En América Latina la tarea es gigantesca y compleja, la responsabilidad primaria recae en los gobiernos y la mayoría de ellos han fallado. Podríamos asumir que no es tarea de la iglesia, sin embargo, el amor y compasión por la gente, han producido proyectos sociales concretos como campañas médicas y alimenticias, distribución de ropa y hasta talleres técnicos para enseñar oficios.

La labor de Eliseo es inspiradora y modela a todos los líderes cristianos con respecto a la tarea integral de ayudar a las personas. La viuda de un discípulo de Eliseo, vino a reclamar que su difunto esposo había sido un hombre de Dios pero que no había sabido administrar el dinero y les había dejado tan grandes deudas que los acreedores tomarían sus hijos en pago. El siervo de Dios, además de haber hecho su tarea de orar y declarar una palabra de bendición, asesoró, dando ideas y supervisando el proyecto comercial de "venta de aceite" que libraría a los hijos de la viuda y les permitiría vivir en tranquilidad de su negocio. Vemos al profeta, por un lado cumplir su tarea espiritual de orar, ministrar, imponer manos y quizás profetizar para un milagro económico, pero por otro lado, enseñar principios de negocios.

2 Reyes 4:1-3,7 *"1. Una mujer, de las mujeres de los hijos de los profetas, clamó a Eliseo, diciendo: Tu siervo mi marido ha muerto; y tú sabes que tu siervo era temeroso de Jehová; y ha venido el acreedor para tomarse dos hijos míos por siervos. 2. Y Eliseo le dijo: ¿Qué te haré yo? Declárame qué tienes en casa. Y ella dijo: Tu sierva ninguna cosa tiene en casa, sino una vasija de aceite. 3. El le dijo: Ve y pide para ti vasijas prestadas de todos tus vecinos, vasijas vacías, no pocas...7. Vino ella luego, y lo contó al varón de Dios, el cual dijo: Ve y vende el aceite, y paga a tus acreedores; y tú y tus hijos vivid de lo que quede."*

Estas páginas persiguen despertar y en algunos casos consolidar la visión por mejorar la economía de las personas a través de enseñar principios bíblicos y básicos de mayordomía financiera y prosperidad.

5 PRINCIPIOS BÍBLICOS PARA TRANSFORMAR LA ECONOMÍA

P.O.D.E.R. Para hacer Riquezas

La Biblia provee principios para mejorar la economía de los seres humanos. En el Antiguo y en el Nuevo Testamento encontramos hombres y mujeres piadosos, consagrados a Dios que fueron prosperados por aplicar conceptos y valores de trabajo y administración económica, y que además experimentaron milagros de provisión.

Después que los israelitas terminaron el peregrinaje de 40 años en el desierto y están por poseer la tierra prometida, Dios les advierte a que no olviden que fue El quien les dio la capacidad el "PODER" para hacer las riquezas. Deuteronomio 8:18

¿En qué consiste ese "poder"? ¿Qué fue lo que Dios dio al pueblo de Israel para prosperar? Sabiduría, bendición, milagros al libertarlos de Egipto y abrir el mar rojo, provisión con los tesoros de las egipcias, conservación del vestuario en el desierto, maná, etc.

Debemos comprender que la bendición y la prosperidad del Señor incluyen riquezas pero no se limita a ellas. Su bendición es más amplia como lo enseña el discípulo amado. *3 Juan 2 "Amado, yo deseo que tú seas prosperado en todas las cosas, y que tengas salud, así como prospera tu alma."* También el sabio y prosperado Salomón implica que la riqueza sin alegría en el alma no es nada. *Proverbios 10:22 "La bendición de Jehová es la que enriquece, Y no añade tristeza con ella."* Es impresionante ver que La Biblia señala que José vivía en prosperidad a pesar de que era un sirviente de Potifar y mucho más asombroso es observar que en la cárcel también fue hombre prospero, Génesis 39:2,23

Mis amigos lectores, prosperidad es más que dinero, significa tener la bendición de Dios en lo que emprendes, llenándote de gozo y de paz.

Inspirado en la recomendación que Dios dio al pueblo de Israel,

185

a que no olvidara que fue El quien les dio P.O.D.E.R. para prosperar, quiero aprovechar este término para hacer un acróstico, que ilustra la pasión que hemos tenido para transformar la economía de las personas, y que además han sido las 5 bases bíblicas de nuestra enseñanza en los últimos años en nuestra iglesia.

*P*acto de Dios de bendición

*O*ración para pedir bendición financiera

*D*ar para generar finanzas

*E*sfuerzo para generar finanzas.

*R*ecursos para generar finanzas.

PACTO DE DIOS DE BENDICIÓN

Dios es un ser de alianzas, contratos y pactos. El ha expresado su voluntad a través de alianzas con el hombre, se ha comprometido por su nombre y palabra a cumplir su deseo. La teología y las creencias que los pueblos tienen de Dios determina la manera como enfrentan toda su vida incluyendo el contexto económico. Si las personas creen que Dios solo es para los asuntos espirituales del domingo en la iglesia y para el cielo no pedirán su ayuda ni bendición económica; es más, si las personas creen que Dios rechaza el dinero y a las personas que lo tienen, tendrán miedo de querer salir de su entorno de pobreza. Hay personas que tienen estructuras y fórmulas mentales contradictorias al contexto bíblico, veamos una: "pobreza=humildad", "humildad=santidad" y "santidad=agradar a Dios". La fórmula termina siendo: "pobreza=agradar a Dios." La Biblia tiene ejemplos de hombres muy ricos pero que tenían un corazón humilde. Abraham el enriquecido (Génesis 24:35) es conocido como el padre de la fe y fue llamado amigo de Dios. No necesariamente los ricos son orgullosos y los pobres humildes. En ambas posiciones sociales hay orgullosos y humildes. El primer principio para transformar la realidad económica es creer que Dios quiere bendecirte y ha establecido un pacto.

Dios quiso bendecirte desde el principio

Para conocer el deseo de Dios de bendecir al hombre, hay que viajar a los inicios de la historia humana y observar en donde colocó Dios al primer matrimonio. En el huerto del Edén, en el "paraíso" era un lugar de prosperidad. Génesis 2:8,9

Además en el primer capítulo de Génesis encontramos la bendición de productividad sobre el hombre. Génesis 1:28

Es decir, desde el inicio Dios ha querido lo mejor para el hombre, ese ha sido su deseo y voluntad. Lo hizo productivo, fértil y lo estableció en un ambiente agradable y próspero. El hombre cometió pecado, por lo tanto salió del huerto a sufrir las consecuencias de su maldad, pero el plan de Dios de querer bendecirlo sigue vigente. Al pasar generaciones Dios estable un pacto con Abram de bendecirlo y prosperarlo. *Génesis 12:1*. Vemos años más tarde que Dios ha cumplido su pacto de bendecirlo. Génesis 24:35

Por favor, nota que fue Dios quien lo bendijo y lo enriqueció.

Dios quiere bendecirte hoy

En el pacto hecho con Abraham, Él le ofreció que en él serían benditas todas la naciones de la tierra. El tiempo transcurrió y al llegar al Nuevo Testamento a la época de la iglesia primitiva, vemos a Pablo conectando esa promesa y pacto a su momento. Gálatas 3:13

Aprendemos que la maldición de desobedecer la ley es muerte integral, física, emocional, espiritual y económica. Quedó muy claro en el pecado de Adán, sin embargo, Dios estable su bendición con Abraham y las naciones, luego Pablo explica que en el madero Cristo nos redimió de la maldición de la ley, es decir de la muerte. Por supuesto, que en primera instancia la bendición en Jesús es la salvación eterna, pero en planos secundarios incluye salud y prosperidad.

Dios quiere que vivas en integridad para bendecirte

Vemos que las alianzas de Dios con el hombre requerían obediencia y rectitud. Ya dijimos que Adán y Eva sufrieron las consecuencias de su desobediencia. En Deuteronomio 28:1

Dios muestra que su deseo es hacer al hombre cabeza y no cola y le ofrece que las bendiciones lo seguirán y no él a las bendiciones, la condición era escuchar y obedecer su palabra. El promete bendecir al que tiene carácter honesto e íntegro.

Cerca de mil personas de nuestra iglesia vimos la película "Reto de Valientes", cuyo tema central es la familia. Muestra a un hispano cristiano llamado Javier a quien le ofrecen ascenso de puesto en la fábrica con la condición de mentir y participar en el robo en acuerdo con su jefe, al principio no se siente seguro de su respuesta, por lo que le conceden un tiempo para que lo piense, al otro día al regresar a la oficina, su respuesta es categórica decide que no va a aceptar el trabajo con riesgo de perder el actual, entonces el jefe le pregunta ¿por qué no? y él dice: no es correcto y no quiero deshonrar a Dios." Me sentí muy "orgulloso", honrado cuando en ese momento espontáneos y fervientes aplausos se escucharon en todo el auditorio. Dije dentro de mi, gracias Dios porque tu pueblo apreció el valor de la honradez.

Con el llamado de liderazgo que tienes, anímate a enseñar los principios bíblicos y que Dios te use para cambiar esquemas mentales de pobreza que posee la gente, ellos piensan que no pueden, que es para otros y quizás ni se les ha ocurrido que Dios quiere prosperarlos. Pero tu voz será como una agradable trompeta que emite sonidos de libertad y de victoria.

Ora para pedir bendición financiera

Un segundo principio bíblico y espiritual para ser bendecido económicamente es la oración, intercesión y la guerra espiritual.

DIOS ROMPE LA MALDICIÓN DE LA POBREZA A TRAVÉS DE MI ORACIÓN.

Oración de arrepentimiento. Como señalamos en líneas anteriores la pobreza, como la enfermedad y los males de la humanidad vinieron desde que Adán y Eva desobedecieron al Señor y tuvieron como consecuencia la maldición de la tierra. También, apuntamos que Cristo nos redimió de la maldición de la ley. Es decir, debemos ver la pobreza y la enfermedad como una maldición. Al llamar a la pobreza maldición te colocas en la posición de no aceptarla y querer salir de ella. Si bien es cierto, Cristo nos redimió de la pobreza, no obstante el pecado y la mala administración nuestra y quizás, los errores de otros siguen atándonos a ella. Aprendemos en la Biblia que el arrepentimiento sana nuestra tierra, según el segundo libro de Crónicas capítulo siete y verso catorce.

Oración para pedir bendición. Jabes fue un personaje, como su nombre lo índica, probablemente venía de un pasado "doloroso" y sufrido. Sin embargo, usó el arma poderosa de la oración al invocar al Señor para revertir su situación. 1 Crónicas 4:10 *"E invocó Jabes al Dios de Israel, diciendo: ¡Oh, si me dieras bendición, y ensancharas mi territorio, y si tu mano estuviera conmigo, y me libraras del mal, para que no me dañe! Y le otorgó Dios lo que pidió."*

Encontramos cuatro peticiones en esta oración: 1)Bendición, 2)Expansión, 3)Apoyo y 4)Protección. Si quieres prosperar en América Latina y principalmente en el contexto inseguro de Guatemala, pide a Dios su bendición, porque si Jehová no edifica la casa en vano trabajan los edificadores. Pide al Señor que amplíe, expanda tu territorio, es decir, que crezca tu negocio, ministerio y terreno. Además, ruega al Señor que su mano esté sobre ti para no sentirte solo y puedas sentir su mano de apoyo. Y finalmente, intercede para que El te proteja de la delincuencia, el asalto, el robo, la estafa y el secuestro. Pide a Dios que envíe sus ángeles para cuidarte como lo hizo con Lot y cúbrete con la sangre de Cristo, como lo experimentaron los israelitas en Egipto cuando rociaron con sangre de corderos los dinteles de sus casas e impidieron que la espada tocara a sus primogénitos.

Recuerdo cuando nos notificaron que un hermano de la iglesia había sido secuestrado hacía una pocas horas y se lo habían llevado en su propio auto. Yo estaba dirigiendo una reunión de trabajo en mi casa, interrumpí la sesión y pedí que oráramos por él. Mi esposa se encerró en una habitación con mi hija por una hora para interceder, orar, clamar, reprender al demonio y confundir la mente de los maleantes. De pronto mi hija tuvo una visión, vio que ángeles estaban en el carro y lo liberaban. Fue cuestión de minutos cuando llamó la esposa y nos dijo que lo habían soltado. Así sucedió cuando un ángel libertó a Pedro de la cárcel mientras el grupo familiar oraba por él.

Dios ha querido bendecirte desde el principio, ora constante y fervientemente lleno de fe y autoridad para que el Señor te prospere. Y Él te lo otorgará como lo hizo con Jabes. Bendice a tu comunidad, iglesia o grupo constantemente con oración y ayuno. Ten fe que Dios te responderá, no dejes pasar oportunidades para imponer tu mano sobre la cabeza de tus discípulos y pídele a Dios que los prospere. Ve a sus negocios, oficinas o fábricas y ora para que Dios expanda ese territorio.

DA PARA GENERAR RIQUEZAS

Invertir es un concepto financiero que infiere la oportunidad de ganar. La inversión es un concepto bíblico implicado en la "siembra y la cosecha". Las personas que han invertido tienden a prosperar. Hay dos dimensiones que nos muestra la Biblia en la cual podemos "sembrar" para obtener ganancias y cambiar la situación económica. Una es la esfera o reino terrenal y la otra la esfera o reino espiritual. Para cada una, la Biblia nos provee principios que si los enseñamos ayudaremos a la gente a prosperar.

DIOS BENDICE TU INVERSIÓN EN EL REINO TERRENAL.

Hay varios principios que al utilizarlos proveen riquezas. Muchos cristianos conocen y practican verdades espirituales para prosperar pero al desconocer los principios terrenales se privan de una bendición mayor. El libro de Génesis muestra al hijo de Abraham que se enriqueció al ciento por uno en el lapso de un año al haberse dedicado a la agricultura. Génesis 26:12,13

Existen algunos principios en el ámbito terrenal que los cristianos debemos aprender para ser prosperados y ayudar a otros a prosperar. Jesús relató varias parábolas que enseñaron principios universales para el desarrollo económico. Sinteticemos algunos conceptos que hemos aprendido en la Biblia que han mejorado la economía de muchos en los últimos años en nuestra iglesia.

Enseña a las personas a negociar

Es difícil, aunque no imposible que una persona aprenda a negociar si el entorno al que pertenece, familia, amistades y, compañeros de estudio no es de negocios. Algunas veces la necesidad o la influencia de algo o de alguien despierta el ánimo para comerciar. Jesús relató una parábola en la que muestra que negociando es la mejor manera de multiplicar los recursos. Mateo 25:16 *"Y el que había recibido cinco talentos fue y negoció con ellos, y ganó otros cinco talentos"*(14) Hemos colocado en la mente de las personas que por lo menos consideren la idea de llegar a tener su propio negocio. Desde hace algunos años nuestra oración congregacional y pública ha sido; permítenos ver a 500 hermanos y hermanas poner sus propios negocios. Fue muy gratificante, encontrarme a un hermano de Guatemala, ahora viviendo en Los Ángeles, Ca. Contarme *"que él era de los 500 nuevos empresarios",* él había creído esa palabra y ahora estaba a punto de establecer su negocio en California.

Mientras nuestra oración y enseñanza era motivar a la gente a ser emprendedores y poner su propio negocio, entendíamos que se necesitaba el conocimiento o la ciencia básica para iniciar y consolidar el éxito. De una manera milagrosa, conocimos a unos hermanos empresarios de los ministerios Perimeter Church de la ciudad de Atlanta que habían dispuesto sus corazones para bendecir Guatemala a través de asesorar, capacitar y colaborar con gente pobre que tuviera ideas de negocios pero carecieran del conocimiento y los recursos para iniciar. Por varios años han ayudado a hermanos de nuestra iglesia a establecer microempresas. Toman una semana tres veces al año e invierten su tiempo, conocimiento y amor para ayudar a establecer los negocios.

ENSEÑA A LAS PERSONAS A INVERTIR

El prolífero autor en temas financieros R. Kiyosaki define la estrategia inversora como *"la ciencia del dinero generando más dinero"* (5) Es decir, invertir es saber colocar el dinero para que después de un tiempo se haya multiplicado. En el libro "Padre Rico Padre Pobre" el autor enumera una lista de opciones de inversión, entre ellas, explica que una inversión puede ser el negocio donde no se solicite su presencia y que *sea* dirigido por terceros. Otra inversión puede ser la compra de propiedades y terrenos puestos en alquiler que periódicamente representen ingresos y con el tiempo puedan ser vendidos a un precio superior de la compra. Quizás la frase más recordada de Robert Kiyosaky es: "Hacer que el dinero trabaje para usted y no usted para el dinero" (6)

En la parábola de los talentos Jesús relata como el propietario reprende duramente al siervo que tuvo miedo y no negoció, reprochándole que por lo menos lo hubiese depositado en el banco para ganar intereses. Mateo 25:27

Vale la pena señalar que en la economía insegura de la actualidad ya no es una inversión depositar el dinero en el mercado bancario, puesto que la inflación anual es mayor que los intereses. Es decir el alza de la vida es mayor a los intereses que ofrece el banco. En la administración divina, Dios espera que no solo cuides sus bienes sino que los multipliques. Esto se logra negociando e invirtiendo.

Enseña a las personas a ahorrar

El ahorro es la disciplina y capacidad de gastar menos de lo que ingresa. El millonario Rockefeller enseñaba a sus hijos a ahorrar el 20% de sus ingresos. El ahorro es una disciplina que forja carácter pero también da la oportunidad de tener efectivo disponible para aprovechar una oferta o para invertir, además que da poder de negociación. Un amigo me contó lo que le enseñó su abuelita en la administración del dinero: "Billete ganado, medio comido, medio guardado."

Enseña a las personas a realizar un presupuesto

La disciplina de calcular sabiamente (sumar, restar, multiplicar y dividir) como vas a gastar lo que has ganado, y llevar un record en una agenda impedirán que te endeudes y empobrezcas. Si bien es cierto, los salarios mínimos en América Latina son muy bajos y no alcanzan para que solo una persona sostenga a una familia, no obstante el presupuesto te ayudará a llevar un estilo de vida (la clase de comida, vivienda, vestuario, transporte y estudio) acorde a tus ingresos. Jesús lo enseñó en Lucas 14:28

La Palabra nos enseña que antes de comprar o construir algo debemos sentarnos a calcular los gastos para ver si tenemos lo suficiente. La experiencia demuestra que la mayoría de las personas que se endeudan no manejan un presupuesto por escrito, y si hicieron uno, lo tienen guardado cuidadosamente en el fondo de una gaveta sin darle uso alguno. Hacer tu presupuesto por escrito te ayuda a planificar tus gastos de antemano, a analizar la manera de gastar y a controlar esas compras impulsivas que son lo peor para el presupuesto. El Dr. Panasiuk en vez de llamar presupuesto prefiere llamar "hoja de control de gastos", realmente regala una herramienta muy útil para no empobrecer. Enfatiza que a partir de hacer un presupuesto "sabrás exactamente a donde se va el dinero y finalmente tomarás control de él." (7)

Dios bendice tu inversión en el reino celestial.

La mayoría de cristianos lectores de la Biblia hemos entendido los principios de siembra y cosecha en la dimensión espiritual. Comprendemos que al dar a Dios lo que Él pide obtenemos bendición sobre nuestras vidas. Estamos claros que a Dios no lo podemos comprar, ni lo impresionamos con el monto de nuestra ofrenda. El mira la actitud del corazón. Así como aprendimos en la dimensión terrenal que hay diferentes oportunidades para invertir, de igual forma hay diferentes "terrenos" donde podemos depositar nuestra inversión espiritual.

Enseña a las personas a invertir dando el Diezmo

Los principios bíblicos muestran como los hombres daban el diez por ciento de sus ingresos a Dios. En el Antiguo Testamento, antes de la ley, Abram entregó sus diezmos. Génesis 14:18-20

Quizás el pasaje clásico para hablar de este tema, se encuentra terminando el Antiguo Testamento, el profeta Malaquías reprocha al pueblo de Israel por no dar el diezmo, pide que lo entreguen y motiva mostrando los beneficios que obtendrán. Malaquías 3:10-12

La enseñanza del diezmo, también la encontramos en el Nuevo Testamento confirmada por Jesús, Él está increpando a los fariseos que daban el diezmo pero que descuidaban el amor y la justicia. Lucas 11:42

Somos cientos los cristianos en nuestra iglesia que entregamos al Señor lo que le corresponde. Llegué a la iglesia cuando tenía 11 años, al principio observé que mis padres lo hacían, así que lo hice por observación y modelaje. Al hacerme joven y leer la Biblia, me convencí que era el deseo de Dios y lo hice por obediencia. Daba el diez por ciento de lo que recibía de mi padre. Debo reconocer que aprendí a dar con gozo, al dar mi primera primicia cuando trabajé de entrenador de Basquetbol. Doy gracias a Dios por mis padres, mis maestras de escuela dominical y mis pastores que me mostraron lo que decían Las Escrituras. Atribuyo al principio de la inversión en el reino celestial la bendición económica con la que he gozado toda mi vida.

ENSEÑA A LAS PERSONAS A INVERTIR DANDO OFRENDAS

Esta es otra manera de invertir en la dimensión espiritual. Al dar ofrendas para el funcionamiento de la iglesia y la realización de los proyectos evangelísticos, misioneros y sociales. En el pasaje de Malaquías, mencionado arriba se menciona el diezmo pero también las ofrendas. Jesús aprobó la práctica espiritual de las ofrendas ya que en su ministerio tenía un tesorero, además habló bien de una anciana viuda que daba sus ofrendas. Según Lucas 21:2. Cierto día unos ancianos judíos vinieron a suplicar a Jesús que atendiera la necesidad de un centurión romano bajo el argumento que éste amaba a la nación porque había ofrendado para la edificación de una sinagoga, según Lucas 7:5. Hemos sido fieles testigos como los hermanos y hermanas de nuestra iglesia se desbordaron en ofrendas generosas para construir nuestro bello y grande edificio para 5,000 personas. Todo nuestro deseo era que Dios nos bendijera para seguir contribuyendo para construir un lugar donde poder adorar al Señor y seguir compartiendo el mensaje de salvación a nuestros amados. Fue un tiempo de extraordinarios milagros. Al mismo tiempo que se construyó el templo algunas familias compraron su casa, un terreno o emprendieron negocios. De alguna manera se liberó tanta fe, creyendo que si Dios nos podía ayudar a edificar un edificio para El, también nos podría ayudar a construir una casa para nuestra familia.

ENSEÑA A LAS PERSONAS A INVERTIR HONRANDO A SUS AUTORIDADES

La Biblia es categórica y además el sentido de gratitud nos enseña a honrar a nuestros padres. Si bien es cierto, hay muchas maneras de honrar a nuestras autoridades, una de ellas es la honra económica. En la Biblia el término honra implica apoyo financiero, así lo enseña Salomón en Proverbios 3:9,10

El primer mandamiento con promesa es honrar a los padres. Efesios 6:2. Pablo, en la primera epístola que escribe a Timoteo le instruye a honrar a las autoridades espirituales. 1 Timoteo 5:17,18.

ENSEÑA A LAS PERSONAS A INVERTIR DANDO AL NECESITADO

Quizás "sembrar" nuestra semilla en las diferentes necesidades de los seres humanos sea una de las satisfacciones más agradables en la vida. Saber que una persona pobre que es auxiliada en alguna de sus tantas necesidades no podrá regresar el favor purifica el corazón del inversor. Sin embargo, la Biblia es clara al referir la recompensa divina por suplir la necesidad de alguien más vulnerable.

Proverbios 19:7 NVI *"Servir al pobre es hacerle un préstamo al Señor; Dios pagará esas buenas acciones."*

A través de nuestra estructura de grupos pequeños, los líderes de los círculos familiares motivan a auxiliarse entre ellos en diferentes necesidades. Como iglesia local en los últimos tiempos hemos estado inquietos por proyectarnos a la comunidad a través de jornadas médicas. Como anotamos en páginas anteriores, un grupo de hermanos de la iglesia están visitando las cárceles logrando excelentes resultados. Hace unos meses iniciamos un movimiento denominado "amigos de la montaña" cuyo objetivo es ayudar a los miembros de nuestras iglesias Lluvias de Gracia en el interior del país en sus necesidades básicas, principiaremos con los líderes para luego incidir en el segmento restante. Hay varios empresarios orando para que el Señor los haga más prósperos porque su ilusión es compartir con el necesitado y los diferentes proyectos de la iglesia.

ENSEÑA A LAS PERSONAS A INVERTIR CON BUENA ACTITUD

Es indispensable que la inversión que se de en el Reino de Dios sea impulsada con actitudes correctas. La alegría, la fe, la obediencia y el amor son virtudes que deben acompañar tu ofrenda para que Dios acepte tu generosidad. Pablo lo enseñó a la iglesia de Corinto en la segunda carta. 2 Corintios 9:6-8

La alegría debe brotar en tu corazón cada vez que des una ofrenda. La alegría es el resultado de dar con amor y confianza en Dios, quien escuchará tus oraciones. Jesús al ver a las personas que depositaban su ofrenda en el templo, no solo vio la cantidad que daban sino con cuanto se quedaban. El reprobó el corazón de la mayoría pero aceptó la ofrenda de la viuda que había echado menos comparado con los demás, pero en su corazón había dado más porque lo dio todo. En Hebreos 11 encontramos la galería de los héroes y heroínas de la fe, el autor recuerda que Dios aceptó la ofrenda de Abel porque tuvo fe. Hebreos 11:4

Entendemos que muchos no reciben bendición porque Dios no acepta su "siembra" porque la motivación del corazón no es correcta. La codicia ha hecho que muchos hayan manipulado vidas en este tema de las ofrendas y muchos han querido manipular a Dios mismo. Para librar el corazón de la codicia al dar ofrendas debes examinar si tienes gozo, amor, fe y obediencia. Al sembrar con estas condiciones en el Reino de Dios, sin lugar a equivocarme el Señor te prosperará. Dijo Martín Lutero "he tenido muchas cosas en mis manos, y las he perdido todas. En cambio, todo lo que he puesto en manos de Dios, sigue siendo mío. (8)

ESFUERZO PARA GENERAR RIQUEZAS.

El cuarto principio bíblico que hemos enseñado para transformar la "suerte", la situación económica de las personas es trabajar con esfuerzo y diligencia.

ENSEÑA A LAS PERSONAS A TRABAJAR

La cultura de trabajo es una cultura divina. Dios modeló desde la creación el concepto de trabajar. De los siete días de la semana, seis los utilizó para trabajar y uno para descansar. Génesis 2:2

El arte manifiesta los pensamientos y la filosofía de la época, a América Latina le ha hecho mal la canción que dice "el trabajo es una maldición". Algunos podrían conectar esta canción con Adán y pensar que el pecado y su maldición produjo el trabajo. Debes notar que Adán antes de la caída ya trabajaba en la agricultura cultivando el huerto. Génesis 2:15

Por lo tanto, debemos ver el trabajo como una bendición y parte del diseño perfecto de Dios. En el Nuevo Testamento vemos a las autoridades religiosas molestas porque Jesús trabajaba en el día de reposo, Él había sanado a un ciego. Jesús mismo responde que su Padre trabaja y que Él también lo hace. Juan 5:17

Años más tarde el apóstol Pablo discipulando a la iglesia de la ciudad de Tesalónica los reprende por no trabajar. 2 Tesalonicenses 3:10

Escuché a un pastor contar que cuando él se convirtió estaba tan atraído a la lectura de la Biblia y a la oración que se encerró en su casa por un mes, no salió a la calle a vender fotografías, era el negocio al que se dedicaba. Cuando leyendo se encontró con "... el que no trabaja que no coma..." 2 Tesalonicenses 3:10 lo cual lo sacudió y ese mismo día salió a trabajar. Las personas que no tienen el hábito de trabajar no prosperarán.

Anima y persuade a las personas a que trabajen. Los índices de desempleo son altos en Latinoamérica, sin embargo, hay que explicar que las grandes empresas no contratan gente desempleada, prefieren tomar personas que están en otros trabajos. Es más fácil que consigas un nuevo trabajo cuando estás empleado que cuando estás desempleado.

La pobreza está en la mente y sus mejores aliados se llaman resignación y conformismo, el gran obstáculo que se arraiga en la vida de las personas, es cuando se dan por vencidos y dejan de luchar. El cansancio trae desánimo, la falta de resultados satisfactorios trae profundas dudas, las batallas no alcanzadas traen decepción y la falta de oportunidades provoca crisis de fe. Desarrolla una nueva actitud mental, anímica e integral, no te des por vencido, recuerda que cada individuo es forjador de su destino. ¡Apúntale a lo mejor¡ convéncete que Dios te creó con propósito y tienes una misión trascendental en esta tierra. Tus días no han terminado, levántate y pelea las batallas.

Enseña que Dios bendecirá el trabajo diligente

Hay personas que sueñan con establecer un negocio propio no por el deseo de generar más ingresos, mucho menos de proveer fuentes de trabajo a la sociedad, sino porque ya no quieren trabajar tanto, tampoco ser puntuales, ni tener que entregar cuentas a nadie. No saben que la manera de tener éxito en los negocios, es trabajar diligentemente, más que antes, por lo menos los primeros años. El ejemplo de los empresarios japoneses, en sus primeros tres años de inicio de un negocio trabajan más que nunca. En los Estados Unidos, una persona que triunfa llega a trabajar un promedio de 55 horas por semana. Siempre el inicio de un negocio requiere mucha entrega, tiempo y trabajo.

En el viejo Oeste, el medio de transporte eran carretas que al atravesar de un pueblo a otro, tenía que enfrentar peligros en el desierto, con los animales salvajes, con los indios y con bandidos. El conductor tenía que ser muy diligente. Por eso, ese medio de transporte llegó a ser conocido como Diligencia. Diligencia es lo que Dios nos pide cuando al entregar nuestros talentos nos manda a usarlos. La Biblia es clara al señalar que el trabajo solo no es suficiente hay que hacerlo bien y con prontitud, es decir con diligencia. Proverbios 10:4, Proverbios 31:18

Proverbios 22: 29 DHH *"El que hace bien su trabajo, estará al servicio de reyes y no de gente insignificante"*

Para prosperar en nuestro contexto tenemos que dejar que el Evangelio permée nuestra cultura latina, caracterizada por mentira, irresponsabilidad, impuntualidad y dejadez.

Permíteme mostrarte la escalera de la prosperidad

-NADA:	SIN ESTUDIO, SIN TRABAJO, SIN NEGOCIO Y SIN INVERSION
-POCO:	SIN ESTUDIO, TRABAJO, SIN NEGOCIO Y SIN INVERSION
-LO SUFICIENTE:	ESTUDIO, TRABAJO, SIN NEGOCIO Y SIN INVERSION
-MUCHO:	SIN ESTUDIO, TRABAJO, NEGOCIO E INVERSION
-ABUNDANCIA:	ESTUDIO, TRABAJO, NEGOCIO E INVERSION

"Si quiere angustiarse, mire hacia adentro. Si quiere derrotarse, mire hacia atrás. Si quiere distraerse, mire a su alrededor. Si quiere una salida. ¡Mire hacia arriba;" John Maxwell

Recursos para generar riquezas

Esta es la quinta verdad bíblica que hemos compartido en los últimos años en la iglesia. Hemos motivado a hacer un inventario de lo que Dios ha dado a cada ser humano, hemos explicado que los recursos que Él ha provisto son múltiples y variados, a saber: vida, salud, esperanza, talento e ideas, entre otras más. Estoy convencido que las ideas y los pensamientos determinan el éxito financiero o la pobreza. El Dr.Cho dice "He aprendido que una idea es mucho más valiosa que un recurso material. Hay obstáculos que lo no material no puede eludir, pero el poder creativo de las ideas sí. La causa principal de los problemas que tuvo el hombre a lo largo de la historia no fue la falta de recursos materiales sino de ideas".(9)

Dios te dará ideas para generar riquezas

Seguramente, mas de una vez has pensado que todo lo que ven tus ojos en un tiempo no existían, pero que alguien tuvo que haberlo visto en el mundo de las ideas para luego traerlo al plano visible. Pues bien, Dios tuvo la idea de hacer el mundo y lo creó, así las estrellas, el universo, la naturaleza y el hombre mismo. El tuvo la idea de crear al ser humano y dijo hagamos al hombre y lo trajo al plano visible. Al mismo tiempo, cuando observamos todo lo material que el ser humano ha hecho, casa, ropa, cables, carros, etc. en un tiempo no existían pero algún ser humano tuvo la idea y lo hizo. Por ejemplo, cuando Henry Ford tenía 12 años, fue con su padre a Detroit y vio un tractor, fue el primer vehículo de tracción "no animal" que vio. Antes de que su papá se diera cuenta, Henry salió corriendo para ir a hablar con el chofer, esa noche, dijo Henry "no pude cerrar un ojo, estaba tan impresionado por aquel monstruo". Este acontecimiento fue lo que orientó a Henry hacia el transporte automotor y desde ese instante, a los 12 años, su gran ambición fue construir una máquina que anduviera por las carreteras. La idea por crear una máquina rodante lo persiguió cada día de su vida, hasta que lo logró. Poissantt "Mi Primer Millón". (10)

Este libro, es rico en información, anécdotas y citas sobre diez exitosos empresarios. Aporta dosis motivadoras para ser emprendedores, por ejemplo entre las personas de mediana edad es común escuchar frases como "ya estoy viejo para emprender y tener éxito en los negocios". "Si esto fuera cierto, no habría en el planeta un solo local de McDonalds. Ray Kroc escribió en su autobiografía: "Al volver a Chicago ese día fatídico de 1954, llevaba en el portafolio un contrato recién firmado por los hermanos McDonald's. Yo era un veterano cubierto de cicatrices, secuelas de la guerra de los negocios, y sin embargo estaba impaciente por entrar en acción. Tenía 52 años, era diabético y sufría un principio de artritis. En campañas anteriores había perdido mi vesícula biliar y la mayor parte de la glándula tiroides. Pero estaba convencido de que todavía tenía por delante los mejores años de mi vida"

La Biblia muestra que Dios tiene la capacidad de poner ideas en nuestra mente. Eclesiastes 3:11

Recuerdo haber escuchado al Dr. Cho contar la historia de un Coreano que llegó a un banco en Inglaterra pidiendo financiamiento para un proyecto, el banquero le preguntó si tenía algún bien y quién lo asesoraba, él respondió "no tenga nada". Entonces le preguntó, "¿Qué tiene y con qué cuenta?", él dijo tengo una "¡IDEA!". El ejecutivo del banco, según relata el pastor Cho, vio en los ojos de este hombre que lo iba a lograr y le prestó mil millones de dolares.

Así fue como surgió la compañía internacional llamada Hyundai.

"No esperes a que se te presente la oportunidad, ¡búscala¡ Y, si no aparece, ¡créela¡ pero, definitivamente, si algo va a suceder comenzará por ti mismo. Tenemos la costumbre de echarle la culpa a otros por todo lo malo que nos ocurre, mientras no decidamos terminar con esto, difícilmente progresaremos en la conquista de nuestro propio destino, debemos madurar y tener una mirada más responsable de nuestra propia vida. Hay pues una fuerza arrolladora en tu interior. Tú y solo tú puedes cambiar tu presente. ¡Despierta, el futuro que está en tus manos, se el dueño de tu destino".(11)

CONSEJO INSPIRACIONAL

Cree con todo tu corazón que Dios te ama y que ha querido desde el principio bendecirte integralmente. A su pueblo físico, los israelitas les dio P.O.D.E.R. para hacer riquezas según Deuteronomio 8:18, ahora nosotros su pueblo espiritual, la iglesia de Jesucristo somos bendecidos en la promesa de Abraham a través de Jesucristo. Es inspirador haber escuchado decir al pastor Cho "a mi iglesia la gente viene pobre y Dios por medio de la Biblia les enseña a triunfar". Nosotros también como líderes cristianos hemos creído esa palabra para nuestras iglesias, nación y América Latina. En la Biblia encontramos suficientes principios eternos, en primer plano, para quitarnos los miedos, cambiar nuestra manera de pensar, arrancarnos la religiosidad y la filosofía de la pobreza, y en segundo lugar despertar nuestro entendimiento para el desarrollo financiero.

El poder del Evangelio practicado integralmente afecta positivamente la economía de los miembros de las iglesias cristianas. El testimonio de nuestra iglesia Lluvias de Gracia en Rivas, Nicaragua lo ilustra, algunos años atrás en el estacionamiento se podían ver bicicletas ahora se observan carros. ¿Qué ha sucedido?, las personas han prosperado al poner los principios bíblicos de la inversión en el reino terrenal y en el reino espiritual en práctica. Los jóvenes han estudiado, las personas han establecido negocios y en general han dado al Señor lo que es de Él. Así lo testificó uno de nuestros pastores recientemente, él dijo "en mi distrito los carros se contaban con los dedos de la mano, ahora se han multiplicado". Por supuesto, tener posesiones materiales adquiriendo deudas no es bendición, no obstante, es palpable que la bendición de Dios ha prosperado a muchos y sin dolor. Anímate a creer en su promesas, Dios cumplirá su palabra en ti, Él te bendecirá como líder para que tú puedas bendecir a otros. Génesis 12:2.

Preguntas para reflexionar

1. ¿De qué manera cambió Eliseo la suerte financiera de la viuda endeudada?

_____

_____

2. Completa el acróstico

P_____

O_____

D_____

E_____

R_____

3. ¿Por qué la deshonra y la falta de integridad financiera se convierten en obstáculos para el progreso económico?

_____

_____

4. ¿Qué hizo Jabes para cambiar su "Suerte Financiera"?

_____

_____

5. ¿Qué debes sembrar para cambiar tu situación económica?

_____

_____

6. ¿Qué hicieron los siervos para multiplicar sus talentos según la parábola de los talentos?

7. ¿Qué estrategias puedes utilizar para hacer que el dinero trabaje para ti?

_____

_____

8. ¿Qué es ahorrar?

_____

_____

_____

9. ¿Por qué es necesario hacer un presupuesto de todas las inversiones, según Lucas 14:28?

_____

_____

10. ¿Qué sucede cuando das tus diezmos, según Malaquías 3:10-12?

_____

_____

_____

11. ¿Qué actitud debe permanecer en las personas a la hora de sembrar en el reino de Dios?

_____

12. ¿Qué dice la Biblia sobre el trabajo?

_____

_____

_____

13. ¿Qué dice Proverbios 10:4?

_____

_____

_____

_____

_____

_____

Sección
3

Conoce una estrategia celular para cambiar la "Suerte" eterna

Los pilares para la expansión y la promoción de líderes

*E*scuché una historia de un joven que vivía en Guatemala muy cerca de la frontera con México. Su mamá, una madre sola con mucha pobreza, en busca de mejores oportunidades, viajó a Tapachula, México, sin saber, que su bebé se adelantaría y nacería en medio de un escándalo callejero, prácticamente nació en la banqueta de la ciudad. Un hombre que se percató del incidente, la auxilió, llevándolos a un sanatorio. Pagó los gastos hospitalarios, les proveyó para el regreso a su ciudad y se comprometió a sostener al niño a distancia. Después de muchos años, el bondadoso hombre seguía mensualmente enviando provisión para comida, vestuario y estudio.

El niño se hizo joven, aprovechó el tiempo, graduándose de la escuela secundaria, ahora, su gran anhelo era ingresar a la universidad, el desafío no era solamente la mensualidad sino el medio de transporte, ya que no habían buses a esa hora de la noche.

Por consejo de la madre, enviaron una carta solicitando ayuda al generoso hombre mexicano, mostrando mucha gratitud por todo lo que había hecho por él, argumentando que había graduádose con honores, pero que la dificultad era viajar a la universidad ya que no tenía vehículo.

El caballero, le respondió con satisfacción y felicitaciones al muchacho diligente, por haber sido un buen hijo, estudioso y por haber aprovechado el tiempo y los recursos. Ofreciendo que le iba a enviar de México a Guatemala un "COCHE" que recién había adquirido en su ciudad.

"El joven indignado y frustrado rompió la carta vociferando que, que pensaba ese hombre al querer enviar un animal porque él no estaba dispuesto a ir a la universidad sobre un "MARRANO"...

Si eres guatemalteco o vives en México muy cerca de la frontera de Guatemala, probablemente estés sonriendo.

Mi amigo, hispano en el mundo, permíteme contar que en Guatemala un "coche" no es un auto o carro sino un marrano, cerdo o puerco. Mientras que en México si lo es. Lo que realmente estaba ofreciendo el gentil mexicano era un auto moderno adecuado para ir a la universidad. Pero el joven no lo entendió así.

En esta tercera sección del libro queremos compartir sobre un "coche" un vehículo o instrumento de expansión evangelística y discipulado a través de los grupos pequeños, que nosotros llamamos "Círculos Familiares". En este tiempo moderno, la mayoría de iglesias cristianas están organizadas en grupos pequeños o poseyeron alguno. Sin embargo, quiero solicitarte que me acompañes a conocer lo que queremos decir con "estrategia celular o de círculos familiares".

Hace no muchos años, líderes efectivos en el iglecrecimiento principiaron a hablar de la importancia de los principios más que de los sistemas mismos. Soy de la convicción que los principios dan origen y sustentan a las estrategias.

Me gustaría que te acercaras a estas siguientes páginas, como dice Rick Warren en la introducción de su libro "Una iglesia con propósito", "léeme como comes un pescado, quitando las espinas". De igual forma, quiero invitarte a que te enfoques en los asuntos de fondo y no de forma; es decir mira los principios o las razones de ser de las actividades más que de los nombres, los días, el tiempo y las horas de las reuniones.

CINCO CONSIDERACIONES SOBRE LAS ESTRATEGIAS

Antes de entrar de lleno a esta sección, quiero hacer cinco consideraciones sobre cualquier estrategia, obviamente sobre la nuestra también.

Primero. Las organizaciones o iglesias no deben ser dirigidas por estrategias, sino por la visión. Realmente las organizaciones no deben ser conducidas ni por el líder, el dinero, ni los sistemas, únicamente deben ser guiadas por ese cuadro mental de lo que quieren, pueden y deben llegar a ser; es menester para no olvidar la visión, tenerla por escrito y repasarla periódicamente.

Segundo. Las estrategias son buenas siervas pero malas jefas. Las estrategias ayudan a materializar la visión y misión de la organización. Mientras la visión nos ayuda con el qué y por qué, la estrategia provee "el con qué". Cuando el líder y su equipo pierden la visión, olvidan el por qué y el qué de las cosas, la estrategia principia a dirigir la organización. La estrategia de "Círculos Familiares" ha sido un vehículo de crecimiento porque hemos tenido clara la visión de expansión, de transformar la vida de las personas, de cambiar la "suerte" eterna de nuestro prójimo.

Tercero. Las estrategias están fundamentadas en principios. Las estrategias no son huecas, la visión y los valores son el corazón y la columna. Al pararse el corazón se mueren los sistemas y se convierten en pesadas cargas para los colaboradores.

Cuarto. Las estrategias se miden por la productividad. Las estrategias mas que ser evaluadas por su funcionamiento y activismo se deben medir por el fruto acorde a su visión. Los sistemas nacieron con objetivos definidos y si por un tiempo prolongado, posterior a una evaluación objetiva y concienzuda han dejado de alcanzar las metas, es hora de ser valientes, sabios y humildes para ajustar o migrar a otros modelos.

Quinto. Las estrategias son cambiantes los principios no. Las estrategias nacieron en un contexto cultural y social variables; pero los principios como la doctrina y los valores son eternos y no varían, por lo tanto, los modelos para ser efectivos deben cambiar al ritmo de la cultura para seguir cumpliendo su propósito. Está conciente que *"Las culturas hoy en día cambian como nunca antes, en períodos cortos de tiempo, de 3 a 5 años."* [1]

De tal virtud, que permanecer estáticos es perder la oportunidad de ser efectivos y productivos. El prolífero escritor Peter Wagner, después de analizar a las iglesias de mayor crecimiento a nivel mundial, propone en el libro "Terremoto en la Iglesia" que, *"la reforma actual no es tanto una reforma de la fe, sino una reforma de la práctica...El cambio radical de la reforma del siglo XVI fue teológico en contra de la apostasía y corrupción, pero el cambio actual es cultural contra la irrelevancia"* (2).

Aún cuando, concuerdo en que los líderes del siglo XXI para ser efectivos debemos estar abiertos al cambio, ser valientes y humildes, no obstante, también creo que debemos ser sabios. El autor Dan Southerland en su excelente libro "Transiciones" propone un proceso para dirigir a la iglesia a través del cambio. Dan, al igual que Wagner, insiste que la iglesia necesita una reforma o cambio en los métodos. (3). Así que, mi amigo líder, defiende la visión, los valores y la doctrina, pero transicionalmente actualiza la manera de hacer las cosas.

Quiero mostrarte nuestra estrategia como un ejemplo de crecimiento para que tomes los principios aplicables en tu organización y cultura. Así como la maestra de primaria nos enseñó aritmética, a sumar y restar, utilizando manzanas o naranjas, aunque su fin no era educarnos en ciencias naturales, solo empleó las frutas como un ejemplo. De igual forma, queremos mostrarte principios de crecimiento de la iglesia a través de una estrategia celular.

Si bien es cierto, deseo que observes y tomes los principios antes que el mismo sistema, no obstante, con el mismo ánimo te invito a que consideres la estrategia de Círculos Familiares y no la deseches bajo el hecho de que estás en otro contexto denominacional, geográfico, cultural, social y económico. Aplica los principios que te sirvan pero también toma las formas que no choquen con el contexto cultural de tu organización, por favor, úsalas. A propósito, el objetivo en la clase de matemáticas era aprender a sumar y a restar pero si nos obsequiaban la manzana, también la disfrutábamos.

Esta sección entonces, propone dar a conocer tres reuniones básicas fundamentales para que funcione la estrategia que hemos usado y actualizado por un poco más de veinte años. A saber: Reunión familiar, reunión de planificación y reunión de líderes. Las dos primeras se realizan en los hogares y la reunión de líderes con el pastor se celebra, la mayoría de veces, en las instalaciones del templo. Además, pretendemos, mostrar el proceso de tres aspectos para desarrollar la vida espiritual, que son: evangelismo, consolidación y capacitación. Y finalmente, explicaremos una estrategia de multiplicación de grupos pequeños y promoción de nuevos líderes, a la cual hemos llamado, "La Celebración Mundial de la Expansión"

UNA BREVE RESEÑA HISTÓRICA DE LA ESTRATEGIA DE LOS CÍRCULOS FAMILIARES EN LLUVIAS DE GRACIA SEDE

Por favor, permíteme reconocer que la información y contenido en esta tercera sección, es el fruto del trabajo ministerial de varios miles de líderes, cientos de supervisores y decenas de pastores de nuestra amada iglesia Lluvias de Gracia Sede. El capítulo 10 y principalmente el capítulo 11 es el resultado del aporte intelectual que hemos dado diferentes pastores de nuestro equipo al recoger nuestra propia experiencia celular y la hemos plasmado cada año desde 1993 hasta el 2011 en el libro que entregamos en la Cumbre Internacional DIV Guatemala.

Gracias a Dios y a mi pastor Edmundo Madrid, desde 1993 se me delegó el privilegio de ser el director del "Seminario de Iglecrecimiento" nombre que tenía en sus inicios y desde el 2006 "Cumbre Internacional DIV". Además, en 1990, gracias a la confianza divina y del pastor Madrid fui nombrado el director general de los "Grupos Familiares" ahora llamados "Círculos Familiares".

El privilegio de ser el director de los Grupos Familiares, a inicios de los 90, me dirigió a leer libros con respecto al tema, en agosto de ese año, escuché al Hno Sergio Solórzano, en ese entonces pastor general de la iglesia Elim de El Salvador, hablar sobre los grupos celulares e iniciamos la estrategia con 4 grupos de jóvenes.

En 1991 fuimos a la iglesia Palabra en Acción, del pastor Wes Spenser, en Quetzaltenango, Guatemala. Aprendimos la práctica de realizar dos reuniones semanales en las casas, la reunión de

212

planificación y la reunión familiar. Dos de los primeros líderes de jóvenes que iniciaron, Galdino Lemus y Hassen Arana, ahora son pastores en nuestra Misión Lluvias de Gracia. El crecimiento sería acelerado, la sociedad de jóvenes en un solo mes creció de 124 jóvenes a 310. Fue una explosión que provocó que toda la iglesia se involucrara en la estrategia celular.

A finales de 1991 fuimos 38 hermanos a la iglesia Elim de San Salvador a recibir un seminario de grupos familiares, por el apoyo del Espíritu Santo y el trabajo esforzado y diligente en la estrategia celular en la década de los 90´S tuvimos un crecimiento de 1,000 personas por año.

La experiencia de haber servido en los grupos familiares en los privilegios de líder, supervisor auxiliar y general, pastor de distrito y de área, y desde el 2003 como Pastor General me ha permitido conocer, entender y proponer principios en el desarrollo de la estrategia celular.

Lo expuesto en esta sección versa sobre lo visto, oído, palpado y experimentado, por 22 años, no detrás de un escritorio o leído en los libros, sino, más bien en la interacción de amor cristiano en las reuniones familiares y la pasión por ver a Guatemala para Cristo.

Capítulo
Diez
Conoce las tres reuniones clave de los Círculos Familiares (CF)

*L*a estrategia de "Círculos Familiares" está compuesta de tres reuniones claves, realizadas semanalmente en diferentes días y lugares, en las cuales el líder juega un papel muy importante.

Las tres reuniones las presentaré en el orden cronológico como las realizamos cada semana, tomando al líder como eje. En la primera él es capacitado a través de ser ministrado, evaluado y proyectado (MEP) por el pastor y el supervisor (lunes o martes), en la segunda él capacita, por medio de ministrar, evaluar y proyectar (MEP) a su equipo base (miércoles o jueves) y en la tercera reunión, él con su equipo base ejecutan lo planificado, el alcance evangelístico. (viernes o sábado).

REUNIÓN DE LÍDERES

Cada semana el pastor, es recomendable que no lo delegue, se reúne con los supervisores y líderes de círculos familiares. El propósito de esta reunión, por un lado, sirve para ministrar y edificar el corazón del liderazgo. Por otro lado, sirve para evaluar y proyectar el proceso de evangelismo, consolidación y capacitación, a través de revisar el "folder del líder" que incluye: informe estadístico, hoja de evangelismo (extiende tu mano), hoja de consolidación (sostenlos de tu mano) y hoja de capacitación (llévalos de tu mano).

Jesús fue muy estratégico al pedir al liderazgo que, después de ascender al cielo, permanecieran juntos. *Hechos 1:15 "En aquellos días Pedro se levantó en medio de los hermanos (los reunidos eran como ciento veinte en número)...".* Pedro presidía a los líderes, estaban reunidos siendo ministrados en oración y ayuno. Vemos aquí un principio importante para la organización de toda iglesia, el convocar a los líderes principales. Por eso es importante que toda iglesia tenga una reunión con los líderes y los futuros líderes de los círculos familiares.

Como es nuestro interés que conozcas la esencia y luego el frasco, el material de la reunión de líderes se ha organizado en dos bloques. Primero, los principios, lo que llamaremos aspectos de fondo. Segundo, la estrategia, la que llamaremos aspecto de forma.

Aspectos de fondo

La esencia de la reunión de líderes tiene tres principios fundamentales, que son: **Ministrar**, **Evaluar** y **Proyectar**, de aquí en adelante nos referiremos a este proceso espiritual administrativo por M.E.P.

Tan fuerte es este concepto en nuestra vida y lenguaje de la estructura celular, que las tres siglas juntas las conjugamos como verbo y las empleamos como sustantivo, es decir hablamos de "mepear" a los líderes, de "mepear" a los miembros del círculo familiar y hasta de "mepear" a los pastores. (deberíamos proponerla a la Real Academia Española de la lengua. RAE. Para ser aceptada en el diccionario). Decimos que MEPEAR es la triple acción de ministrar, evaluar y proyectar. También, es usado comos sustantivo, el MEP de líderes, para referirnos a la reunión que estamos explicando en este bloque, el MEP del Círculo y el MEP DE PASTORES.

Líderes que cambian Suertes

MINISTRAR

Es el primer principio esencial en la reunión de líderes. En el contexto de esta reunión, entendemos el verbo ministrar como la acción de alentar y edificar la vida del liderazgo a través de la adoración, oración y la Palabra de Dios.

Toda tarea demanda esfuerzo y dedicación, y las responsabilidades de un líder de círculos familiares son muy fuertes ya que el trabajo pastoral ha sido delegado en ellos, si queremos apreciarlo de esta manera, los líderes son los pastores de los grupos pequeños. Es decir, un líder tiene las presiones, dificultades y desafíos de todo cristiano, y además, las cargas de los miembros de su grupo, sumado al tiempo que debe dedicar en las reuniones de la iglesia. Es por ello, que es indispensable ministrar constantemente el corazón de todo servidor y servidora de Dios.

El efecto poderoso de que el Espíritu Santo fluya en el MEP de líderes es importante. Los primeros cristianos, estaban en oración y ayuno, cuando fueron llenos del poder del Espíritu y luego de ello, principio la labor evangelizadora y discipuladora del mundo, con el resultado de 3,000 personas convertidas y bautizadas. (Hechos 2:1-41).

Por dos razones, los líderes necesitan ser ministrados, la primera, por las necesidades personales y la segunda, por el trabajo espiritual que tienen que desarrollar. Los pastores pueden aprovechar la ministración para imponer las manos con mucho respeto y prudencia sobre la cabeza de los líderes, porque hay un doble efecto, por un lado, es una manera de transmitir unción (Hechos 8:17) y por el otro, es muestra de interés y reconocimiento.

No es sabio y estratégico evaluar y proyectar el trabajo de un colaborador, si antes no lo has ministrado. Un líder espiritual y emocionalmente débil es renuente a hacer el trabajo y en el peor de los casos a abandonar su privilegio. Como dice John C. Maxwell. *"no pidas la mano, si antes no has tocado el corazón"*. El caso de Caín es ilustrativo, al ser "evaluado" por Dios con respecto a dónde estaba su hermano Abel, respondió mal y molesto. La razón, él estaba mal internamente, había asesinado a su hermano. (Génesis 4:9).

EVALUAR

Es el segundo principio básico de la reunión de líderes. La evaluación es un aspecto administrativo que permite estimar, apreciar y calcular el valor del trabajo realizado.

En el contexto celular, se evalúan los resultados y las razones de los mismos. Si son positivos, es la oportunidad para felicitar y si son negativos es el momento para encontrar razones y principalmente para proponer soluciones. En Génesis 1 aparece siete veces el término "y vio Dios que era bueno", es decir que Dios se tomó el tiempo para evaluar su trabajo después de haberlo terminado y se percató que era de buena calidad. En estos 22 años de estar aplicando este proceso me he dado cuenta que lo que no se evalúa se devalúa, es decir, por lo que no pregunto y veo, mis equipos le restan importancia.

En esta reunión, el supervisor ayuda al pastor a evaluar los resultados de la última semana del trabajo del líder en el Círculo F., a través del informe estadístico (ver formato al final del capítulo), es una hoja donde se llevan los datos por semana. Se evalúa la hoja de asistencia de las personas a la reunión familiar y a la iglesia. Se compara el último dato con el que principió. Es decir se evalúa lo cuantitativo.

HOJAS A EVALUAR:

Informe Estadístico   (posee el registro por 6 semanas de personas en el círculo y la iglesia).

Sin embargo, igual de importante es lo cualitativo, es decir se evalúa el trabajo que los miembros del Círculo F. están realizando en el proceso de evangelismo, consolidación y capacitación. En otras palabras no solo cuántas personas están llegando al círculo y al templo, sino cuánto está creciendo en Dios. Para cada una de estas acciones hay una hoja que refleja el trabajo. (En la sección final de este capítulo aparecen los formatos).

Hoja extiende tu mano	(Los nombres de los amigos buscadores de Dios que asistieron o asistirán a la reunión evangelística)
Hoja sostenlos de tu mano	(Los nombres de los nuevos convertidos que fueron o irán al retiro pacto para ser consolidados)
Hoja llévalos de tu mano	(Los nombres de los hermanos que están asistiendo a las Escuelas de Capacitación)

Además, se revisan otras actividades y proyectos que la iglesia ha organizado. Dios nos permitió usar este proceso administrativo para proyectos económicos, tales como la construcción de nuestro templo y el sostenimiento de nuestra radio.

Máxima
Lo que el líder no evalúa se devalúa,
es decir,
lo que el líder no revisa, el equipo lo descuida
Edmundo Guillén

Proyectar

Es el tercer principio fundamental de la reunión de líderes. Es la acción de trazar el plan y los medios para la ejecución de las metas y actividades.

Una buena ministración y evaluación proporcionan la base ideal para una excelente proyección. El ánimo está alto y la información es suficiente para proyectar el siguiente paso.

En nuestra práctica, generalmente la Evaluación y la Proyección van ligadas, es decir no pasamos a evaluar otra meta si no hemos proyectado la última. Por ejemplo, si el pastor está evaluando cuántas personas llegaron a la reunión familiar y encuentra la razón por la que faltaron algunos, no pasa a evaluar cuántos asistieron al templo, sin antes proyectar la meta para la asistencia en la reunión familiar.

Los aspectos a proyectar son los mismos que detallamos en la evaluación y de igual manera se utilizan los mismos formatos. (Ver al final del capítulo)

ASPECTOS DE FORMA

Son los detalles de día, tiempo, lugar, y hora, aunque son importantes no son indispensables. Usualmente la reunión de líderes se realiza en el templo, el día lunes, iniciando a las 7:00pm y culminando a las 9:00pm. El tiempo debe ser manejado con sabiduría y flexibilidad. De acuerdo a las necesidades que el pastor ve, allí usará más tiempo, ya sea en la Ministración, Evaluación o Proyección.

AGENDA SUGERIDA PARA EL MEP DE LÍDERES:

7:00 - 8:00 MINISTRACIÓN

ORACIÓN

Al inicio de la reunión se utilizarán unos minutos para preparar un ambiente espiritual y al final de la enseñanza para ministrar.

ALABANZA

El pastor delegará algún músico de la iglesia o a algún supervisor o líder que tenga la capacidad para hacerlo. Si es posible tenga a todo el ministerio de alabanza. Se empleará un tiempo para alabar y adorar al Señor permitiendo el fluir del Espíritu Santo. Ya sea en este momento o al final de la enseñanza, según como el pastor lea el ambiente espiritual, con ayuda de los supervisores, debe imponerse las manos sobre la cabeza o el hombro del líder. (Preferible ministrar del mismo género, y si es hombre a mujer, poner la mano en la cabeza y no en el hombro).

Enseñanza

El pastor compartirá el mensaje al liderazgo asignado para esa semana con doble propósito. Primero para la edificación y segundo para la preparación ya que este mismo bosquejo el líder lo compartirá en su círculo familiar.

8:00 - 9:00 Evaluación y Proyección

El pastor elaborará una sencilla agenda semanal con los puntos a tratar en esta hora. Si la iglesia tiene organizado más de 8 Círculos Familiares, será tiempo de promover dos supervisores.

Este proceso para evaluar y proyectar a cada líder requiere tiempo, es por ello que el pastor debe delegar a los supervisores este espacio. Es emocionante ver en iglesias de 20 grupos o más, como todos como hormigas se organizan, después de la ministración, en círculos pequeños de cuatro o cinco líderes con el supervisor respectivo.

En suma, el pastor tiene el privilegio y la responsabilidad de dirigir esta importante reunión, debe saber como distribuir el tiempo con flexibilidad, sabiduría y enfoque. En nuestra experiencia atribuimos que un buen MEP de Líderes, no solamente mantiene victorioso al líder en su vida espiritual, sino lo mantiene enfocado y productivo en el trabajo celular. Esta reunión es tan importante como los cultos dominicales. Porque un líder "mepiado" es un líder victorioso y productivo.

REUNIÓN DE PLANIFICACIÓN EN EL CIRCULO FAMILIAR

A varias iglesias con líderes visionarios, sana doctrina y un grupo de líderes maduros y organizados con algún modelo de grupos pequeños, les ha sido difícil crecer aunque han logrado edificación y comunión entre los participantes de las células. Comprendemos que hay varias razones del poco fruto, sin embargo, una de las mayores razones, es que no hay un trazo claro, ni delegación de trabajo y principalmente no tienen un espacio o tiempo para dar seguimiento a la visión.

Precisamente, la reunión de planificación tiene como objetivo trazar el plan a realizar, delegar tareas particulares de evangelismo, consolidación y capacitación y dar seguimiento a lo planificado.

Jesús enseñó la importancia de planificar para realizar un gran proyecto. *Lucas 14:28-30 "Supongamos que alguno de ustedes quiere construir una torre. ¿Acaso no se sienta primero a calcular el costo, para ver si tiene suficiente dinero para terminarla? 29 Si echa los cimientos y no puede terminarla, todos los que la vean comenzarán a burlarse de él, 30 y dirán: Éste hombre ya no pudo terminar lo que comenzó a construir"*

Como la estrategia de C.F. implica metas específicas y claras en tiempo y personas, es importante y necesario tener una reunión para evaluar y proyectar el trabajo. Rick Warren dice, *"No planificar es lo mismo que planificar un fracaso."* (1)

Máxima
"No planificar es lo mismo
que planificar un fracaso
Rick Warren

Líderes que cambian Suertes

Sam Walton fundador de Walt Mart, estableció un principio de planificación en la organización, *"Su éxito está en proporción directa a su habilidad para planear, monitorear y ejecutar todas las fases de su misión"* (2) El liderazgo de hoy, demanda de nosotros como nunca antes, una administración diligente, en lo concerniente a la iglesia se requiere diligencia en los procesos y controles, lo cual nos ayudará a mantenernos enfocados para el logro de nuestras metas.

Prácticamente el MEP que el líder recibió en la reunión de liderazgo lo debe calcar o repetir con su equipo base del círculo familiar, exceptuando la prédica que escuchó, porque esa será transmitida en la segunda reunión que tendrá con todo el C.F. el fin de semana. Como ya explicamos los aspectos de fondo que son los principios de Ministrar, Evaluar y Proyectar son incambiables en la Reunión de Liderazgo. No redundaremos en lo mismo. Solamente queremos compartir algunos aspectos de forma.

Aspectos de forma

Como dijimos al definir la reunión de liderazgo, son los detalles de día, tiempo, lugar, y hora, aunque son importantes no son indispensables. Usualmente la reunión de Planificación del Círculo Familiar se realiza en la sala de un hogar, el día jueves, iniciando a las 7:00pm y culminando a las 8:00pm., es decir debe durar una hora aproximadamente. El tiempo debe ser manejado con sabiduría y flexibilidad. De acuerdo a las necesidades que el líder ve, allí usará más tiempo, ya sea en la Ministración, Evaluación o Proyección. A esta reunión asistirán su equipo base, quienes son: el asistente (sublíder), anfitrión (obvio, es el dueño de la casa) y los hermanos más comprometidos del grupo, como el objetivo está bien definido, raras veces llegan invitados no creyentes.

AGENDA SUGERIDA PARA EL MEP EN LA REUNIÓN DE PLANIFICACIÓN DEL CÍRCULO

7:00 - 7:20 MINISTRACIÓN

ORACIÓN

Se iniciará la reunión orando preparando un ambiente espiritual con música de adoración de fondo, se orará por las necesidades de los hermanos participantes, por la reunión familiar del fin de semana, por las metas de evangelismo, consolidación y capacitación.

ALABANZA

El líder delegará algún hermano o hermana que tenga la habilidad para hacerlo. Si no hay nadie con esa habilidad, se ponen algunas canciones desde un reproductor de música como fondo mientras se realiza la oración intercesora. Se invocará el fluir del Espíritu Santo, impondrá las manos sobre la cabeza como explicamos en líneas anteriores.

ENSEÑANZA

Generalmente no hay prédica o enseñanza, únicamente cada seis semanas cuando inicia un nuevo ciclo (explicaremos el concepto "ciclo" en el siguiente capítulo) Al principio del ciclo el líder compartirá un mensaje de visión que su pastor haya compartido con él. Esta cápsula debe ser transmitida con pasión, unción y gracia para impregnarla en el corazón de su equipo.

7:20 - 8:00 EVALUACIÓN Y PROYECCIÓN

El líder seguirá la agenda semanal que le entregó su pastor con los puntos a tratar en 40 minutos. Preguntará a cada uno de su equipo por el trabajo delegado en el inicio del ciclo o la semana pasada.

Líderes que cambian Suertes

Hojas para evaluar y proyectar

Hoja Extiende tu Mano	(Revisar o anotar invitados para el próximo Día del Amigo).
Hoja Sostenlos de tu Mano	(Anotar a los nuevos convertidos del último Día del Amigo y revisar si ya fueron invitados al retiro de consolidación, llamado "Pacto").
Hoja Llévalos de tu Mano	(Revisar y anotar a los hermanos que están asistiendo a la Escuela de Capacitación en sus diferentes niveles).
Hoja de Privilegios	(Revisar como se desarrollaron los privilegios de la última semana y delegar los de la siguiente reunión Familiar).
Anuncios	(Leer los anuncios de la agenda que cada líder recibe semanalmente).

En suma, el líder tiene el privilegio y la responsabilidad de dirigir esta importante reunión, debe saber como distribuir el tiempo con flexibilidad, sabiduría y enfoque. A esta importante reunión, mejor dicho a la aplicación de estos principios, atribuimos parte del alcance de nuestras metas. Un equipo "mepiado" es un equipo victorioso y productivo.

Quiero hacer una importante observación, hay un buen porcentaje de nuestros Círculos Familiares que por cuestión de trabajo o estudio usan los principios del MEP pero con una modalidad distinta. Al final de la reunión familiar del fin de semana toman 15 minutos para Evaluar y proyectar. También esta modalidad incluye que una vez cada seis semanas, cuando inicie el ciclo, se dedique todo el tiempo de la reunión para realizar el M.E.P del círculo familiar.

En otras palabras, aplican el principio pero de una manera diferente, en lugar de tener dos reuniones a la semana en la casa del anfitrión tienen una sola. Hacen una unión de la Reunión de Planificación con la Reunión Familiar. No es lo ideal, pero los líderes diligentes, inteligentes y responsables lo logran hacer.

Reunión Familiar

Es la tercera reunión en la que participará el líder en la semana, en la primera (Reunión de Líderes) él fue Ministrado, Evaluado y Proyectado, en la segunda (Reunión de Planificación) él Ministró, Evaluó y Proyectó a su equipo de trabajo y en esta tercera reunión, (Reunión Familiar) él predicará el mensaje que el pastor compartió en la reunión de Líderes.

La Reunión Familiar se realiza, generalmente el sábado en la sala del hogar de un miembro del C.F. tiene como objetivo edificar, promover comunión y principalmente evangelizar, con una duración de una hora a una hora con quince minutos.

Aspectos de fondo

La esencia de la reunión es evangelizar a los amigos no creyentes de los hermanos que pertenecen al C.F. Es decir, el principio inquebrantable de toda iglesia y estrategia celular que desea crecer es tener la pasión de cambiar la "suerte" eterna de los familiares, amigos y personas del vecindario. Sin lugar a equivocarme, una de las claves de crecimiento de la iglesia más que la estrategia de grupos pequeños, es tener una ferviente pasión por alcanzar al no creyente. Naturalmente, esa pasión sin un instrumento adecuado, como lo es un ambiente de amor en los Círculos Familiares, no tendrá exito.

Un segundo principio o aspecto de fondo para el éxito del crecimiento es crear genuinamente un ambiente lleno de amor.

El gran desafío es acercarse a experimentar la vida de la iglesia primitiva del libro de los Hechos de Los Apóstoles. *Hechos 2:46-47 "Y perseverando unánimes cada día en el templo, y partiendo el pan en las casas, comían juntos con alegría y sencillez de corazón, 47. alabando a Dios, y teniendo favor con todo el pueblo. Y el Señor añadía cada día a la iglesia los que habían de ser salvos".*

El pastor Cho, ha sido reconocido como el líder de la iglesia más grande del mundo, ubicada en Korea Del Sur, experimentó un crecimiento exponencial y acelerado a través de los grupos celulares. En el libro "45 Años de Esperanza" el pastor enfatiza que el ambiente que debe prevalecer en la célula debe ser de familia, él dice, *"el grupo es como una familia, donde el líder toma los problemas como suyos para orar y ayudar"* (3) Nosotros creemos que la esencia de la familia es el amor, es por ello que aunque hemos cambiado el nombre de la estrategia, el apellido sigue siendo "familiares". En el inicio de la década de los 90 llamábamos a nuestra estrategia Grupos Familiares, 15 años después quisimos revitalizar el modelo llamándole Círculos Familiares, hasta la fecha así los nombramos.

ASPECTOS DE FORMA

Son todos aquellos detalles de día, tiempo, lugar, y hora, que aunque importantes no son indispensables. Usualmente la reunión familiar se realiza en la casa del anfitrión, el sábado, (varios reuniones se hacen jueves o viernes), con una duración de una hora. Es importante respetar que las reuniones no pasen del tiempo señalado en pro de cuidar la privacidad del anfitrión, hay que cuidar al anfitrión porque después de cierto tiempo se desgasta.

AGENDA SUGERIDA PARA LA REUNIÓN FAMILIAR

Bienvenida (1 Minuto): Normalmente la debe dar el anfitrión del círculo familiar, el dueño de la casa en donde se está realizando. Se recomienda que con su bienvenida el anfitrión haga sentir en casa a los hermanos y a los amigos, especialmente.

Oración Inicial (1 Minuto): Debe ser una oración corta que pida al Señor, su bendición para la realización del círculo familiar.

Cantos (5 Minutos): Deben ser uno o dos, no más. Preferiblemente se debe entregar una hoja con la letra de los cantos o ponerlos escritos sobre una cartulina, para que los hermanos y amigos puedan entonarlos y sentirse parte de la reunión.

Mensaje de "La Mejor Semilla": (25 Minutos): Será impartido exclusivamente por el líder del círculo familiar o el asistente en caso de ser autorizado por el pastor. El mensaje que el líder predicará será el que le proporciona la iglesia, contenido en el manual de "La Mejor Semilla".

Llamado a recibir a Cristo: (5 Minutos): Si hay amigos que asistieron a la reunión del círculo familiar, al final del mensaje se debe hacer la invitación para que reciban al Señor Jesucristo.

Ministración: (5 Minutos): Después del mensaje se debe tomar un tiempo para orar por los hermanos del círculo familiar.

Ofrenda: (5 Minutos): Se debe leer un versículo bíblico sobre la bendición de ofrendar y luego se debe recoger la ofrenda.

Anuncios: (3 Minutos): Se deben compartir los anuncios de las actividades de la semana, poniendo énfasis en la asistencia a la iglesia el día domingo.

Refrigerio: (10 Minutos): Se compartirá un refrigerio para convivir entre hermanos y amigos. Se recomienda que dichos refrigerios no tengan un valor muy alto y sea lo más sencillo posible.

Nuevamente debemos hacer una consideración muy importante, en el caso de los Círculos Familiares que dedican el mismo día para la Reunión de Planificación y la Reunión Familiar. Después del refrigerio y de haber despedido a los amigos no creyentes, se pasará a la Evaluación y Proyección

Evaluar y Proyectar (15 Minutos) El líder debe tener la habilidad de dosificar la planificación, se evaluará y proyectará las metas de amigos y asistencia de iglesia para el ciclo, y además, los procesos de evangelismo, consolidación y capacitación. También esta modalidad incluye que una vez cada seis semanas, al inicio del ciclo, se dedique todo el horario de la reunión para realizar el M.E.P del círculo familiar. (ver la evaluación y proyección de la Reunión de la Planificación)

CONSEJO INSPIRACIONAL

La pasión evangelizadora requiere un vehículo o estrategia para que se concrete el sueño de cambiar la "suerte" de muchos. En el Antiguo y Nuevo Testamento se mira con claridad el principio de organizarse en reuniones de grupos pequeños. En Exodo18 se agruparon bajo cada líder en 10 personas, Jesús tuvo a 12 y la iglesia primitiva se reunía en las salas de las casas. El número es secundario el principio es reuniones de grupos pequeños viviendo en el amor de Dios y alcanzando a su vecindario para Cristo.

Mi deseo es que este capítulo sea como la recomendación que Jetro dio a Moisés, después que le había sugerido una estrategia para poder guiar al pueblo a cumplir el propósito divino, si Jehová lo confirma en tu corazón entonces que esta estrategia provea el contexto para vivir los propósitos de Dios desde la adoración hasta el evangelismo. Exodo 18:19,23 "19. Oye ahora mi voz; yo te aconsejaré, ... 23. Si esto hicieres, y Dios te lo mandare,".

Tengo la convicción de que la mayoría de estrategias celulares son efectivas; sin embargo si el corazón del pastor y el liderazgo no tienen la convicción y confirmación de Dios no funcionará, pide a Dios que confirme si las ideas de esta sección son las que necesita tu ministerio e iglesia.

INFORME ESTADÍSTICO
LIDER

Nombre: _____ Supervisor: _____ # de Círculo: _____

EXTIENDE TU MANO	SOSTENLOS DE TU MANO	LLEVALOS DE TU MANO

META DÍA DEL AMIGO ☐ RESULTADO DÍA DEL AMIGO ☐

META PACTO CON DIOS ☐ RESULTADO PACTO CON DIOS ☐ BAUTISMO ☐

☐☐☐☐

VISITAS ☐☐☐☐

☐ 1 ☐ 2 ☐ 3 ☐ 4 ☐ 5

	INICIO	MARZO			ABRIL		META
		17	24	31	07	14	

DATOS CCI
- Hermanos
- Discípulos
- Amigos
- Niños Cristianos
- Niños Amigos

TOTAL
- Conversiones
- Conversiones Niños

PDI
- Visita Telefónica
- Visita Electrónica
- Visita Personal
- Escuela de Capacitación

IGLESIA
- Hermanos
- Discípulos
- Niños
- Amigos
- Conversiones

	INICIO	MARZO			ABRIL		META
		17	24	31	07	14	

Colores para la gráfica
- CIRCULO FAMILIAR (CCF) — ROJO
- ASISTENCIA AL CULTO INSPIRADOR — AZUL

24 23 22 21 20 19 18 17 16 15 14 13 12 11 10 09 08 07 06 05 04

229

Reporte de LIDER CCI

Líder: _____ Supervisor: _____

Fecha _____ / _____ / 2.0

de Círculo: _____

Nuevos Convertidos: _____

DATOS CCI

Hermanos	
Discípulos	
Amigos	
Niños Cristianos	
Niños Amigos	
Conversiones	
Conversiones Niños	

DATOS PDI

VISITAS

- Telefónica
- Electrónica
- Personal
- Esc. de Capacitación

DATOS IGLESIA

Hermanos	
Discípulos	
Niños	
Amigos	
Conversiones	
Ofrenda Círculo	

Comentarios: _____

FALTARON AL CCI

MOTIVO

VISITO DESPUES DEL CIRCULO SI NO / SI NO

231

EXTIENDE TU MANO (Evangelismo)
PROCESO DE DESARROLLO INTEGRAL (P.D.I.)

NOMBRE LIDER: _____

No. CIRCULO: _____

No.	Nombre del Hermano	Amigos	1 Anotar	2 Orar	3 Visitar	4 Confirmar	5 Desatar	6 Llevar
1								
2								
3								
4								
5								
6								
7								
8								
9								
10								
11								
12								
13								
14								
15								

SOSTENLOS DE TU MANO (Consolidación)
PROCESO DE DESARROLLO INTEGRAL (P.D.I.)

NOMBRE LIDER: _____ No. CIRCULO: _____

No.	Nombre	Fecha Visita TELEFONICA	RESULTADO	Fecha Visita PERSONAL	RESULTADO	Fecha Inicio CIRCULO	Fecha Inicio CULTO	Fecha Asistira PACTO	Fecha Asistira NIVEL 1
1									
2									
3									
4									
5									
6									
7									
8									
9									
10									
11									
12									
13									
14									
15									

LLÉVALOS DE TU MANO (Capacitación)
PROCESO DE DESARROLLO INTEGRAL (P.D.I.)

No.	Nombre / Fechas	Fecha Asistió PACTO	Fecha de Finalización						Fecha ZARZA	Fecha Inicio MINISTERIO	Fecha Inicio INSTITUTO BIBLICO
			NIVEL 1	Bautismo en agua	NIVEL 2	NIVEL 3	NIVEL 4	NIVEL 5			
1											
2											
3											
4											
5											
6											
7											
8											
9											
10											
11											
12											
13											
14											
15											

Preguntas para reflexionar

1. ¿Por qué es importante que el pastor se reúna cada semana con los líderes de círculos familiares?

_____

_____

_____

_____

_____

2. ¿Cuáles son los tres pasos o puntos importantes en la agenda de la reunión de líderes y en la reunión de planificación del círculo familiar?

_____

_____

_____

_____

_____

3. ¿Por qué es importante ministrar antes de evaluar y proyectar a un líder o a las personas que llegan a la reunión de planificación?

_____

_____

_____

4. ¿Por qué la estrategia de crecimiento de círculos familiares contempla evaluar y proyectar?

_____

_____

_____

_____

_____

5. ¿Por qué los líderes se reúnen dos veces por semana con los miembros del círculo familiar?

_____

_____

_____

_____

_____

_____

6. ¿Por qué la reunión de planificación y reunión familiar de los círculos familiares debe durar una hora?

_____

_____

_____

_____

_____

7. ¿Por qué hay un tiempo de refrigerio en la reunión familiar?

_____

_____

_____

_____

_____

8. ¿Por qué el líder es el único autorizado para predicar el mensaje que le entregó el pastor?

_____

_____

_____

_____

Capítulo
Once

Conoce los tres ciclos del proceso de desarrollo Integral de la vida espiritual

*H*ace poco estaba viendo un álbum de fotos, aparecía mi hijo Diego con 5 años de edad, sentí alegría y nostalgia al mismo tiempo, pensé: "como me gustaría tenerlo pequeño otra vez", de pronto, un nuevo pensamiento cruzó por mi cabeza que produjo agradecimiento; me percaté que en la foto me llegaba a la cintura y que ahora, gracias a Dios, está de mi altura. Agradecí a Jesucristo por la salud que ha dado a Diego.

Dios hizo que la vida física fuera cíclica, nacemos, crecemos, nos reproducimos y morimos (y resucitamos (Juan 5:29)). Al haber salud la vida tiende a crecer normalmente, mi hijo creció porque estaba sano. De la misma manera es el crecimiento espiritual de los cristianos; al haber salud se produce madurez.

Cristo envió a sus seguidores a que hicieran discípulos, entendemos que discipular es un proceso que conlleva pasos o ciclos. En nuestra iglesia hemos diseñado el crecimiento espiritual de una persona en tres ciclos, a saber: Evangelismo, Consolidación y Capacitación. A estos tres pasos los hemos nombrado: Proceso de Desarrollo Integral (P.D.I).

Vemos en Las Escrituras por lo menos dos grandes verdades en el desarrollo cristiano. La primera, discipular implica evangelizar. Jesús envió a los apóstoles a discipular a lugares donde nadie era convertido, si querían discipular, primero tenían que evangelizar. Segundo, discipular implica seguir un proceso de relación y cooperación. Es decir, nadie crece por sí solo, principalmente en los primeros días o años de vida es indispensable que alguien maduro ayude en la formación. Pablo dice a los cristianos de la ciudad de Galacia que volvía a sufrir dolores de parto hasta que Cristo fuese formado en ellos. (Gálatas 4:19).

A nuestro proceso de crecimiento espiritual dentro de la iglesia, preferimos no llamarle discipulado porque no queremos agotar su enorme significado y alcance, terminamos de formar el carácter de Cristo en nosotros hasta que Él venga o muramos y vayamos a su presencia. De tal manera, que en el primer año de conversión de una persona le ayudamos a crecer espiritualmente a través del proceso de tres ciclos.

El pastor Fabricio Roca, miembro de nuestro equipo pastoral, en su libro "Creci-ingeniería" ha descrito, genialmente con la analogía de la naturaleza, el desarrollo de un cristiano por medio de la estrategia en nuestra iglesia. (1)

Ciclo Evangelístico (2)

Es el proceso estratégico que generalmente desarrollamos en seis semanas, que a través del aprovechamiento y construcción de puentes naturales presenta el mensaje del evangelio de manera efectiva. El propósito de este ciclo es identificar, interceder, contactar, invitar y llevar al amigo a una actividad estratégica de evangelismo.

ASPECTOS EVANGELISTICOS EN LOS CIRCULOS FAMILIARES

Objetivos Claros

Desarrollar un evangelismo relacional, guiado por el Espíritu, no improvisado que permita la conversión de los invitados, sin limitar el evangelismo espontáneo.

Ayudar y acompañar a los miembros del Círculo en un proceso mediante el cual logren atraer a sus amigos a un día especial de evangelismo.

Desarrollar en cada miembro del Círculo un sentido de compromiso hacia el evangelismo y al crecimiento explosivo de la iglesia.

Crear cada seis semanas un ambiente agradable y seguro, en la reunión familiar y en la iglesia para que los hermanos se sientan confiados de llevar a sus amigos.

Estrategia Clara

Inicio del Ciclo Evangelístico

Generalmente, a la mayoría de personas no les agrada los procesos debido a que requieren esfuerzo, trabajo, paciencia, constancia y diligencia. Por lo tanto todo líder sabio sabe que es muy importante iniciar con un buen suceso o evento. El pastor y el líder deben iniciar el proceso evangelístico con una reunión inspiradora llena de la unción de Dios y una palabra de visión apasionada.

239

Líderes que cambian Suertes

PRIMERA REUNIÓN DE LÍDERES EN EL CICLO

Debe ser una reunión inspiradora donde el pastor comprometerá a todos los líderes en el proceso evangelístico.

PRIMERA REUNIÓN DE PLANIFICACIÓN EN CICLO

Debe ser una planificación extraordinariamente inspiradora donde el líder involucrará a su equipo en el proceso evangelístico.

Desarrollo del Ciclo Evangelístico

La estrategia del ciclo es asignar cada semana a los miembros del C.F. una actividad que progresivamente conduzca al logro de los objetivos.

El líder en la reunión de Planificación delegará a su equipo las siguientes actividades:

Semana 1: Hacer listado de invitados (Hoja visión)
Semana 2: Interceder por los invitados.
Semana 3: Contactar a su invitado.
Semana 4: Confirmar la asistencia del invitado al día especial evangelístico.
Semana 5: Ayunar por su invitado.
Semana 6: Llevar al invitado al Círculo y al Día del Amigo en la iglesia.

FIN DEL CICLO EVANGELÍSTICO (3)

DÍA DEL AMIGO

Es el evento que culmina el ciclo evangelístico. Este es un día totalmente evangelístico en el cual, se espera una cosecha multitudinaria.

ELEMENTOS DE "EL DÍA DEL AMIGO"

Toda la atmósfera de este servicio debe ser desarrollada pensando en las personas que vienen por primera vez a la iglesia, con el objetivo de causarles buena impresión, y claro entendimiento del mensaje del Evangelio, para obtener como resultado su decisión de recibir a Cristo.

Promoción: Debe ser ampliamente anunciado desde el inicio del ciclo, con todos los medios que la iglesia tenga para divulgarlo: pantallas de video, agendas para el liderazgo, radio, TV, boletines de la iglesia, etc. El tema del mensaje debe ser relevante a las personas que queremos alcanzar, de tal manera que sea una herramienta atractiva para invitar a los amigos.

Logística: El equipo de servidores debe tener una actitud de amor y servicio especial en ese día. Recuerda que no hay segunda oportunidad para una primera buena impresión.

Programa: Todos los elementos del programa deben ser distintos a lo que hacemos regularmente, por ejemplo:

Bienvenida a los invitados: Debe hacerse con discreción, evitando que se sientan incómodos.

Cantos: Deben ser cantos que expliquen claramente el mensaje del evangelio o de testimonio. Deben ir de acuerdo al tema del mensaje. Evitar cantos con terminología complicada o extraña para el visitante.

Motivación y recolección de la ofrenda: Debe hacerse con propiedad, pero también con sensibilidad al que nos visita por primera vez. Una breve explicación sobre el uso y el manejo de los fondos, puede ayudar a que el escepticismo del invitado desaparezca.

Tiempo: Se sugiere aprovecharlo de la mejor manera. Un programa que no sea muy largo, pero que afecte positivamente al invitado. En nuestro caso, el "Día del Amigo" no dura más de dos horas.

Dinamismo en el programa: Cada participante debe estar preparado para no perder tiempo entre cada punto del programa.

Director de Escena: Es el encargado de supervisar el desarrollo del programa, velando por el cumplimiento a tiempo de los privilegios y haciendo modificaciones si cree que son necesarias.

Programa escrito: Debe tenerse definido con anterioridad por escrito, la duración de cada privilegio.

Puntualidad: Se debe iniciar y finalizar en el horario establecido.

PRÉDICA DEL DÍA DEL AMIGO

Contenido: Debe ser relevante a las necesidades de las personas que deseamos alcanzar. Con un título llamativo, anunciado desde el inicio del ciclo y que sea un instrumento para que los hermanos puedan motivar a sus invitados a venir.

Tiempo: Debe ser corto, considerando que nos estamos dirigiendo a una audiencia que no está acostumbrada a escuchar mensajes. No debe ser pensando en los hermanos de la iglesia, pues es un día dedicado a los que no conocen al Señor Jesucristo.

Desarrollo: Debe evitarse el uso de palabras teológicas complicadas o de la jerga evangélica que puedan confundir a la audiencia.

Apoyos: Pueden utilizarse elementos didácticos que ayuden a la mejor comprensión del mensaje, tales como testimonios, dramas, cantos especiales, ayudas audiovisuales y un boletín con los textos bíblicos que se utilizarán.

Atención al Nuevo Convertido: Se tendrá el cuidado en recolectar los datos de las personas que han entregado su vida a Jesucristo. Para ello se debe contar con un equipo preparado para realizar este trabajo.

Este ciclo solamente puede funcionar si el pastor, los supervisores, líderes y las miembros más comprometidos de los Círculos Familiares son poseídos por una pasión por querer cambiar la "suerte" eterna de las personas.

2) Ciclo de Consolidación

Es el proceso estratégico que desarrollamos generalmente en seis semanas para afirmar y dar solidez al cristiano, que culmina con una experiencia sobrenatural con Dios en un retiro de tres día que llamamos Pacto con Dios.

La gran comisión de Mateo 28 no implica solamente que las personas reciban a Cristo, el desafío es hacerlas madurar en Dios. Por años los ministerios y proyectos de alcance a la comunidad han invertido todos sus recursos espirituales, emocionales y físicos en la evangelización de miles y quizás millones de personas. Lo cual es bueno, sin embargo el proceso ha quedado a medio camino.

La mayoría de iglesias hemos despertado y nos hemos preguntado por qué el alto porcentaje de los convertidos no han permanecido en la fe, sin lugar a dudas, las respuestas son variadas, como las soluciones.

No obstante tratamos de consolidar, afianzar y mantener al nuevo creyente de dos maneras. Primero mostrando amor, atención y compañía personal; y segundo proveyendo sanidad interior.

A la luz de la vida de Pablo, observamos que la conversión es una crisis, los primeros 3 días después que tuvo la experiencia con Cristo, fueron críticos para él. Pero el amor, atención y compañía de Ananías lo consolidarían en la fe. (Hechos 9:4-19). Nuestro proceso de consolidación requiere que alguien del C.F. principalmente la persona que invitó al recién convertido se vuelva "el Ananías", lo visite, ore por él o ella, lo vuelva a llevar a la iglesia y al Círculo. Prácticamente se convierte en su "hermano mayor" o consolidador.

Por otro lado, Efesios 2:1-3, nos ayuda a entender que la situación del hombre sin Dios es totalmente negativa y deprimente. Veamos algunos términos con los que el apóstol pinta la vida sin Dios: "Muertos en delitos y pecados...Haciendo la voluntad de la carne y de los pensamientos...Por naturaleza hijos de ira"

En el contexto de este deprimente cuadro preguntémonos: ¿Cómo entonces viene la mayoría de nuevos convertidos a los caminos del Señor? Veamos algunas respuestas: Herido en su interior con rencores, amarguras, frustraciones, con su autoestima destruida, confundidos, solitarios, sin ganas de vivir, llenos de celos, fracasos etc. Atado a vicios, adicciones, hábitos pecaminosos, dependencias enfermizas, etc. Oprimido por espíritus satánicos, bajo maldiciones generacionales, atado a prácticas satánicas, etc. Pero sobre todo también viene con deseos de cambiar su vida. El objetivo del ciclo de consolidación es que el nuevo convertido sea sano y libre en su alma para que haga de la iglesia su hogar y de la palabra su norma de vida. A través, de un retiro llamado "Pactos con Dios" tratamos de sanar el alma del nuevo convertido.

Como señalamos en nuestro libro impartido por nuestra iglesia "Lluvias de Gracia" en el seminario de Iglecrecimiento del año 2001

"Una iglesia que se limite a anunciar el evangelio para ganar almas y no se preocupe por la conservación del fruto está actuando como la madre que considera que su trabajo es ver a los niños nacer y luego los desampara. Evangelizar y no cuidar de los resultados es una obra incompleta. Debemos centrar nuestra labor en ganar almas pero también en edificarlas. Debemos llevar a la gente a tomar un compromiso con Dios pero también con su doctrina. La consolidación es trascendental para que cada persona ganada continúe en la iglesia preparándose hasta que comience a dar fruto por sí sola.

Dios usa el toque del Espíritu Santo para atraer las multitudes, pero si no hay un ejército detrás de ellas para edificarlas y formarlas, entonces el fruto se va a perder y el Señor nos pedirá cuentas de esas almas. Esta es la expectativa de Jesús: "No me elegisteis vosotros a mí, sino que yo os elegí a vosotros, y os he puesto para que vayáis y llevéis fruto, y vuestro fruto permanezca." Juan 15:16.(4)

Hasta ahora, hemos dicho que la consolidación está basada en dos principios: 1)Atención Personalizada: El líder delegará a alguien del CF para que con amor atienda al nuevo convertido a través de la visitación, oración y apoyo. 2)Retiro Pacto con Dios: La iglesia organizará un retiro de viernes a domingo para restaurar la relación del nuevo convertido con Dios, consigo mismo y con el prójimo.

Retiro Pacto Con Dios

Es un retiro espiritual de tres días que tiene como objetivo restaurar la vida de cada creyente a través de una experiencia sobrenatural con las manifestaciones del Espíritu Santo e identificándolos con la visión y la misión de la iglesia.

Persigue además, que el nuevo convertido permanezca en la fe cristiana, restaure su relación con Dios y se involucre en la visión y misión de la iglesia local.

Tres actividades importantes de los pactos

Pre-Pacto: Es una reunión previa que tiene como objetivo preparar el corazón de los participantes y orientarles respecto a los requisitos para participar en el retiro, se les pide que llenen una hoja con múltiples preguntas para que ubiquen su realidad espiritual y emocional.

Pacto: Es el retiro para que el nuevo creyente restaure la relación con Dios, consigo mismo y con el prójimo.

Post-Pacto: Es una reunión en la semana siguiente que tiene como fin animar a los que participaron en el retiro a conservar su experiencia con Dios.

Desarrollo del retiro "Pacto con Dios"

Como todo retiro, el pacto con Dios requiere una buena planificación la cual contempla cuidar ciertos factores, tales como: equipo organizador, equipo ministrador (en promedio por cada 5 pactantes debe haber un confidente o ministrador), programa detallado, músicos, finanzas, etc.

Tres aspectos claves

Objetivo Claro

El pastor, predicadores y ministerios no deben perder de vista que el propósito de la restauración es en tres direcciones: 1) Restaurar la relación con Dios a través del perdón de pecados por la sangre de Cristo. 2)Restaurar la relación consigo mismo, a través de aceptarse como Dios lo hizo y superar su pasado. 3)Restaurar la relación con su prójimo, a través de perdonar a sus agresores, principalmente a sus padres. Todo esto requiere oración, liberación por la palabra y la autoridad espiritual del equipo.

Mensajes pertinentes

Si hay una visión clara, los mensajes serán pertinentes. El pastor o las personas que predicarán tendrán que hablar poco y ministrar más; compartimos un listado de algunos mensajes que hemos utilizado:

-Perdonado por la sangre de Cristo   -Libre de Culpa
-Sanidad del alma   -Perdonando a los padres
-Sanando la autoestima   -Liberación de ataduras y maldiciones
-Siendo generoso   -Captando la visión de restaurar a otro
-La llenura del Espíritu Santo   -Consejos para mantener la victoria

Confidentes preparados

Los confidentes son las personas que ayudarán a ministrar a por lo menos 5 personas después de cada mensaje. El pastor o el director del retiro deben capacitar a los confidentes en guerra espiritual y liberación. Deben vivir una vida de integridad. Una semana antes de ir al retiro, deben intensificar la consagración o búsqueda del Señor en oración y ayuno.

Todo el proceso de capacitación debe ser monitoreado por el líder, supervisor y pastor en las diferentes reuniones de planificación desde el inicio del ciclo.

Ciclo de Capacitación

La tercera etapa del desarrollo espiritual de un nuevo cristiano lo hacemos a través del ciclo de capacitación, que es el proceso estratégico, que a diferencia de los dos primeros ciclos, dura siete meses, organizado en 5 niveles de 10 lecciones cada uno, es decir, 50 lecciones en total. Cada semana se comparten dos lecciones, en 5 semanas se completa cada nivel.

Entre cada nivel, se deja una semana libre, la cual da opción a los maestros a cubrir el contenido, en caso se haya atrasado.

A los nuevos creyentes, no se les invita a entrar en un proceso de 7 meses ó 50 lecciones; se les pide que se comprometan a 10 lecciones en 5 semanas. Así poco a poco se les lleva de la mano, hasta completar todo el ciclo de capacitación. Vale la pena mencionar, que después de cada nivel se les entrega un diploma en el servicio dominical, al final de su proceso, obtendrán 5 diplomas.

Bíblicamente entendemos que el creyente después de haber recibido a Cristo y de haber sanado su alma, necesita edificar su mente y espíritu con la Palabra de Dios. El capítulo 17 del Evangelio Según San Juan versículos 8 y 17 Jesucristo habla de la importancia de guardar y ser limpios por la Palabra, el apóstol Pedro pide que se crezca en gracia y en el conocimiento del Señor Jesús. (2ª Pedro 3:18).

En la gran comisión que Cristo delegó a sus discípulos les ordena a enseñar todas las Palabras que Él mandó. (Mateo 18:20).

Aspectos de las Escuelas de Capacitación

Maestros: Los supervisores de círculos o hermanos maduros y conocedores de la doctrina bíblica.

Lugar: Puede ser alguna casa, salón o aula de la iglesia.

Día y hora: Cualquier día y hora siempre y cuando no interfiera con los cultos de la iglesia ni con las reuniones familiares.

Material: El autorizado por la iglesia.

La Clave: ¡Compromiso!, Jesús dijo *Mateo 16:24*. *"Si alguno quiere venir en pos de mí, niéguese a sí mismo, y tome su cruz, y sígame.* Estaba escuchando al pastor Rick Warren en su iglesia dando un taller sobre discipulado, al final un pastor levantó la mano y preguntó, ¿qué piensa de bautizar a los nuevos creyentes muy rápido con pocas lecciones recibidas? Haciendo alusión al proceso que enseñan en Saddleback, la iglesia de Warren. El contestó y dijo, "la clave no solo está en cuanto saben sino cuan comprometidos están con lo que saben". La demanda para un discípulo está en negarse a sí mismo. El siguió explicando que era necesario extraer compromiso en cada etapa del discipulado a través de una hoja sencilla que el alumno estuviese dispuesto a firmar.

LOS CINCO NIVELES DE CAPACITACION (5)

La Escuela de Capacitación Nivel 1. Ayuda al nuevo convertido a dar sus primeros pasos en la vida cristiana y afirmarse en la fe. Estas enseñanzas llevan a los nuevos creyentes a entender su nueva relación con Cristo; Como hablar con Dios y leer la Biblia diariamente, ser fortalecidos a través del ayuno, recibir el bautismo en el Espíritu Santo, asistir al Círculo Familiar y a la iglesia, así como a compartir la fe con otras personas y dar al Señor con generosidad y gozo, y por último bajar a las aguas del bautismo, entendiendo lo que significa ese evento en su vida. Al comprender lo anterior establecerán hábitos nuevos que les harán amar y ser fieles a Dios y a los hermanos de la iglesia.

La Escuela de Capacitación Nivel 2. Desarrolla madurez por medio de formar valores que transformarán la manera de pensar y vivir, dando forma al carácter. Nosotros enseñamos 10 valores que son: Amor, Fe, Cuidado Familiar, Obediencia, Vida en el Espíritu, Integridad, Trabajo en Equipo, Crecimiento Personal, Mayordomía y Humildad. Al aprender y aplicar lo anterior, tendrán un desarrollo integral junto a los demás miembros de su Círculo Familiar, con el objetivo que se parezcan más a Cristo.

La Escuela de Capacitación Nivel 3. Enseña la doctrina bíblica, que dará solidez a su fe, serán cimentados y comprenderán mejor la Palabra de Dios y las doctrinas contenidas en ella, y tendrán firmeza en medio de las diferentes corrientes religiosas y de otra índole que existen en la actualidad.

Efesios 4:13-15, DHH "hasta que todos lleguemos a estar unidos por la fe y el conocimiento del Hijo de Dios, y alcancemos la edad adulta, que corresponde a la plena madurez de Cristo. 14. Ya no seremos como niños, que cambian fácilmente de parecer y que son arrastrados por el viento de cualquier nueva enseñanza hasta dejarse engañar por gente astuta que anda por caminos equivocados. 15.Más bien, profesando la verdad en el amor, debemos crecer en todo hacia Cristo, que es la cabeza del cuerpo".

Los hermanos aprenderán la verdad acerca de la Salvación, la interpretación de la Palabra de Dios, que son las sectas, la Trinidad, la realidad del Cielo y el Infierno, así como los eventos que vendrán.

La Escuela de Capacitación Nivel 4. Guía a descubrir el ministerio según la forma, dones y talentos de cada uno.

Efesios 2:10 NVI "Porque somos hechura de Dios, creados en Cristo Jesús para buenas obras, las cuales Dios dispuso de antemano a fin de que las pongamos en práctica."

Dios ha dado una forma especial a cada persona para que le sirva, esto significa que da un ministerio, es decir una oportunidad de ser útil para la gloria de Él. Por eso conoce y aprovecha las fortalezas de cada quien, para que hagan lo que les apasiona, aprovechando los recursos que el Señor da, como el temperamento y experiencias pasadas, para que junto a la familia le sirvan, sabiendo tener buenas relaciones con los demás, tener una vida espiritual de calidad para soportar tentaciones que el enemigo presente, y tener las características básicas de un servidor, como por ejemplo una familia que ama y honra al Señor.

La Escuela de Capacitación Nivel 5. Prepara a los nuevos líderes a colaborar en la transformación de la nación, que sean líderes de Círculos Familiares y aprendan principios de liderazgo, métodos de trabajo en ciclos y técnicas de enseñanza y predicación. Dios desea formar líderes de verdad, no de posición. Dios enseña a no poner límites, a tener influencia, para ver el

crecimiento sostenido teniendo sucesores o sea discípulos que les imiten. También aprenderán como líderes a ver y comprender en que consisten los ciclos de Evangelismo, Consolidación y Capacitación, aprendiendo a compartir mensajes de la Palabra de Dios que cambien la vida de los creyentes.

Líderes que cambian Suertes

Consejo Inspiracional

El ser discípulo de Cristo es una formación de toda la vida, es un proceso que requiere de mucho amor, dedicación y sacrificio de cristianos maduros para los nuevos creyentes, desde antes de la conversión para extenderles la mano y compartirles la fe y luego sostenerlos de la mano ayudándoles a sanar sus heridas, para que finalmente se les pueda llevar de la mano hasta que se animen a hacer lo mismo que hicieron con ellos.

Preguntas para reflexionar

1. ¿Por qué es importante introducir al nuevo convertido en un proceso de crecimiento espiritual?

_____

_____

_____

_____

2. ¿Cuáles son los tres pasos del proceso de desarrollo espiritual e integral?

_____

_____

_____

_____

_____

3. ¿Con cuál actividad se concluye el proceso de evangelismo?

_____

_____

_____

_____

_____

4. ¿Por qué en el día del amigo de la iglesia y del círculo familiar el invitado es la persona más importante?

_____

_____

_____

_____

_____

_____

5. ¿Por qué es importante el proceso de consolidación para un nuevo convertido?

_____

_____

_____

_____

6. ¿Cuáles son las tres relaciones que se restauran en una persona en el retiro Pacto con Dios?

_____

_____

_____

_____

_____

7. ¿Por qué es importante capacitar a una persona después de haberla consolidado?

_____

_____

_____

_____

_____

_____

8. ¿Cuál es el instrumento más efectivo para capacitar a una persona?

_____

_____

_____

_____

_____

_____

_____

Capítulo
Doce

Conoce la Estrategia de Multiplicación de La Celebración Mundial de la Expansión (CEMUEX)

Los líderes apasionados, visionarios, aunque tienen contentamiento, no se conforman con el "status quo", con la situación deplorable y detenida de las cosas. Este fue el caso de nuestro equipo pastoral, el deseo de cambiar a más personas su "suerte" o destino eterno, el anhelo de ver crecer la iglesia, de alcanzar nuestras metas de nuevos C.F. y promocionar más líderes; nos dirigió a ajustar y a ordenar las piezas del "rompecabezas" de la estrategia de multiplicación.

La Estrategia de la Celebración Mundial de la Expansión es entonces, un proceso anual de multiplicación de círculos familiares y promoción de líderes, culminando con un festejo local, nacional e internacional con otros pastores que están en el mismo sentir.

Nuevamente, te solicito que procures enfocarte más en los principios que en la forma de hacer las cosas. Lo importante es que cada año logres alcanzar las metas respetando los propósitos de la iglesia. Es decir, crecer de una manera saludable.

Este capítulo será más fácil de comprender para aquellos pastores y líderes que tengan conocimiento o experiencia en el trabajo de grupos pequeños, porque están relacionados a prácticas tales como, establecimiento y seguimiento de metas, multiplicación de círculos, formación de líderes y actividades colaterales a estos aspectos. Sin embargo, si tú eres un pastor o líder con un deseo profundo de ver crecer la iglesia, te sientes dirigido por Dios a establecer círculos familiares en tu organización y has leído con atención el capítulo 10 y 11 estoy seguro que también asimilarás las ideas que compartiré en las siguientes líneas.

En otras palabras, pretendo animarte y darte ideas para que puedas alcanzar las metas de crecimiento de tu ministerio a la luz de lo que hemos experimentado gradualmente en los últimos tres años con resultados satisfactorios.

TRES PRINCIPIOS DE CEMUEX

Estaba muy enfocado en el deseo de optimizar nuestra estrategia de multiplicación de C.F., cuando de alguna manera, Dios me dirigió a la fascinante historia del libro de Ester, reflexioné sobre la gloriosa liberación y alivio que habían tenido millones de judíos de sus enemigos en un solo día. Después de leer el libro y repasar varias veces el capítulo 9, logré conectar en mis pensamientos algunos principios e ideas de esta historia a la estrategia de multiplicación. Hay tres grandes aspectos que me inspiraron: **1.El poder de una fecha unificada 2.La estrategia de promoción de liderazgo y de logística. 3.Los Beneficios de seguir un proceso.** Esta será la estructura del capítulo.

EL PODER DE UNA FECHA UNIFICADA

Mi mente voló pensando que sucedería si todos nuestros pastores, supervisores, líderes y hermanos nos enfocáramos a una solo fecha para multiplicar los círculos familiares. La idea había dado vueltas en años anteriores en el equipo pastoral, pero al meditar en el Libro de Ester me persuadí en los beneficios que obtuvieron al estar todos enfocados a un solo día de liberación, celebración e impacto global.

1.Un Día Señalado para Multiplicar

En el día que el perverso Amán había decidido exterminar a todos los judíos fue el día que ellos se vengarían de sus enemigos. Todos estaban apuntando a la misma fecha. El 13 del mes doce sería el día de la gran liberación.

ESTER 9:1 DHH "El día trece del mes doce, llamado Adar, era la fecha señalada para el cumplimiento de la orden del rey, y también el día en que los enemigos de los judíos esperaban dominarlos; pero sucedió todo lo contrario, pues los judíos los dominaron a ellos."

Para los judíos seria la fecha de venganza y liberación, para nosotros sería la fecha de multiplicar los círculos familiares. Nota por favor, que la idea era que cada judío el mismo día se librara de sus enemigos, la estrategia no era en distintas fechas.

Liderando proactivamente las multiplicaciones.
Para nosotros la idea era nueva, ya que todos los CF se multiplicarían en la misma fecha. Esto era algo novedoso, debido a que por 20 años los supervisores y pastores establecían diferentes fechas de multiplicación para cada círculo F.

Por años el modelo de multiplicación fue reactivo, es decir, al ver que el grupo crecía entonces reaccionábamos apresuradamente pensando, quién será el próximo líder, quién podrá prestar su casa, muchas veces por no haber tenido a un líder preparado no multiplicábamos la célula y en el peor de los casos, por la aglomeración y la incomodidad perdíamos miembros.

Este modelo de multiplicación global concentrado en una fecha, realmente es una dinámica proactiva, es decir no significa solo tomar la iniciativa de multiplicar el CF en una fecha señalada, sino asumir la responsabilidad de hacer que la multiplicación suceda; decidir en cada momento del proceso lo que queremos hacer y cómo lo vamos a hacer. Rick Warren. enfatiza la importancia de tener una fecha límite al decir, *"Sin una fecha límite, una meta no es meta, solo es un deseo."* (1)

De tal manera, que buscamos una fecha que nos diera tiempo suficiente a desarrollar los procesos de formación de líderes y del crecimiento del círculo. Por tres años consecutivos hemos multiplicado los CF en octubre, para este año lo haremos en noviembre.

2. Un Día Señalado para Celebrar

Los judíos establecieron oficialmente un día específico para celebrar, un día después de la gran victoria lo dedicaron para realizar un banquete de alegría, el día 14 del duodécimo mes, solamente en la ciudad de Susa como tomaron un días más para librarse de sus enemigos, lo harían el día 15.

> ESTER 9: 17 NVI *"Esto sucedió el día trece del mes de adar.*
> *El día catorce descansaron, y lo celebraron con un alegre banquete...*
> *19. Por eso los judíos de las zonas rurales*
> *los que viven en las aldeas celebran el catorce*
> *del mes de adar como día de alegría y de banquete,*
> *y se hacen regalos unos a otros."*

Siguiendo este orden de ideas, nosotros dispusimos celebrar de una manera especial un día después de la multiplicación, por ejemplo, para el presente año multiplicaremos los CF el sábado 24 de noviembre y el domingo 25 celebraremos unidos la victoria de todo un proceso, con un programa especial para presentar y empoderar los nuevos líderes, supervisores y pastores del año.

Los judíos tuvieron sobradas razones para celebrar, La fiesta del Purim (suertes) fue la celebración de alegría y gratitud por haber sido librados o salvados por lo menos de tres calamidades.

-Librados de sus enemigos. *Ester 9:22 NVI "libraron de sus enemigos"*

-Librados de la aflicción. *Ester 9: 22 NVI "...y como el mes en que su aflicción se convirtió en alegría"*

-Librados de la muerte. *Ester 9:24 "contra los judíos un plan para destruirlos, y había echado Pur, que quiere decir suerte, para consumirlos y acabar con ellos."*

Líderes que cambian Suertes

Implicaciones de Celebrar.

Las celebraciones pueden observarse o entenderse de dos maneras. La primera, por los aspectos de forma, la manera de organizarla. La segunda manera, por los aspectos de fondo, los motivos o mensaje que enseña. En este momento, quiero señalar, los mensajes que enviamos de fondo al organizar un servicio de Celebración por la Expansión o Multiplicación.

Valoramos el nacimiento de líderes. Celebramos
la multiplicación o expansión porque valoramos el milagro de que hombres y mujeres, jóvenes, adultos y ancianos acepten el fuerte compromiso de servir a Dios en el llamado de cambiar la "suerte" eterna de las personas y pastorearlas en un CF.

Debo confesar, que se estremece mi alma de emoción y de agradecimiento a Dios, y además lágrimas salen de mis ojos, la mayoría de veces que predico sobre este tema o impongo mis manos sobre la cabeza de nuevos pastores y pastoras, supervisores y supervisoras, líderes y liderezas que han aceptado el llamado divino.

Valoramos tanto el surgimiento de un nuevo líder que es suficiente razón para "tirar la casa por la ventana". Es nuestro deseo este año, ir a un estadio de mediana capacidad para unificar nuestros tres servicios y mostrar en un desfile público sobre la pista de atletismo a nuestros héroes que aceptaron el llamado de liderar un círculo familiar de crecimiento, esta vez iremos al estadio para ¡Celebrar el milagro del nacimiento de cambiadores de "suertes"!. Las palabras de Jesús en

> *Mateo 9:37 "Entonces dijo a sus discípulos: A la verdad la mies es mucha, mas los obreros pocos. 38 Rogad, pues, al Señor de la mies, que envíe obreros a su mies."*

Son palabras que demuestran que no fácilmente hay líderes que quieran comprometerse en una obra tan desafiante y dedicada, por lo que valoramos que Dios haya contestado nuestras oraciones y clamores de todo un año.

Celebración Mundial de la Expansión (CEMUEX)

Agradecemos el esfuerzo en el proceso. Celebramos la Multiplicación o Expansión porque agradecemos a Dios y el trabajo esforzado y diligente de los pastores, supervisores y líderes en el proceso de expansión. Nuestra gratitud, nos empuja a orar constantemente para que Dios bendiga integralmente a toda la estructura de liderazgo.

3. Un Día Señalado para Impactar al Mundo

El liderazgo y la visión global de Mardoqueo le permitió influir no únicamente en su familia, ciudad, sino en 127 países donde radicaban los judíos que estaban bajo el gobierno del rey Asuero.

ESTER 9: 20 "Mardoqueo registró estos acontecimientos,
y envió cartas a todos los judíos de todas las provincias lejanas y
cercanas del rey Asuero, 21. exigiéndoles que celebraran cada año
los días catorce y quince del mes de adar(...) 30.
Él envió decretos a todos los judíos
de las ciento veintisiete provincias del reino de Asuero
con palabras de buena voluntad y seguridad "

Ya para el tercer año que utilizábamos esta estrategia y proceso de concentrar en un solo día la multiplicación y celebración de multiplicación, me percaté que en la historia de Ester, Mardoqueo uso el liderazgo que Dios le había dado, en primer lugar para salvar y bendecir a 127 ciudades, incluyendo la suya, en la liberación de sus enemigos. En segundo lugar, para influirlos en la celebración de la fiesta del Purim.

Las últimas palabras del versículo treinta y capítulo nueve me impresionaron al ver el espíritu y las intenciones que movieron a Mardoqueo a escribir a los líderes en todo el imperio *"Él envió decretos a todos los judíos de las ciento veintisiete provincias del reino de Asuero con palabras de buena voluntad y seguridad "*

Me sentí dirigido por Dios para proponer a los pastores de las naciones donde el Espíritu Santo nos había permitido ayudar de alguna manera en el tema de liderazgo e iglecrecimiento, la realización de la celebración de la expansión y promoción de nuevos líderes en la misma fecha.

Es decir, la idea consiste en que las iglesias que servimos en cualquier estrategia celular, con metas y preparación de líderes en el mundo nos unamos y el mismo día, nos conectemos virtualmente por medio de la web y presentemos en cuestión de segundos al nuevo liderazgo no importando cuantos seamos.

El hecho es, sentirnos parte del mover de Dios a nivel mundial, parte del cuerpo de Cristo, que la visión de expansión no es una idea solitaria sino es visión de Dios depositada en el corazón de muchos hombres y mujeres de Dios en las naciones. Fue emocionante, el año pasado, haber sido parte de las celebraciones y promociones de líderes en las naciones:

Valencia, Venezuela, pastores Arnaldo y Ades.
Juan de los Morros, Venezuela, pastora Rut.
Rivas, Nicaragua, pastores Roger y Ester
San Francisco, California, pastores Manolo y Lili.
Washington DC, pastores Frank y Leyda,
Virginia, pastores Rigo y María.
Miami, Florida, pastores Joselito y Karla.
New York, pastores Carlitos e Iris.
Heredia, Costa Rica, pastores Osvaldo y Zulay
México, México, pastores Jesse y Blanca

Sin lugar a dudas, otros grandes líderes con sus esposas fueron parte de la Celebración Mundial de la Expansión en América, El Caribe y Europa que aquí no menciono, porque no tuve la oportunidad de verles en vivo a través de la web. Lo importante, es saber que no estamos solos en la tarea de promover líderes, del trabajo celular y de la pasión por ver nuestras ciudades convertidas a los pies de Cristo. (Puedes seguir el mover de la CEMUEX a través de www.cumbrediv.org)

LA ESTRATEGIA DE EXPANSION Y PROMOCION DE LIDERAZGO

El segundo aspecto que encontramos en la gloriosa liberación de los judíos, por supuesto, después de reconocer la intervención milagrosa de Dios, es el uso de una estrategia o forma de promover y emplear a los líderes judíos en los 127 países que estaban bajo el poder político persa. En nuestra estrategia de expansión usamos 4 aspectos importantes: 1)Proyectamos y establecemos metas para la multiplicación, 2)Promovemos líderes, 3)Calendarizamos y supervisamos el proceso y 4)Concluimos el proceso.

1. Proyecta y Establece Metas para la Multiplicación

Establece metas.(2)   Las metas y controles son básicos para que la iglesia se mantenga y crezca consistentemente. Un poco de diligencia nos ayudará a saber cuál es el estado de la obra del Señor.

Ejemplos bíblicos sobran para apoyar la importancia de las metas y los controles en el ministerio. Veamos algunos ejemplos bíblicos que nos enseñan a hacer la obra diligentemente:

El buen Pastor. *Proverbios 27:23 "Sé diligente en conocer el estado de tus ovejas, y mira con cuidado por tus rebaños"*. Este trozo de la escritura nos hace ver la necesidad de poner diligencia en el cuidado del rebaño del Señor.

Lucas 15:4 " Qué hombre de vosotros, teniendo cien ovejas,
si pierde una de ellas, no deja las noventa y nueve en el desierto y va
tras la que se perdió hasta encontrarla?... v. 7 "Os digo que así habrá
más gozo en el cielo por un pecador que se arrepiente
que por noventa y nueve justos
que no necesitan arrepentimiento"

En esta parábola vemos cómo un pastor que tiene cuidado diligente por su ovejas, se percata de que hace falta una al final de la faena. El conteo diligente le permite darse cuenta que hace falta la oveja, y eso es lo que mueve su corazón pastoral para ir a buscarla, hasta encontrarla.

Jesús en su ministerio. Es notorio que los evangelios reflejan el cuidado diligente que Jesús tenía de sus seguidores, Él sabía el número de seguidores que tenía. Los 12 discípulos que después se convertirían en apóstoles, los 70 que mandó de dos en dos a toda ciudad a donde había de ir (Lucas 10:1). La alimentación de los 5,000, etc. Son elementos que demuestran que Jesús aplicó controles cuidadosos en el desempeño de su ministerio.

En la estrategia de multiplicación los controles y las metas son una herramienta básica para poder conducir a la iglesia por el camino del crecimiento, la consolidación y el pastoreo.

CARACTERÍSTICAS DE LAS METAS.

Cada integrante de la estructura, pastores, supervisores y líderes debe tener clara una meta.

- La metas deben se medibles, así que establecemos metas numéricas de los aspectos que debemos controlar.

- Las metas deben ser establecidas bajo la conducción del Espíritu Santo, él es nuestro estratega por excelencia. El es el único que nos puede llevar a la victoria.

- Las metas deben ser desafiantes: Debemos trazarnos metas que nos reten a esforzarnos para lograrlas. John Haggai dice "Intente por Dios cosas tan grandes, que cuando se logren sea evidente que Dios estuvo en el asunto, y si no habría sido imposible lograrlas". También, el autor Ziz Ziglar da más luz en esta característica al decir, "las metas deben ser grandes (fuera de alcance, no fuera de la vista) porque para crecer usted tiene que esforzarse." (3)

- Las metas deben ser realistas: Al establecer nuestra meta debemos tomar en cuenta con qué contamos y a partir de ello lanzarnos. Jesús en Lucas 14:28 utilizó este principio.

Debemos lograr el perfecto balance entre lo realista y lo desafiante de las metas bajo la dirección del Espíritu Santo.

En iglesia "Lluvias de Gracia" para fijar las metas utilizamos el siguiente procedimiento. Cada año trazamos metas en cantidad de CF, asistencia a la iglesia, hermanos en los círculos, personas por círculo al evento evangelístico "Abre tus ojos a la luz de Cristo", entre otras. Cada ciclo o seis semanas, nos reunimos todos los pastores para evaluar el avance de las metas del año, en una actividad llamada MEPA (ministración, evaluación y proyección pastoral).

Las metas son establecidas al inicio del año para cada pastor, posteriormente él establece, en base a su meta, la meta para sus supervisores generales y luego ellos lo harán con los auxiliares y a la vez éstos con sus líderes. Así un pastor de distrito debe velar por que cada uno de los que ocupan un cargo en la estructura tenga una meta numérica.

El establecer metas requiere fe y entre más grandes nuestras metas más necesitamos diligencia y el auxilio de nuestro Dios. Rick Warren dice, "el tamaño de tu Dios determina el tamaño de tus metas." (4)

En estos tres últimos años he visto como pastores Latinos han establecido diferentes modelos o porcentajes para adjudicar las metas.

En Lluvias de Gracias establecemos el 50% como el parámetro de crecimiento en círculos familiares por año, otras iglesia lo hacen con el 25%, pero también he visto iglesias que establecen sus metas con el 100% anual.

Es decir, desde el principio del año ya sabemos cuantos círculos queremos multiplicar y la fecha en que lo haremos.

2. Promueve Líderes

Estamos persuadidos de que una de las claves principales, si no es que la principal, en el éxito de la expansión está en saber formar o en saber empoderar a nuevos líderes. Así como es de importante este principio, así es de complejo y trabajoso, pero eso sí, satisfactorio.

Máxima
"Me parece que lo más parecido a criar hijos
es promover líderes"
Edmundo Guillén

Nuevamente la historia narrada en el libro de Ester nos muestra un importante principio de liderazgo, ¡el desarrollo de líderes!. Mardoqueo logró con amor y visión formar a su pariente huérfana como una valiente lidereza.

Ester 2:7,10,11 "Y había <u>criado</u> a Hadasa, es decir, Ester, hija de su tío, porque era huérfana; ...Cuando su padre y su madre murieron, Mardoqueo la <u>adoptó</u> como hija suya... 10. Ester no declaró cuál era su pueblo ni su parentela, porque <u>Mardoqueo le había mandado</u> que no lo declarase. 11. Y <u>cada día</u> Mardoqueo se paseaba delante del patio de la casa de las mujeres, para saber cómo le iba a Ester, y como la trataban."

Mardoqueo desarrolló el liderazgo espiritual de Ester amándola a través de la adopción, crianza, dirección ("le había mandado") y preocupándose por ella. ("para saber como la trataban"). Si algo es cierto en la promoción de líderes es que es intencional y nunca casual.

Celebración Mundial de la Expansión (CEMUEX)

Como expliqué en líneas anteriores, generalmente decidíamos multiplicar los CF al percibir que las personas ya no cabían en la sala de la casa. En otras palabras, la manera más común para decidir multiplicar un grupo familiar es por el factor cantidad de personas y no por la calidad del nuevo líder. En la Celebración mundial de la expansión, hemos dado un giro de paradigma, la clave es la calidad del nuevo líder y no la cantidad de personas. Aunque, reconocemos que lo ideal es que el nuevo CF principie con un buen líder y con una buena cantidad de personas.

Hay muchos testimonios, no de grupos, sino de iglesias, que al principar el pastor lo hizo en la sala o el garaje de una casa, con su esposa, los hijos y la suegra; y con el correr del tiempo se convirtieron en grandes iglesias. La clave entonces, estuvo en la calidad del líder y no el cantidad de personas.

Máxima
"El paradigma en la celebración mundial de la expansión
cambia de cantidad de personas
a calidad de líderes"
Edmundo Guillén

La promoción es un proceso de formación de liderazgo. En la práctica, en el caso de nuestra iglesia, el proceso conlleva las siguientes acciones:

-Elegir
-Capacitar
-Involucrar
-Ministrar
-Entrevistar
-Empoderar

• ELIGE A LA PERSONA QUE SERÁ EL NUEVO LÍDER

Selecciona al sucesor. El líder dirigido por el supervisor y el pastor deberá tener la capacidad espiritual y humana de seleccionar a su sucesor.

ACTITUDES ESPIRITUALES DE LOS LÍDERES PARA ELEGIR AL SUCESOR

Consulta y obedece a Dios. Moisés al ser advertido que no entraría a la tierra prometida, pidió a Dios que le dijera quien sería su sucesor, el Señor le contestaría que Josué. *Números 22:15-18.* Me impresiona como Moisés dependió de Dios, otro no hubiese consultado a Dios, hubiese dado por sentado que era Josué, ya que por 40 años le había servido.

Jesús previo a escoger a los 12 discípulos dentro de los 70 para llamarlos apóstoles pasó la noche orando, sin lugar a dudas allí recibió la información y confirmación de su Padre. (Lucas 6:12,13).

En la estructura celular cada posición de influencia desde el pastor hasta el líder debe desarrollar la capacidad espiritual de saber elegir a su sucesor por lo que tiene que buscar a Dios específicamente por este tema a través de oración y ayuno. Dedicamos una vez al año un ayuno para escoger quien será el sucesor o para pedir confirmación si es el tiempo de entregar al sucesor un cargo de más autoridad.

Discierne el corazón del nuevo líder. Ninguno de nosotros queremos fallar al entregar el nuevo cargo al sucesor, de pronto el pensamiento de traición, división o estancamiento se convierten en obstáculos que detienen el proceso de promoción. Nadie quiere tener un Judas en el equipo. Aunque, el mismo Jesús tuvo uno, sin embargo debemos pedir a Dios discernimiento para conocer las motivaciones del corazón. Todos sabemos que el corazón es engañoso más que todas las cosas, pero debemos pedir al Espíritu Santo que nos ayude a conocer las intenciones del sucesor, así como dirigió al profeta Samuel en la escogencia David para ser el sucesor de Saúl. (1 Samuel 16:7-13)

Recuerdo que era pastor de distrito (es un rango de autoridad cerca del pastor general que atendía en esos días de 40 a 80 CF) y no tenía paz con un asistente o sublíder de uno de los grupos que multiplicaríamos, por lo tanto, pedí a Dios que me dijera cuál era la razón porque me sentía muy inquieto, tres semanas antes de la multiplicación una de las pandillas de la ciudad mató a un primo del futuro líder, él reaccionó mal se llenó de odio, dejando su privilegio con el objetivo de vengar al familiar. ¿Te imaginas, ese veneno estaba en su corazón, qué conflicto nos hubiese causado en una posición de más autoridad? Yo entendí que Dios me había permitido ver esa situación para no fallar en la elección de un nuevo líder. Así, podría contar por lo menos otras 5 situaciones similares, no obstante debo reconocer que en otros casos he fallado en la escogencia de nuevos líderes, supervisores o pastores.

Actitudes humanas del líder para elegir al sucesor

Observa tres aspectos del nuevo líder El
pastor Bill Hybels en el libro "Liderazgo Audaz", (es el libro base que he usado en las últimas dos escuelas pastorales (EPA), en la formación de nuevos ministros y ministras) propone la Fórmula C.C.C. (siglas en inglés de caracter, capacity y chemistry), (5) en español es C.C.Q.

> Carácter
> Capacidad
> Química

El orden de estos tres componente me parece que es idóneo principalmente en una estrategia de multiplicación que da y pide mucho de un líder, concede autoridad y demanda trabajo. No como otros modelos o ministerios dentro de la iglesia local que no requieren del líder mucho o poco trabajo pastoral. En el liderazgo celular no es así, el líder y la lidereza se convierten en los pastores del GF, a toda hora tienen que estar dispuestos a ayudar a sus ovejas y además el desafío de tener metas de crecimiento

Observa el carácter.

En el contexto celular las cualidades fundamentales de un potencial líder deben ser: integridad, sujeción, humildad, amor, fe y lleno del Espíritu Santo. Jetro aconseja a Moisés que elija líderes con carácter integro *Éxodo 18:21*. *"Además escoge tú de entre todo el pueblo varones de virtud, temerosos de Dios, varones de verdad, que aborrezcan la avaricia"*.

Observa la capacidad.

Los futuros líderes y liderezas de los CF deben poseer ciertas habilidades para tener éxito en el privilegio de dirigir a otras personas. Capacidad de comunicar la enseñanza bíblica y habilidad de relacionarse adecuadamente con sus semejantes. Moisés al final de su liderazgo, recordó al pueblo de Israel las altas cualidades de los primeros jueces o líderes que había elegido. *Deuteronomio 1:13 "Dadme de entre vosotros, de vuestras tribus, varones SABIOS Y ENTENDIDOS Y EXPERTOS , para que yo los ponga por vuestros jefes"*

Observa si hay química.

Es importante que el sucesor o el nuevo líder tenga afinidad o química con su autoridad y equipo de trabajo para el desarrollo del liderazgo efectivo. Profesionales en liderazgo empresarial, como Carlos J. Pérez F. han dicho *"La química o afinidad entre dos personas o individuos se da cuando existe una relación agradable, comprometida y fluida, basada en la calidez afectiva, comprensión y sinceridad entre ellas, lo que fortalece la amistad aunque sea temporalmente."*(6)

Es muy importante que el pastor y el líder observen en el sucesor si hay esa afinidad con él y el equipo al cual se integrarán. En mi experiencia de 22 años de desarrollar líderes y equipos me he dado cuenta que hay personas con las que yo me siento bien, sin embargo, mi equipo no. Es decir, hay quienes saben ganarse el corazón de su líder pero no el de sus colegas.

El último pastor que subí a mi círculo íntimo lo tuve en observación por un año con la lupa CCQ, después de haber pasado todo el proceso, consultar a Dios, discernir su espíritu de fidelidad, observar sus dotes de liderazgo y enseñanza y de sentirme bien con él, consulté con los tres pastores más cercanos a mí, ¿cómo se sentirían de hacer equipo con el nuevo integrante, si se sentirían cómodos de tener que compartir la habitación en un retiro espiritual o de pasar largas horas de sesión con él? Los tres me contestaron que en otras ocasiones habían compartido con él y que tenían química.

Josué y Moisés tenían "química". Por cuarenta años le había servido con amor y respeto. *Números 11:28 "Entonces respondió Josué hijo de Nun, ayudante de Moisés, uno de sus jóvenes, y dijo: Señor mío Moisés, impídelos.*

Cada vez me convenzo más, después de tantas alegrías y algunas decepciones, que en la ausencia y el desorden de uno de estos tres componente en el futuro líder está el éxito o el fracaso de la expansión o multiplicación.

SELECCIONA EL CÍRCULO FAMILIAR QUE SE MULTIPLICARÁ

El pastor o el supervisor al inicio del proceso de la expansión elegirán los CF que se multiplicarán según la meta establecida tomando en cuenta el potencial de liderazgo detectado en cada grupo.

Es indispensable el diálogo entre líder, supervisor y pastor, principalmente en el rastreo y confirmación de prospectos para el liderazgo. En nuestra experiencia, El pastor y supervisor no se deben conformar con el informe del líder ellos tienen que visitar los grupos para corroborar y como sugiere el libro de Fabricio Roca para "cazar talentos".

- ## Capacita Al Líder Seleccionado
Con el mínimo indicio de potencial de liderazgo en una persona es suficiente para introducirlo en un proceso de aprendizaje. Jesús por tres años capacitó a sus discípulos enseñando los mandamientos.

Introduce al futuro líder en la Escuela de Capacitación.

Como mencionamos en el capítulo 11, el proceso de desarrollo espiritual está compuesto por tres ciclos, el tercero le llamamos ciclo de capacitación y tiene como instrumento principal "La Escuela de Capacitación", que está organizada en 5 niveles.

Todo aspirante al liderazgo de células debe cursar por los cinco niveles sin excepción. Ahora bien, es probable que el futuro líder haya pasado en años anteriores los cinco niveles, si es así, le pedimos, únicamente que vuelva a cursar el quinto nivel que está diseñado exclusivamente para el adiestramiento de un líder celular.

- ## Involucra al Sucesor Gradualmente en las Reuniones de Liderazgo

Como el proceso de formación prácticamente dura todo el año, en nuestro caso desde que se elige en marzo al futuro líder hasta noviembre cuando se multiplica el grupo, hay suficiente tiempo para paulatinamente delegar la prédica en la reunión familiar y la conducción de la planificación. El pastor determina una fecha al mes para que todos los futuros líderes prediquen en su respectivo CF, esto permitirá que la supervisión sea dirigida a evaluar el potencial de comunicación de los sucesores. Las dos importantes acciones a delegar son:

Predicar en la reunión familiar.
Conducir la reunión de planificación.

Celebración Mundial de la Expansión (CEMUEX)

Una de las mejores formar de dar poder y confianza al nuevo líder delante del grupo es que predique y conduzca la reunión en presencia de su autoridad inmediata. La razón es sencilla, los miembros del grupo perciben que el líder confía en su sucesor. Algunos delegan los privilegios bajo situaciones fortuitas como ausencia por enfermedad, viaje y pecado; me parece que no es el mejor método para formar al discípulo. Las veces que más empoderado me sentí, aunque nervioso, fue cuando mi pastor me delegó prédicas y él estuvo sentando enfrente.

- ## MINISTRA AL FUTURO LÍDER

Nos referimos por ministrar al acto de orar, aconsejar y en algunos casos liberar la vida espiritual y emocional del futuro líder. En este sentido creemos que la mejor manera de formar a un discípulo es transmitir vida y no solo conocimiento, esto exige tiempo y amor.

Ministra al futuro líder en el retiro Zarza. La iglesia renta un centro de retiros y por un fin de semana realiza un retiro espiritual para ministrar la vida de los candidatos al liderazgo, lo hacemos ocho o quince días antes de las multiplicaciones en serie.

El retiro "Zarza" hace referencia al capítulo 3 del libro de Exodo, en el cual Dios restaura, envisiona y llama a Moisés para convertirlo en el gran líder de la libertad hebrea de los egipcios. Permíteme acuñar el término "restaurallamavisión" que ha circulado entre nosotros los pastores, que de alguna manera muestra el objetivo del retiro "Zarza".

Con toda honestidad, estoy convencido que el retiro es uno de los recursos más poderosos donde el Espíritu Santo llama o confirma el llamamiento en el ministerio cristiano. Es tan transcendental, este retiro que algunos desde allí son marcados para la vocación pastoral.

Realmente no es una actividad complicada, es un retiro sencillo basado en tres factores:

ENFOQUE DE LOS PREDICADORES. Las prédicas, alabanzas y ministraciones deben estar enfocadas al objetivo principal, que es dar a los participantes el último sello para ejercer el nuevo privilegio. Entre los temas que podemos predicar están:

Visión
Llamamiento
Restauración
Llenura del Espíritu Santo
Vocación pastoral
Formando discípulos
Conociendo el espíritu de los GF

Disposición de los participantes. Los asistentes al retiro deben ir con el corazón y mente dispuestos a oír la voz de Dios como resultado de entender que necesitan la confirmación del llamado divino para ascender a la posición de líderes de GF Llenura del Espíritu Santo. La mayoría de sublíderes a esta altura del proceso de formación ya recibieron el bautismo en el Espíritu Santo, sin embargo volvemos a hablar del poder y manifestación del Espíritu en la vida de un líder ungido. Terminando el retiro con la ministración del bautismo en el Santo Espíritu.

- ENTREVISTA AL FUTURO LÍDER

Es una reunión especial y personal entre el pastor y el futuro líder, faltando un mes el pastor convocará a cada futuro líder para platicar sobre el privilegio de ser un líder de GF de la iglesia Lluvias de Gracia. El objetivo de la cita es determinar si verdaderamente quiere ser líder, además, si tiene llamado y visión, y analizar sino tiene algún obstáculo para ejercer el privilegio.

Características de la entrevista. Es importante ser objetivos y estratégicos en esta reunión, por lo que sugerimos los siguientes aspectos:

Importancia. No es una reunión superficial e improvisada, es para hablar del futuro de una persona y de un grupo. Sugerimos que la plática debe girar alrededor de las siguientes preguntas:

Llamamiento: ¿Por qué quiere ser líder? Es importante que el nuevo líder esté convencido que fue Dios quien lo llamo y no el hombre. Debe saber diferenciar entre la fuente y el canal. El nuevo líder debe estar convencido que fue Dios, que es la fuente y no un sueño, profecía, predica, etc., que solo fueron canales del llamado divino. Esta es la pregunta más importante, porque si está convencido que fue Dios quien lo llamó, soportará las pruebas y dificultades.

Visión: ¿Cuál es el objetivo del grupo, de su liderazgo y de la iglesia? ¿Para qué, quiere ser líder? El deseo de todo líder cristiano es agradar a Dios cumpliendo Su misión de salvar al perdido y cuidar o apoyar las personas en la carrera de la vida cristiana.

Familia: Si es soltero, ¿Qué dicen tus padres de las responsabilidades con la iglesia y en el grupo?. Si es casado, ¿Qué dice tu cónyuge del tiempo y responsabilidades que dedicas a la iglesia?. Es increíble, he encontrado cada respuesta tan interesantes como la de un muchacho que me dijo, "mis papás no quieren, pero me saldré sin permiso para servir a Dios", o una hermana que me dijo palabras similares pero en relación con su esposo. Nosotros aconsejamos a los solteros que sean sujetos a sus padres y a los casados a resolver sus diferencias y luego que ejerzan el liderazgo en el GF. Reconocemos que un líder no puede perdurar mucho tiempo en su ministerio si en la casa no están bien.

Discípulos: ¿Cómo te sientes con las personas que quedarán bajo tu liderazgo en el nuevo CF?, ¿Tienes influencia sobre ellos, te siguen?. Es vital que el nuevo líder se sienta cómodo con las personas que él prácticamente eligió y a algunos formó. Si el futuro líder percibe que quedarán con él personas que creyéndose más integras, maduras y conocedoras de la Palabra le harán contra peso, es preferible que se queden con el líder antiguo. Es preferible principiar el liderazgo con pocas personas que admiren, respeten y sigan que con personas muy competentes pero poco colaboradoras, irrespetuosas o rebeldes.

Autoridad: ¿Quién es tu líder o padre espiritual, quién te influencia o inspira? ¿Te ha costado sujetarse y seguir al líder? Como pastor debes dejar claro que en la estrategia de círculos familiares se admiten opiniones diferentes pero dadas en el momento, lugar y forma correctas. Pero que no se tolerará la rebeldía y la murmuración.

Responsabilidades: ¿Sabes lo que implica ser líder de un círculo familiar? La respuesta del futuro líder ayudará al pastor a saber si el futuro líder está comprometido con Dios, con la visión de ver el país para el Señor y principalmente está conciente y comprometido a estar en las reuniones de liderazgo, planificación, círculo familiar, culto dominical, entrega de reportes y a asistencia a retiros.

TIEMPO. No debe ser una reunión apresurada, debe tomarse el tiempo suficiente, quizás una hora o más.

LUGAR. Puede buscarse un lugar adecuado donde al final de la cita puedan orar sin interrupción; la oficina pastoral, la sala de la casa del nuevo líder o en la sala del pastor pueden ser lugares idóneos.

AMBIENTE. El pastor debe proyectar una actitud de alegría y agradecimiento por el paso trascendental de la multiplicación del grupo y la próxima promoción del nuevo líder, esta actitud permitirá al entrevistado sentirse apreciado y en confianza. No es un interrogatorio frío y amenazante para atraparlo en una falta, la idea es explorar el corazón y algunos temas poco hablados, hay que tener cuidado que no se sienta intimidado o en el "Juicio del Gran Trono Blanco"

* ## EMPODERA AL FUTURO LÍDER

En el contexto de la estructura de círculos familiares aplicamos este término a la investidura y concesión de autoridad y poder para ejercer un privilegio. Parte de los milagros que Dios hizo en el libro de Ester, fue la honra que dio el rey Asuero a Mardoqueo al pasearlo con el caballo y con la túnica real. (Ester 6:7-11) Ese acto de empoderar permitió influencia de Mardoqueo sobre los judíos e incluso el temor de él cayó sobre los no judíos. Hay tres momentos donde procuramos honrar y empoderar al nuevo líder con el afán que sus futuros miembros del grupo lo respeten y lo sigan.

Antes de la multiplicación. En la visita que el pastor o supervisor hagan al CF durante el proceso de expansión y formación de líderes deben aprovechar para honrar al futuro líder señalando las cualidades y el crecimiento que ha tenido como instrumento de Dios, además lo bendecirán con una oración.

En la multiplicación. El supervisor será el encargado de leer las dos listas de la manera como quedaron conformados los dos CF, el pastor dará unas palabras de felicitaciones al líder que multiplicó e instalará al nuevo líder orando y poniendo su mano sobre su cabeza. Es decir, el pastor con el supervisor llegarán el día de la multiplicación al CF, leerán la hoja de multiplicación, orarán por el líder y el nuevo líder, le impondrán manos y lo ungirán con aceite. Este evento es como la boda religiosa, sin el pastor no puede haber ceremonia.

En el día de la Celebración Mundial de la Expansión. El día domingo en la iglesia, en el culto especial se dará un pin especial al nuevo líder, desfilará por la alfombra roja y se presentará ante la congregación. En las siguientes páginas, explicaremos los detalles de esta gran celebración.

3. SUPERVISA EL PROCESO

El proceso de supervisión es un componente esencial en la vida de la estrategia de los círculos familiares. Siendo prácticos debemos reconocer que cada posición de liderazgo en la estructura celular ejecuta los mismos principios, algunas funciones cambian, como también las cantidades en los informes estadísticos. Sin embargo, insisto, todos supervisan el trabajo del discípulo inmediato y son supervisados por su líder contiguo.

Hay dos grandes bloques de trabajo en el cual cada participante en el organigrama celular cubre y es cubierto, pastorea y es pastoreado y supervisa y es supervisado:

Bloque de trabajo pastoral. Cada persona en posición de autoridad ora, aconseja, atiende y visita a sus discípulos más cercanos y al mismo tiempo recibe oración, consejo y es visitado por su líder espiritual.

Bloque de trabajo administrativo. Cada persona en posición de autoridad evalúa y es evaluado, y proyecta y es proyectado en las metas, actividades especiales y en los procesos de evangelismo, consolidación, capacitación y de expansión celular.

Veamos una manera elemental del organigrama de grupos familiares

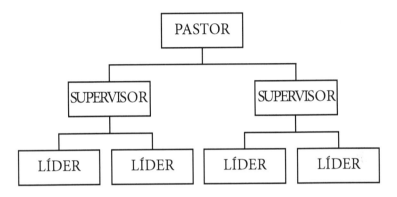

En la actualidad tenemos tres rangos de pastores y dos de supervisores.

El proceso de supervisión es más fácil de ejecutar al haber controles y reportes que ayuden a dar seguimiento a los procesos. En líneas anteriores, señalamos que la clave más importante en este proceso de expansión radicaba en la promoción del liderazgo, manifestada en 6 acciones, a saber: elegir, capacitar, involucrar, ministrar, entrevistar y empoderar. De tal manera, que el enfoque de supervisión deben ser los futuros líderes. Con el equipo pastoral de Lluvias de Gracia hemos diseñado un instrumento de supervisión para este proceso llamado "Hoja de multiplicación CEMUEX"

PROCESO DE DESARROLLO INTEGRAL (P.D.I.) HOJA DE MULTIPLICACIÓN (CEMUEX)

Círculo	Líder	Futuro Líder	Anfitrión	M-A-S	Bautismo sin Agua	Nivel 1	Nivel 2	Nivel 3	Nivel 4	Baut. E.S.	Nivel Zarza 5	Entrevista	Fecha Activación

ABREVIATURAS:
M: MULTIPLICACIÓN
A: APERTURA
S: SUSTITUCIÓN

280

4. CONCLUYE EL PROCESO

La capacidad de terminar lo que se inició es lo que diferencia a los grandes de los mediocres. Paciencia, constancia, disciplina, enfoque y fe son virtudes necesarias para culminar los proyectos.

"Todo buen proceso principia y culmina con un buen suceso". Hay dos sucesos muy importantes en la culminación de este poderoso proceso de expansión y multiplicación celular.

Día de Multiplicación. El día que se multiplica un C.F. es un día trascendente de mucha fiesta y alegría, pero también de estrategia porque es un día de sentimientos encontrados (algunos no quieren separarse por el afecto que se tienen) y de trascendencia porque se definirá la vida inmediata futura de la koinonía cristiana, es decir con quienes se caminará de cerca la vida cristiana.

DOS ASPECTOS IMPORTANTES:

Selección de los miembros del CF. Sugerimos que en sociedad y armonía entre el supervisor, líder y nuevo líder decidan como multiplicarán el círculo, es decir, determinar quienes irán con el nuevo líder. Por lo menos hay tres factores para determinar como multiplicar el círculo familiar y decidir quien irá con el nuevo líder, los presento en orden de prioridad.

-Relación. Proponemos que el factor identificación y relación debe ser el primer aspecto a tomar en cuenta. Es decir, hay que dar al nuevo líder a las personas con las que él se sienta identificado y que haya algún vínculo de relación, generalmente personas que lo admiren, respeten y sigan.

-Ubicación Dar al nuevo líder las personas que vivan más cerca de la casa donde se desarrollará la reunión familiar.

-Cantidad. En los primeros 20 años de nuestro trabajo celular, el primer factor que tratábamos de tomar en cuenta en la multiplicación del grupo era que a ambos líderes les quedara la misma cantidad de personas. Es decir si habían 18 personas, procurábamos que 9 fueran con el nuevo líder.

Programa para la multiplicación en el CF. Tomar en cuenta que los puntos de esta agenda, así como su duración pueden variar al programa oficial de cada semana.

-Bienvenida a la reunión por el anfitrión
-Oración inicial delegada
-Cantos delegados
-Ofrenda delegada
-Prédica especial por el pastor o supervisor
-Ungimiento del nuevo líder por el pastor
-Palabras por el líder y el nuevo líder
-Presentación de los dos grupos por el supervisor
-Oración por los dos grupos por el pastor
-Un buen refrigerio delegado

DIA DE LA CEMUEX (CELEBRACION MUNDIAL DE LA EXPANSION)

Mencionamos que tres fueron las razones por las cuales los judíos realizaron la fiesta del Purim, ellos celebraron por haber sido librados de sus enemigos, la aflicción y la muerte. Sinceramente, no me cuesta entender, el motivo de la grandeza de la primera fiesta (450 A. de C.), ni tampoco porque la celebran a la fecha de hoy. Aquello, fue asunto de vida o muerte, ellos vivieron tensión, aflicción y temor por 12 meses, desde el primer mes, cuando el maldito Amán consiguió el permiso legalizado para asesinar hasta el duodécimo mes cuando ellos mismo aniquilaron a sus enemigos. (Ester 3:7)

Ahora observemos cuatro características de la fiesta del Purim, en incluso todavía los judíos casi 2,500 años después la siguen celebrando.

Ester 9:22 b (DHH) ". Estos días deberían celebrarse
con banquetes y alegría, haciéndose regalos unos a otros
y dando limosnas a los pobres."

-Celebraron comiendo un gran banquete. Fiesta pública con espléndida y abundante comida.

-Celebraron regocijándose en gran manera. *BLA*
"Los harían días de banquete y de regocijo"

-Celebraron intercambiando regalos. *DHH "...*
haciéndose regalos unos a otros..."

-Celebraron siendo generosos con los necesitados.
"como días en que los judíos tuvieron paz de sus enemigos, y como el
mes que de tristeza se les cambió en alegría, y de luto en día bueno;
que los hiciesen días de banquete y de gozo, y para enviar porciones
cada uno a su vecino, y DADIVAS a los pobres."

Se nos informa que la fiesta del Purim actualmente es la celebración más alegre y popular de los judíos, los judíos principian leyendo el libro de Ester por la mañana, luego se visitan entre ellos para darse regalos, posteriormente buscan a los pobres y les obsequian comestibles y dinero. Por la noche hacen una gran fiesta, vuelven a leer el libro de Ester, oran y cantan en medio de un gran banquete. En algunas partes hacen un desfile por las calles, vistiendo a los niños con disfraces, en los patios de las casas los niños afirman de una estaca a un muñeco, que representa a Amán, lo apalean hasta destruirlo. En las canciones y lecturas del libro de Ester al aparecer el nombre Amán zapatean y suenan matracas con el objetivo que no se oiga el nombre del malvado. En los últimos años, la tradición popular permite que lo hombres se embriaguen hasta el punto de confundir el nombre del Amán por el de Mardoqueo. También, preparan dulces especiales, llamados "Orejas de Aman". Hay años que la festividad cae en febrero y otros en marzo. (7)

Programa especial para el culto de CEMUEX

Después de hablar de los aspectos de fondo en la primera parte de este capítulo, abordemos los aspectos de forma. Este es un programa sugerido para el culto de promoción de liderazgo.

- Video de presentación de la CELEBRACION MUNDIAL DE LA EXPANSIÓN

- Canto "Dios de esta Ciudad" (Luces, multimedia y video de Dios de esta ciudad) Nombre y foto de pastores y pastoras en pantalla

- Bienvenida

- Alabanza

- Lluvias news (anuncios)

- Diezmos y ofrendas

- VIDEO ESPECIAL (historia de porque se hace la CEMUEX)

- Conexión Internacional con iglesias que están en CEMUEX

- ALFOMBRA ROJA (Líderes, supervisores y pastores que multiplicaron, desfilarán con el nuevo liderazgo que será promovido) Los nuevos pastores, supervisores y líderes permanecen en el escenario en sillas especiales.

- MENSAJE

- Ungimiento con aceite y puesta de pines al nuevo liderazgo.

- Ministración (Canto Algo grande viene)

- CANTO DE CELEBRACIÓN   (Te doy gloria y Viviré para alabarte)

- Salida por la alfombra roja del nuevo liderazgo

- Oración final

LOS BENEFICIOS DE SEGUIR EL PROCESO DE MULTIPLICACION CELULAR

Es fácil ver en el libro de Ester el enorme beneficio de la lucha, liderazgo, estrategia y logística de Mardoqueo, su prima y todo los líderes judíos de 127 provincias, ¡siguieron viviendo!, sin embargo, con un poco más de esfuerzo, comprendemos resultados positivos colaterales, por ejemplo, fortalecimiento de la identidad judía, momentum, dignificación de Mardoqueo y Ester y alegría generosa.

Líderes que cambian Suertes

Debo reconocer que la motivación primaria que tuvimos al ubicar una fecha definida para multiplicar y principalmente al realizar la Celebración de Expansión era alcanzar nuestras metas de crecimiento de círculos familiares. Sin embargo, después del último servicio en el segundo año de realizar la Celebración me percaté que habíamos alcanzado otros beneficios colaterales. Permíteme, mostrar algunos de ellos.

Crecimiento de C.F.

El Señor nos ha permitido multiplicar un promedio de 150 círculos por año. En la mayoría de los casos los círculos familiares también crecieron en número de personas y por ello se multiplicaron.

Promoción de Nuevos Líderes.

En la hoja de multiplicación "CEMUEX" vimos que hay tres maneras de promover líderes, las cuales son, por multiplicación (círculos que crecen y se multiplican), apertura (se envía un líder a una colonia o zona donde no hay círculos familiares) y sustitución (se levanta un nuevo líder en reemplazo de otro). Cada año logramos promover a un promedio de 200 nuevos lideres.

Momentum Organizacional.

Gracias a Dios la CEMUEX se ha convertido en un culto inspirador que ha producido inercia e ímpetu. Los hermanos y hermanas al ver tantos nuevos líderes, supervisores perciben un sentido de éxito y victoria. Uno de los desafíos de las organizaciones es mantener la motivación, este culto produce mucha alegría y motivación. En todos los años anteriores, también multiplicábamos CF, sin embargo no teníamos un día para presentarlos, por mucho tiempo no aprovechamos el levantamiento de tantos líderes para crear motivación. En los últimos años he visto iglesias que han promovido 5 ó 10 círculos al año, pero al presentar en un solo día a los nuevos líderes, ha producido el mismo efecto en sus iglesias. Es importante para la salud organizacional mantenerse en momentum.

Envisionamiento del Liderazgo. Los seres humanos para crecer necesitamos puntos de referencia que nos ayuden a soñar que podemos lograr ser lo que todavía no somos. Muchos hermanos y hermanas quedan "embarazados", es decir, capturan una visión en su mente al ver desfilar a los nuevos líderes, sentarse en el escenario, ser ungidos y ver que se les pone un pin en la vestimenta. Sin lugar a duda, varios líderes se visualizaron como supervisores y los supervisores como pastores.

Cuando era joven, practicaba el deporte de basquetbol, no me perdía los partidos transmitidos por T.V. del basquetbol de los USA, mi inspiración era Michael Jordan y mi sueño era jugar como él y estar en la NBA, ¡no lo logré!, sin embargo, mejoré mi nivel de juego y mi actitud en los entrenos y en los partidos mejoró. Muchos de los líderes en estas CEMUEX sueñan llegar a ser pastores, tal vez, no lo logren, pero si les aseguro que desarrollarán su potencial y su actitud de líderes.

Del templo para la casa, comentábamos alegres y emocionados con una de mis hijas lo poderoso que habían estado los tres cultos, de repente ella me dijo, "me visualicé en el altar siendo ungida e investida con una banda de pastora". Por supuesto, me alegré como padre y como pastor que mi hija estuviese soñando con una vocación tan noble. Luego pensé, ¡cuántos hermanos se visualizaron con lo mismo!.

Estamos claros, que esa no es la evidencia de la vocación ministerial, sin embargo para aquellos que tienen un llamado divino, este tipo de acontecimientos encienden más la llama intensa del ministerio.

Lo que sí es cierto, es que en toda organización una de las claves de su crecimiento es que sus colaboradores anhelen ser promovidos en la estructura. Hablando de las iglesias celulares, sabemos que mientras se mantenga el deseo en los hermanos y hermanas de ser líderes podremos seguir creciendo.

Dignificación del Liderazgo. Al honrar al liderazgo delante de Dios y de la congregación a través de los diferentes actos realizados en el servicio, por un lado se les otorga poder y autoridad ante de su nuevo grupo y por otro lado, se aumenta el compromiso en los nuevos servidores. Debo reconocer que fui influido e inspirado por la manera como el pastor Bill Hybells en Chicago estimula a todos los voluntarios o servidores de su iglesia a través del acto de la "alfombra roja".

En otras palabras, al orar por ellos, ungirlos y presentarlos delante de la congregación se les dignifica, se les motiva y al mismo tiempo se les reviste de autoridad para que las personas acepten su liderazgo.

Fortalecimiento del Modelo Celular. Es importante que el liderazgo y en general todas las personas que están sirviendo en alguna estrategia, sientan confianza y aprecio por el modelo de trabajo que están empleando. Esta CEMUEX nos ha servido para fortalecer nuestra estrategia de círculos familiares, sentimos que estamos siendo efectivos y productivos.

Consejo Inspiracional

La historia de la libertad judía de sus enemigos relatada en el libro de Ester, muestra la soberanía, el amor y la intervención milagrosa de Dios a favor de su pueblo. Al mismo tiempo muestra a Mardoqueo y a Ester como grandes líderes que surgieron en tiempo de adversidad y crisis. Siendo muy objetivo, me parece que en primera instancia actuaron valiente y arriesgadamente porque tenían que salvar sus propias vidas y por supuesto ejercieron su liderazgo porque amaban a su pueblo.

Es maravilloso ver como Dios los honró y exaltó, dándoles autoridad e influencia social, política y religiosa. Me parece que la clave fue haber tenido motivos e intenciones puras y correctas. Mardoqueo, más que tener protagonismo y ambición por ocupar el puesto de Amán, como dije, él quiso salvar su vida y la de su etnia, sin embargo él entendió que Ester y él habían nacido y vivían con un propósito y destino de ser líderes para bendecir y cambiar el "purim" a multitudes.

Sinceramente, me siento muy optimista al estar convencido que Dios sigue siendo dueño de la historia y que sigue amando nuestras naciones, familias y vidas. Y está levantando una generación de hombres y mujeres como Mardoqueo y Ester que incidan en las "suertes" eterna, familiar, educativa y financiera de sus comunidades.

Sé que Dios con un propósito puso en tu corazón que leyeras este libro, porque te usará más, mucho más de lo que hasta ahora te ha usado y serás bendición para tu familia, iglesia, país y naciones.

Concluyo con el verso que concluye el libro de Ester, declarando que eres un líder o una lideresa con un espíritu, visión y motivaciones amorosas y correctas, que más que tener una ambición de que tu organización o iglesia crezcan, por el hecho solo de crecer, buscas el bien de tus semejantes y te esfuerzas hasta el cansancio por lograrlo.

ESTER 10:3 BLA *"El judío Mardoqueo(pon tu nombre)*
ocupaba el primer lugar después del rey;
fue un gran personaje entre los judíos,
amado por todos sus compatriotas,
porque buscó el bien de su pueblo
y luchó por el bienestar de su raza."

Preguntas para reflexionar

1) ¿Por qué es estratégico unificar las fechas en la multiplicación de círculos familiares?

_____

_____

_____

2) ¿Por qué es importante establecer metas y cuáles son sus características?

_____

_____

_____

_____

3) ¿Cuándo es la fecha en que se multiplicará tu círculo familiar?

_____

_____

_____

4) ¿Por qué promover líderes es la clave más importante en el proceso de la expansión en la multiplicación de Círculos Familiares?

_____

_____

_____

5) ¿Por qué el orden de la fórmula para la selección de un líder es carácter, capacidad y química?

_____

_____

_____

_____

_____

Líderes que cambian Suertes

6) ¿Cuáles son los seis pasos para promover a un líder?

_____

_____

_____

_____

7) ¿Cuál de los seis pasos en la promoción o formación de un líder necesitas mejorar?

_____

_____

_____

_____

8) ¿Por qué es importante que el pastor haga una entrevista personal al futuro líder?

_____

_____

_____

_____

9) Da, por lo menos, el nombre de una persona que estás formando

_____

_____

_____

_____

10) ¿Qué beneficios encontrarás al realizar un servicio especial al final del proceso de expansión de los Círculos Familiares?

_____

_____

_____

_____

CITAS BIBLIOGRÁFICAS

INTRODUCCIÓN
1.   http://es.wikipedia.org/wiki/Primera_guerra_judeo-romana

CAPÍTULO 1
1.   Testimonio de exbecario guatemalteco del programa "Shalom",
        participando en diferentes cursos de especialización, entre
        ellos el curso "Educación, Ciencia y Tecnología" impartido en 2003 en
        el Centro Ahron Ofrí en Ramath Rajel.
2.   Guillermo Zúñiga. "Dimensión Ética sobre la Clonación y los eventos
        del Futuro. 1996. Formatec.

CAPÍTULO 2

1.   Charles Boyde, "Hijos diferentes, necesidades diferentes", Unilit 2003.
        p.56

2.   Dale Carneige, "Cómo ganar amigos e influir sobre las personas",2008
        p.238

3.   Ken Blanchard, "¡Bien Hecho!", Norma 2002, p.58,59)

4.   Historias relevantes de la humanidad. Dr Miguel de León. Cátedra de
        Filosofía. Escuela de Historia. Universidad de San Carlos de Guatemala.
        2005.

CAPITULO 3
1,2.   Biblia Dios Habla Hoy
3.   Jorge Ramos, "La Ola Latina", Harper Collins Publishers 2005, p.134
4.   Informe de UNESCO. Metas del Milenio. 2000. Resumen Ejecutivo.
5.   Informe de UNESCO. Metas del Milenio. 2000. Resumen Ejecutivo.
6.   Informe de UNESCO. Metas del Milenio. 2000. Resumen Ejecutivo.
7.   Sthepen R. Covey. "El 8º Hábito" p. 48 .
8.   Objetivos del Milenio. ONU. 2000. Resumen Ejecutivo.
9.   La Biblia, Nueva Versión Internacional
10.   John Maxwell, "Como ganarse a la gente", , pag.86.
11.   Don Soderquist, "El Estilo Wal Mart", pag. 73.

CAPÍTULO 4
1.   Informe De Desarrollo Humano. PNUD. 2011. Resumen Ejecutivo.
2.   Biblia Dios Habla Hoy
3.   Informe de la Organización Mundial de la Salud. 2010. resumen
        Ejecutivo.
4.   Sainz, María. "Claves para llevar una dieta adecuada" 2004.
5.   Conferencia del Dr. Miguel de León. Universidad de San Carlos de
        Guatemala 2011. Usado con permiso.
6.   Rodolfo, Rossino. "¡Venza el Estrés!, 2006, P.21.
7.   Biblia, Nueva Versión Internacional
8.   Biblia, Nueva Versión Internacional

9.   Rodolfo Rossino, "¡Venza el Estrés!, 2006, P.169
10.   Rodolfo Rossino, "¡Venza el Estrés!, 2006, P.169.
11.   Stephen R. Covey, "El 8ª Habito", 2005. p.372.
12.   Rodolfo, Rossino. ¡Venza el Estrés¡, 2006. Pág. 207,20,21.
13.   Biblia, Dios Habla Hoy
14.   Rodolfo, Rossino. ¡Venza el Estrés¡, 2006. Pág.20.
15.   Biblia, Nueva Versión Internacional
16.   Rodolfo, Rossino. ¡Venza el Estrés¡, 2006. Pág. 20,21.

CAPÍTULO 5
1.   Biblia de Las Américas
2.   Biblia de Traducción Actual
3.   Internet. www.wikipedia.org.
4.   Thomas J. Stanley y William D. Danko, "El millonario de al lado",
        Atlantida 1998, p.16)
5.   Andrés Panasiuk, "Diez leyes irrefutables", Grupo Nelson 2010, p.75
6.   Robert Kiyosaki con Sharon Lechter "El cuadrante del flujo del dinero",
        Aguilar 2001,p.38)
7.   Guillermo Zúñiga. Seminario. "Lecciones prácticas sobre sabiduría
        financiera" 2010.

CAPÍTULO 6

1.   Joel Osteen. "Lo mejor de ti" p.116
2.   Guillermo Zúñiga- "Líderes Invisibles" P. 111
3.   Rick Warren. "Liderazgo con Propósito" p. 105
4.   Biblia Versión Dios Habla Hoy
5.   Biblia Versión Traducción Lenguaje Actual

CAPÍTULO 7

1.   Real Academia Española de la Lengua.
2.   Internet. Wilkipedia. Biografía de Juan Wesley.
3.   La Ola Latina, Jorge Ramos, p. 166
4.   Revista Gospel. Artículo: El Privilegio de Graduarse. Guillermo
        Zúñiga. P. 10-11
5   Informe encuesta realizada por Grupo Universitario de Lluvias de
        Gracia Guatemala. 2010.
6   Max Lucado. La Historia de Dios, tu historia. Pág 117.
7-8.   Citas bíblicas

CAPÍTULO 8

1.   www.esperanzaparalafamilia.com/Rev/Articulo/MSW s/MSW0156.
        doc
2.   Universidad del Valle de Guatemala. Informe. 2010.
3.   *https://www.fatherhood,rg/father_factor.asp, (Febrero 6, 2008)*
4.   Asociación Nacional de Café. 2009.

5. Programa de Naciones Unidas para el Desarrollo. PNUD 2011.

6. UNICEF. 2010.

7. *Myles Munroe, "El principio de la paternidad", Whitaker House 2008. P.41*

8. Rolf Garborg. La Bendición Familiar, 2002,Editorial Unilit, p. 45

9. Ed Young, "Los 10 mandamientos de los padres", 2006 Unilit, p.136.),

CAPÍTULO 9

1. *Jorge Ramos, "La Ola Latina", 2005 Harper Collins Publishers. P.279*

2. *Informe Desarrollo Humano. Programa de Naciones Unidas para el Desarrollo. PNUD. (Síntesis Ejecutiva)*

3. Priorización de municipios para la focalización de las intervencionesen seguridad alimentaria y nutricional" elaborado por el ConsejoNacional de Seguridad Alimentaria y Nutrición Conasan. (Síntesis Ejecutiva).

4. La Encuesta Nacional de Condiciones de Vida (Encovi) 2011 y La Encuesta elaborada por el Instituto Nacional de Estadistica (INE).

5. *"la ciencia del dinero generando más dinero" Robert T. Kiyosaki/Sharon L. Lechter, "Padre Rico Padre Pobre" pag. 125 (17)*

6. *Robert Kyosaky. Principio aplicado en el libro Padre Rico, Padre Pobre.*

7. Andrés Panasiuk, "Diez leyes irrefutables para la destrucción y restauración económica", 2010 Grupo Nelson, p.157

8. *Randy Alcorn, "El principio del Tesoro" 2002 Unilit, p.71.*

9. Mensajes inspiracionales del Dr. Chó.

10. Charles Albert Poissant y Christian Godefroy. "Mi Primer Millón".

11. Osvaldo Carnival. Cómo Hacer Realidad sus Sueños. Editorial Vida. 2007. Pág. 102.

INTRODUCCION SECCIÓN 3

1. John Ellas, Clear Choices for Churches (Alternativas claras para iglesias), Center for Church Growth, Houston TX, 1994, p.6

2. C. Peter Wagner, ¡Terremoto en la Iglesia!, Betania 2,000, p.38

3. Dan Southerland, "Transiciones", Vida 1,999, p.14

CAPITULO 10:

1. Rick Warren, "Liderazgo con propósito", Vida 2005, p.49

2. Don Soderquist, "El Estilo Wal Mart", Caribe 2005, p.120

3. David Yonggi Cho, "45 Años de Esperanza", Peniel 2004, p.245

CAPITULO 11:

1. Fabricio Roca, "Creci-ingeniería", Integral 20

2. Lluvias de Gracia, "Cumbre DIV Guatemala", 2011, Nivel 2

3.   Lluvias de Gracia, "Cumbre DIV Guatemala" 2006, Nivel 2
4.   Lluvias de Gracia, "Seminario de Igle-Crecimiento" 2001,pags. Taller 2
5.   Lluvias de Gracia, "Cumbre DIV Guatemala" 2006, Nivel 2

CAPÍTULO 12
1.   Rick Warren, "Liderazgo con propósito", Vida 2005,p. 52
2.   Iglesias Lluvias de Gracia, "Seminario de iglecrecimiento", 2001, Taller
3.   Zig Ziglar, "Mas allá de la Cumbre", p.194,
4.   Rick Warren, "Liderazgo con propósito", Vida 2005, p. 82
5.   Bill Haybels, "Liderazgo Audaz", Vida 2002, p.87
6.   http://www.negociosdefamilia.org
7.   http://es.wikipedia.org/wiki/Purim

Materiales de Apoyo al Ministerio

Líderes que Cambian "Suertes" en Audiolibro.

Libro de crecimiento personal y soporte a su ministerio
7 Secretos de Mujeres que Inspiran a grandes Hombres
Licda.Berlín de Guillén

7 Secretos de Mujeres que Inspiran a Grandes Hombres
en Audiolibro.

El libro Líderes que cambian "Suertes"
puede ser solicitado a través de los teléfonos
(502) 4770-7544 - (502) 2320-7676
también en Editorial DIV,
5ta calle "A" 31-64 zona 4 de Mixco.
Bosques de San Nicolás.
Ciudad de Guatemala, C.A.
o escribiendo a nuestros correos electrónicos
editorialdiv@lluviasdegracia.org
www.cumbrediv.org

Made in the
USA
Columbia, SC